MOEWIG
DOKUMENTATION

W0055180

Sven Steenberg

General Wlassow

Der Führer der russischen Befreiungsarmee – Verräter oder Patriot

MOEWIG

MOEWIG Band Nr. 4356
Moewig Taschenbuchverlag Rastatt

Genehmigte Taschenbuchausgabe
Umschlagentwurf und -gestaltung: Franz Wöllzenmüller, München
Umschlagfoto und Fotos im Innenteil: Archiv Kromiadi-Krushin (5),
Günther Heysing (1),Sun Kuei-chi (1), Privatbesitz (3)
Verkaufspreis inkl. gesetzl. Mehrwertsteuer
Auslieferung in Österreich:
Pressegroßvertrieb Salzburg, Niederalm 300, A-5081 Anif
Printed in Germany 1986
Druck und Bindung: Elsnerdruck, Berlin
ISBN 3-8118-4356-7

Inhaltsverzeichnis

Vorwort

Während des zweiten Weltkrieges trat als Gegner Stalins der russische General Andrej Andrejewitsch Wlassow ins Licht der Öffentlichkeit. Sein Name ist mit dem einzigen Versuch zum Sturz des Sowjetregimes verbunden, der reale Erfolgschancen hatte.

Nur wenige kennen die dramatischen Umstände, unter denen er seine Rolle spielen mußte.

Nach dem Krieg verwischten Propaganda und Legende die Konturen, so daß die Bedeutung dieses Mannes und die Erwartungen, die mit seinem Auftreten verbunden werden konnten, bis heute kaum bekannt sind.

Verräter oder Freiheitskämpfer? Soldat oder Politiker? Versunkene Episode am Rande der Geschichte oder legendäre Gestalt und Idol einer zukunftsträchtigen Freiheitsbewegung? Das sind Fragen, die nach seinem tragischen Tode aufgeworfen wurden, ohne daß bisher eine umfassende und fundierte Schilderung seiner Persönlichkeit und seiner Entwicklung vom überzeugten Revolutionär und Günstling Stalins zu dessen gefährlichstem Gegner vorgelegt worden wäre.

Der „Fall Wlassow" ist faszinierend, weil er die psychologische und moralische Einstellung des russischen Menschen der totalen Diktatur gegenüber verdeutlicht.

In ihm und der von ihm repräsentierten Befreiungsbewegung wurde zum ersten Male seit Bestehen der Sowjetmacht die wahre Mentalität der russischen Bevölkerung mit allen ihren Möglichkeiten und Problemen deutlich — befanden sich doch zeitweilig 60 – 70 Millionen Einwohner der Sowjetunion außerhalb des Machtbereichs Stalins. Der Name Wlassow wurde zum Symbol.

Das Bild dieses Mannes aus Unklarheit und Verzerrung herauszuheben, seinen Kampf gegen politische Kurzsichtigkeit und Unmoral zu schildern ist der Sinn dieser Arbeit. Wenn es darüber hinaus gelingt, die Beweggründe deutlich zu machen, die Hunderttausende veranlaßten, sich mit dem·Angreifer gegen das eigene Regime zu verbünden, und damit auch zum besseren Verständnis der heutigen Situation in der Sowjetunion beizutragen, dann hat dieses Buch seinen Zweck erfüllt.

Zu besonderem Dank ist der Autor allen denen verpflichtet, die ihm Erlebnisberichte und Dokumente zur Verfügung stellten.

Da das authentische Dokumentenmaterial über die russische Befreiungsbewegung unzureichend ist, wäre ohne ihre Mitarbeit eine korrekte Rekonstruktion des tatsächlichen Geschehens nicht möglich gewesen.

Den Autor unterstützten mit Berichten:

Gunter d'Alquen, Rostislaw Antonow, Wjatscheslaw Artjemjew, Gottlob Berger, Max Bernsdorff, Adeleide Bielenberg, Werner Bormann, Friedrich Buchardt, Gert Buschmann, Eduard Baron Dellingshausen, Fritz Delonge, Konstantin Dulschers, Hans Ehlich, Sergei Fröhlich, Werner Götting-Seeburg, Iwan Gordienko, Nikolaus von Grote, Adam Grünbaum, Walther Hansen, Gotthard Heinrici, Werner Henning, Heinz D. Herre, Ralf von Heygendorff, Heinrich-Detloff von Kalben, Nikolai Kandin, Farid Kapkajew, Alexander Kasanzew, Hans Kehrl, Gert Klein, Helmut Baron Kleist, Dmitrij Kosmowitsch, Otto Kraus, Theodorf Krause, Erhard Kroeger, Robert Krötz, Konstantin Kromiadi, Anatolij Krushin, Grigorij Graf Lamsdorff, Anatol Michailowskij, Oldwig von Natzmer, Theodor Oberländer, Manfred von Pannwitz, Herbert von Pastor, Egon Peterson, Gerhard Petri, Klaus Poelchau, Wladimir Poremski, Wladimir Posdnjakow, Fritz Prelle, Nikolai Rebikow, Roman Redlich, Viktor Ressler, Georg Baron v. d. Ropp, Alexander Saizew, Michail Schatow, Baldur von Schirach, Ferdinand Schörner, Wladimir Schubuth, Helmut Schwenninger, Margot von Schwerdtner, Jurij Sherebkow, Erich von Sivers, Ernst Steen, Wilfried Strik-Strikfeldt, Sun Kuei-chi, Nikolai Tensorow, Melitta Wiedemann.

Die russischen Eigennamen und Zitate sind phonetisch wiedergegeben.

Sven Steenberg

Vom Bauernsohn zum General

„Otstupatj — Stalin"

September 1941.

Achtundvierzig Stunden lang hatte sich der Generalmajor Andrej Andrejewitsch Wlassow bemüht, die Verbindung mit Moskau herzustellen, aber erst am Abend des 18. September reagierte der Kreml. Der Funkspruch enthielt nur zwei Worte: *Otstupatj Stalin — Abrücken Stalin.*

In der gleichen Stunde befahl Wlassow den Rückzug nach Osten und die Räumung Kiews, das er bis dahin gegen alle Angriffe der Wehrmacht gehalten hatte.

Wlassow, ein Hüne von Gestalt, mit grobflächigem Gesicht, großem, breitlippigem Mund und hoher Stirn über intelligenten Augen hinter dicken Brillengläsern, hatte zu Beginn des deutschen Ostfeldzuges das IV. Panzerkorps in Lwow befehligt. Seine Einheit mußte nach schweren Abwehrkämpfen bis Berditschew zurückgehen. Ende Juli wurde Wlassow — erst 40 Jahre alt — zum Oberbefehlshaber der 37. Armee und des strategisch wichtigen Festungsbezirkes Kiew ernannt. Das war ein Beweis des Vertrauens der obersten Führung der Sowjetunion in die Fähigkeiten dieses jungen Truppenführers.

Seine Armee verließ als letzte die Stellungen am Dnjepr, nachdem die Deutschen 200 Kilometer ostwärts die größte Zangenbewegung der Kriegsgeschichte bereits vollzogen hatten.

Daß diese Vernichtungsschlacht gelang, daß die gesamte russische Heeresgruppe Süd-West in einem Raume von 135 000 qkm — etwa dem Dreieck Stettin-Köln-München entsprechend — eingeschlossen und zum größten Teil vernichtet werden konnte, hatten die Deutschen im Grunde Stalin zu verdanken, der die Dnjeprlinie um jeden Preis halten wollte, selbst als sich die Katastrophe bereits deutlich abzuzeichnen begann. Er untersagte den von Marschall

9

Budjonny dringend empfohlenen Rückzug und warf weitere Verbände in den Kampfraum. Erst drei Tage nachdem die Deutschen den Ring geschlossen hatten, gab er die Genehmigung zum Durchbruch nach Osten.

Doch war es zu spät. Der Führungsapparat versagte, die Armeen befanden sich schon in Auflösung, die Zahl der Überläufer wuchs. Es rächte sich das Terrorregime Stalins. Unvergessen waren die „Säuberungen", die Konzentrationslager, die Zwangskollektivierung, die Millionen Opfer gefordert hatten. Große Teile der Bevölkerung begrüßten die Deutschen als Befreier. 600 000 Mann ergaben sich.

Wlassow zog eine solche Möglichkeit nicht in Betracht. Das war bezeichnend für ihn, ebenso, daß der Kern seiner Armee ihm folgte, was in diesen Tagen keineswegs eine Selbstverständlichkeit war.

An versprengten, führerlos umherirrenden Truppenteilen der zerfallenen Armeen vorbei zog er in Gewaltmärschen nach Osten, und der Durchbruch gelang, wenn auch nur mit wenigen tausend Mann[1].

Kurz darauf wurde er mit einer schweren Infektion in das Kriegslazarett Woronesh eingeliefert.

Dort kümmerte sich zunächst keiner der örtlichen Machthaber um ihn. Wlassow war ein geschlagener General. Niemand konnte wissen, ob er nicht an höchster Stelle in Ungnade gefallen war.

Mitte Oktober brachte ihm Marschall Timoschenko, der Nachfolger Budjonnys, die Ernennung zum Befehlshaber des rückwärtigen Heeresgebietes.

Als bald darauf ein Anruf Stalins ihn nach Moskau beorderte, erinnerte man sich wieder des kranken Generals; es erschienen der NKWD-Chef, der Stadtkommandant, hohe Militärs, Beamte der Verwaltung. Er war noch nicht abgeschrieben, seine Karriere

---

1 Eine eingehende und zutreffende Schilderung der Schlacht um Kiew bei W. Haupt: Kiew, Podzun-Verlag, Bad Nauheim, 1965.

konnte weitergehen, eine Karriere, wie sie selbst für sowjetische Verhältnisse ungewöhnlich genug gewesen war[2].

Eine glänzende Karriere

Wlassow wurde am 1. September 1900 in dem kleinen Dorf Lomakino im Gouvernement Nishnij-Nowgorod als achtes Kind eines Bauern, der nebenbei als Schneider arbeitete, um seinen Kindern eine bessere Ausbildung zu ermöglichen, geboren. Nur der älteste Sohn, Iwan, konnte das Lehrerseminar in Nishnij-Nowgorod absolvieren. Für Andrej, den jüngsten Sohn, der dem Dorflehrer durch Intelligenz und schnelle Auffassungsgabe besonders aufgefallen war, blieb nur eine Möglichkeit: das Priesterseminar.

Im zaristischen Rußland gab es kaum Chancen für den Sohn eines kleinen Mannes. Nur die Kirche war weitherzig; sie hatte Platz für Begabte und fragte nicht nach der Herkunft.

So besuchte der junge Andrej die geistliche Schule und anschließend das Priesterseminar in Nishnij-Nowgorod. Auch das war nur mit Unterstützung des älteren Bruders und unter großen Entbehrungen möglich.

Die Revolution erlebte Wlassow noch im Priesterseminar. Sie versprach Frieden, Land, Freiheit und Abschaffung der Klassen, alles Dinge, die er voll bejahen konnte.

Nach Absolvierung seiner Seminarausbildung gab er gegen den Willen seines Vaters die Priesterlaufbahn auf und begann im Jahre 1918 Landwirtschaft zu studieren. Aber schon im Frühjahr 1919 wurde er in das 27. Schützenregiment der Roten Armee einberufen. Damit begann eine der erfolgreichsten, aber auch tragischsten Karrieren der russischen Militärgeschichte.

2 Wlassow hat nach der Gefangennahme mehrfach seinen Werdegang geschildert. Im Jahre 1944 erschien eine nach seinen Angaben geschriebene Kurzbiographie von W. Arsenjew unter dem Pseudonym Osokin. Text in Borba Nr. 11 und 12, 1948 (russisch). Einzelheiten dazu auch bei Eduard Baron Dellingshausen, UM, Konstantin Kromiadi, I Nr. 1, Sergei Fröhlich, I Nr. 4, Helmut Baron Kleist, I Nr. 6, Wilfried Strik-Strikfeldt, I Nr. 7, Werner Bormann, 1 Nr. 5. W. Bormann schrieb 1944 eine ausführliche Biographie Wlassows nach dessen Angaben, die jedoch nicht mehr veröffentlicht wurde und nicht erhalten geblieben ist.

fen. Damit begann eine der erfolgreichsten, aber auch tragischsten Karrieren der russischen Militärgeschichte.

Schon im Herbst 1919 wurde Wlassow nach Beendigung eines Offizierskurses als Zugführer der 2. Don-Division gegen die Armee Denikins eingesetzt.

Hier vervollkommnete er seine militärischen Kenntnisse in der Praxis und entwickelte bald die Charaktereigenschaften, die entscheidend zu seinem schnellen Aufstieg beitrugen: Er verstand es, „sich Respekt zu verschaffen, Menschen zu führen, sie an sich zu binden und zugleich ihr Selbstbewußtsein zu heben"[3].

Zu Beginn des Jahres 1920 waren die Ukraine und der nördliche Kaukasus von weißen Truppen gesäubert. Die 2. Don-Division, in der Wlassow inzwischen Kompaniechef geworden war, wurde aus dem Kaukasus an die Krimfront verlegt, wo General Wrangel neue Kräfte gesammelt hatte. Wlassow wurde Gehilfe des Stabschefs im Divisionsstab und dann, auf eigenen Wunsch, da ihm die Stabsarbeit nicht zusagte, Kommandeur der Aufklärungsabteilung.

Im November 1920 war Wrangel geschlagen, und damit endete der erste Kriegseinsatz Wlassows.

Er hatte Gefallen am Beruf des Soldaten gefunden und beschloß, Offizier zu bleiben.

Obwohl die Rote Armee innerhalb von zwei Jahren von 6 Millionen auf 600 000 Mann reduziert wurde, übernahm man ihn als Kompaniechef in den aktiven Dienst.

Und schon bald hatte er Gelegenheit, sich auszuzeichnen. Am 5. Jahrestag der Roten Armee überreichte ihm der Chef des Generalstabes, Lebedew, als Anerkennung für den Ausbildungsstand seiner Kompanie eine silberne Uhr mit Widmung.

1924 wurde er zum Kommandeur der Regimentsschule des 26. Schützenregiments ernannt, 1928 absolvierte er in Moskau einen weiteren Offizierskurs und kehrte 1929 als Bataillonskommandeur in sein altes Regiment zurück.

Das Jahr 1930 brachte seine Berufung als Taktiklehrer an die Offiziersschule nach Leningrad und kurz darauf zu einem Kurs für Taktiklehrer nach Moskau. Mit einem glänzenden Zeugnis kehrte

---

3 Krasnaja Swesda, 21.11.1940.

er nach Leningrad zurück und wurde zum stellvertretenden Chef der Lehrabteilung ernannt.

Zugleich wurde ihm der Eintritt in die Partei nahegelegt.

Anschließend war Wlassow mehrere Jahre im Stabe des Leningrader Wehrkreiskommandos tätig, wo er 1935 Gehilfe des Abteilungschefs für militärische Ausbildung wurde.

Anläßlich einer Inspektionsfahrt mit dem stellvertretenden Kommandeur des Wehrkreises, Korpskommandeur Primakow, fiel der schlechte Ausbildungsstand des 2. Schützenregiments der 4. turkestanischen Division auf. Primakow ernannte Wlassow zum Kommandeur des Regiments.

Wlassow brachte in kurzer Zeit Ordnung in diese Einheit und übernahm dann das Kommando über das Schützenregiment 137, das bald als bestes Regiment im Wehrkreis galt. Anschließend wurde er Chef des Stabes der 72. Division.

In dieser Position erlebte und überlebte er die „Säuberungen" im Zusammenhang mit der Tuchatschewski-Affäre. Dieses Ereignis und seine Kommandierung nach China im Jahre 1938 waren von entscheidender Bedeutung für seine spätere Entwicklung.

Die Einzelheiten der Affäre, die mit dem Namen des Reorganisators und ranghöchsten Offiziers der Roten Armee, Marschall Tuchatschewski, verbunden ist, sind bis heute nicht geklärt. Es steht nicht einmal fest, ob es sich tatsächlich um ein Komplott gehandelt hat, „dessen vernichtender Aktion Stalin erst in letzter Stunde zuvorgekommen war"[4], oder ob Stalin die stärkste Macht, die es nach den Säuberungen von Partei und Geheimpolizei noch gab, die privilegierte und kritische Clique der Offiziere, vorsorglich ausschalten wollte.

Schon vorher hatten einige der engsten und einflußreichsten Mitarbeiter Stalins versucht, den immer schneller arbeitenden Vernichtungsapparat zu stoppen, aber es waren Einzelgänger ohne ausreichende Machtmittel, die ihre Opposition mit dem Leben bezahlen mußten. Die Armee aber stellte eine Macht dar, die auch Stalin gefährlich werden konnte.

Ob nun Stalin, wie es amtlich hieß, durch seine Geheimpolizei gewarnt wurde, ob er dem von Hitler über Beneš lancierten Hin-

---

4 Isaac Deutscher: Stalin, Verlag Köhlhammer, Stuttgart 1962, S. 404 ff.

weis auf eine bevorstehende Revolte Glauben schenkte, wie
Chruschtschow angedeutet hat, oder ob er diesen Schritt Hitlers
selbst provoziert hat, ist noch ungeklärt[5].

Es scheint jedoch sicher, daß die amtliche Anklagebegründung:
„Spionage für eine fremde Macht und Vorbereitung einer Nieder-
lage der Roten Armee in einem gegen die Sowjetunion geplanten
Kriege", nicht den Tatsachen entspricht.

Eher kann angenommen werden, daß Tuchatschewski, der
mehrmals eindringlich auf die Gefahr eines nationalsozialistischen
Deutschlands für Rußland hingewiesen hatte[6] und kurz vor seiner
Verhaftung in England und Frankreich war, in diesen Ländern
über Maßnahmen zum Sturz Hitlers verhandelt hat, wobei auch
die Opposition der deutschen Wehrmacht eine Rolle gespielt haben
mag[7].

Was auch die Hintergründe gewesen sein mögen, die Reaktion
Stalins war furchtbar. Nach vorsichtigen Schätzungen wurden
rund 30 000 Offiziere verhaftet. Von 5 Marschällen wurden 3 liquidiert, von 19 Armeebefehlshabern 13, von 186 Divisionskomman-
deuren mehr als die Hälfte.

5 Walter Schellenberg berichtet glaubwürdig in seinen Memoiren, Verlag für Politik
  und Wirtschaft, Köln 1956, S. 48 ff., daß Heydrich durch den in Paris lebenden
  weißrussischen General Skoblin Informationen erhielt, Tuchatschewski beabsich-
  tige mit Kenntnis des deutschen Generalstabs den Sturz Stalins. Heydrich hielt es
  allerdings auch für möglich, daß Stalin selbst die Nachricht lanciert hätte, um der
  deutschen Generalität einen Schlag zu versetzen und sich zugleich der seine Macht
  bedrohenden Generalsfronde zu entledigen. Aus innenpolitischen Gründen mußte
  es ihm günstiger erscheinen, wenn der Anstoß dazu von außen kam. Dennoch bot
  Heydrich von ihm gefälschtes Material über Eduard Beneš Stalin an. Stalin reagierte unverzüglich und bot zu Heydrichs Überraschung Geld an. Stalin erhielt diese Unterlagen zum Preis von 3 Millionen Goldrubel. Das geschah Mitte Mai 1937.
  Am 4. Juni wurde Tuchatschewski verhaftet.
6 Bericht vom 15. 1. 1936 an das Zentralexekutivkomitee der UdSSR. Englische
  Übersetzung in: Soviet Union 1936, Collection of statements by Stalin, Tukha-
  chewsky, Molotov and others, London o. J.
7 Generalmajor Dr. K. Spalke vertritt in seinem Aufsatz: Der Fall Tuchatschewski,
  in: Die Gegenwart, 25. 1. 1958, die Ansicht, daß Tuchatschewski an der Seite Eng-
  lands einen Krieg gegen Deutschland plante, während Stalin sich aus einer solchen
  Auseinandersetzung heraushalten wollte. In dieser Differenz sei der Grund für die
  Säuberungsaktion in der Roten Armee zu suchen. Diese Version habe ein sowjetischer Vernehmungsoffizier ihm gegenüber bestätigt.

Selbst die Angehörigen blieben nicht verschont. So wurden die Mutter Tuchatschewskis, die Schwester Sophia und die Brüder Alexander und Nikolai „liquidiert"; vier Schwestern kamen in ein Konzentrationslager[8].

Ohne Zweifel haben diese Geschehnisse Wlassows Einstellung zum Stalin-Regime beeinflußt, wenngleich er selbst nicht betroffen war und auch nicht verhaftet wurde.

Aber auch er erfuhr, wie schwankend der Boden war, auf dem sich damals jeder höhere Offizier der Roten Armee befand, als sein Divisionskommissar eines Tages auf das in seinem Dienstzimmer hängende Foto Marschall Blüchers wies und bemerkte: „An Ihrer Stelle würde ich das Bild entfernen." „Ushe? – Schon?" fragte Wlassow. „Ushe!" erwiderte der Kommissar. – Das Foto trug eine persönliche Widmung des Marschalls, den Wlassow von der Kriegsakademie her kannte[9].

Wlassow selbst hatte Glück; er entging nicht nur der Verhaftung, sondern wurde im Frühjahr 1938 vom Kommandeur des Kiewer Wehrkreises unter Beförderung zum Oberst als Chef der Abteilung für militärische Ausbildung in dessen Stab berufen.

Aus der Gefahrenzone geriet er indes erst, als er im November desselben Jahres zur sowjetischen Beratergruppe nach China kommandiert wurde.

Das Kommando in China war für Wlassows Entwicklung von großer Bedeutung. Dort lernte er zum erstenmal ein nichtkommunistisches Land kennen. Dort gab es keine Spitzel. Er konnte selbständig arbeiten.

Zunächst kam er nach Tschungking, dem damaligen Sitz der chinesischen Regierung. Kommandeur der Beratergruppe, die aus 40 Offizieren bestand, war zu jener Zeit Generalmajor Tscherepanow.

---

8 Vgl. Boris Lewytzkyj: Vom roten Terror zur sozialistischen Gesetzlichkeit, München 1961; Epischew in Wojenno-istoritscheskij shurnal, 1963, S. 4–5; Malinowski: Krasnaja Swesda, 23.2.1963; O. Reile: Geheime Ostfront, Verlag Welsermühl, Wels 1963, S. 249 ff.; Die Moskauer Schauprozesse 1936–1938, dtv-Dokumente, Stuttgart 1963.
9 Wlassow hat diese Episode in einem Gespräch am 19.4.1943 mit dem Sonderführer Klein (I Nr. 29) geschildert.

Die Berater an der Front trugen chinesische Uniformen ohne Rangabzeichen, die anderen Zivil. Die meisten führten Decknamen; Wlassow trat unter dem Namen Wolkow auf.

Bald zeigte sich, daß er die profilierteste Persönlichkeit der Beratergruppe war. Er fand sofort Kontakt zu den Chinesen, erwarb sich rasch ihre Achtung und Zuneigung und zeichnete sich durch brillante Vorlesungen an der chinesischen Militärakademie in Tschungking aus.

Der Kreml verfolgte damals in China eine doppelgleisige Politik. Auf der einen Seite unterstützte er Tschiang Kai-shek gegen die Japaner, auf der anderen bemühte er sich, die kommunistischen Kräfte Chinas zu stärken.

Auch Wlassow erhielt einen entsprechenden Wink des Geheimdienstes. Er setzte sich jedoch über die Direktive hinweg, zumal in seiner offiziellen Instruktion nichts davon gesagt war. Es widerstrebte ihm, die Gastfreundschaft und das Vertrauen der Chinesen zu mißbrauchen.

Von Februar bis Mai 1939 war Wlassow Berater bei Marschall Jen Tsi-shan, dem Oberbefehlshaber des II. Militär-Rayons der Nordwestfront im Shansi-Bezirk.

Die Aufgabe war heikel. Der Marschall hatte mehrfach Direktiven des Generalstabs unter verschiedenen Vorwänden sabotiert. Er galt als klug, berechnend und eigenwillig und war ein Meister höflicher Verschleierung von Tatsachen.

Seine Armee sollte im Rahmen einer größeren Aktion eingesetzt werden, und Wlassow sollte ihn von der Notwendigkeit dieses Einsatzes überzeugen.

Mit diplomatischem Geschick gelang es ihm, das Vertrauen des Marschalls zu gewinnen und auch die Genehmigung zur Inspektion seiner Truppen zu erhalten.

Von großem Wert waren für Wlassow hierbei Rat und Unterstützung seines persönlichen Dolmetschers Sun Kuei-chi. Von drei Dolmetschern, die ihm vorgestellt worden waren, hatte er diesen jungen Mann ausgewählt und damit gute Menschenkenntnis bewiesen.

Sun, damals 29 Jahre alt und von Hause aus Jurist, war vom Pressebüro des Außenministeriums delegiert worden. Er war ein kluger und gebildeter Mann, mit dem Wlassow bald eine echte

Freundschaft verband. Sun erkannte schnell, daß dieser Russe eine überragende Persönlichkeit war; nicht nur ein ausgezeichneter Soldat, sondern auch ein Mann von hoher Intelligenz und großem militärischem Wissen. Zudem war er ein begabter Redner, dessen Ansprachen auch den einfachen Soldaten packten. Außerordentlich war die Konzentration, mit der er an jede Aufgabe heranging. Durch nichts ließ er sich ablenken. Nie wurde im Dienst getrunken.

Wiederholt bewies er großen persönlichen Mut. Auf Erkundungsgängen, bei denen die Gefahr einer Gefangennahme durch die Japaner bestand, gab er dem hinter ihm gehenden Sun Anweisung, ihn zu erschießen, wenn sie in einen Hinterhalt geraten sollten.

Außerhalb des Dienstes war er heiter und gelöst. Auf politische Gespräche ließ er sich nicht ein und machte auch nie Propaganda für den Kommunismus. Direkten Fragen pflegte er mit einem Scherz auszuweichen: Er sei ein einfacher Soldat, über Politik sollten die Politiker reden, die mehr davon verstünden. Kritik an den Verhältnissen in der Sowjetunion vermied er. Aus manchen Äußerungen ging jedoch hervor, daß er zumindest kein begeisterter Anhänger der Methoden Stalins war.

Die chinesischen Pferde waren für Wlassows riesige Gestalt zu klein, so daß er als Reiter eine etwas komische Figur abgab. „Alles ist Schicksal", sagte er einmal hintergründig zu Sun, „ich bin hier Don Quichotte, und du bist Sancho Pansa."

Nach Erledigung seines Auftrages bei Jen Tsi-shan ernannte ihn Tscherepanow zum Chef des Stabes der Beratergruppe. Im November 1939 wurde er nach fast einjährigem Aufenthalt aus China abberufen. Während der Abschiedsfeier dekorierte ihn Marschall Tschiang Kai-shek mit dem Orden „Yün-hue", und Madame Tschiang überreichte ihm eine goldene Uhr.

Bei der Zwischenlandung in Alma-Ata wurden ihm und seinen Kameraden alle Geschenke abgenommen, angeblich zur „Registrierung"; sie sahen sie nie wieder[10].

10 Über Wlassows Aufenthalt in China berichtet Sun Kuei-chi, I Nr. 12, und in Briefen an den Autor. Sun ist jetzt Mitglied des legislativen Yuan der Republik China. Die Angaben Suns bestätigen die Schilderung Wlassows, die von W. Bormann, W. Strik-Strikfeldt, E. v. Dellingshausen und K. Kromiadi wiedergegeben wurde. Vgl. Anmerkung 2.

Nach der Rückkehr aus China fand Wlassow eine veränderte Situation vor: Der Nichtangriffspakt mit Deutschland war abgeschlossen, Polen war aufgeteilt, Lettland, Estland und Litauen der UdSSR einverleibt. Der Finnlandkrieg verlief keineswegs ruhmreich für die Rote Armee.

Der Terror Stalins lag wie ein Schatten über allem. Die Diskrepanz zwischen dem, was die Revolution hatte bringen sollen, und dem, was sie tatsächlich gebracht hatte, bedrückte Wlassow. Aber er war in erster Linie und mit Leib und Seele Soldat. So beschäftigte er sich nicht mit politischen Problemen, die er nicht ändern oder lösen konnte, und vergrub sich in Arbeit.

Arbeit gab es genug, als er kurz nach seiner Rückkehr zum Kommandeur der 99. Schützendivision ernannt wurde. Diese Division galt als eine der schlechtesten der Armee. In ihr dienten fünf verschiedene Nationalitäten, die zum Teil nicht einmal die russische Sprache beherrschten.

Es war zu jener Zeit nicht leicht, Kommandeur einer Einheit der Roten Armee zu sein. Neben der normalen Arbeit mußte kostbare Zeit den Versammlungen des „Parteiaktivs" gewidmet werden, deren Besuch für jeden Parteigenossen obligatorisch war. Jedes Parteimitglied, ob Putzfrau oder Pferdeknecht, durfte Kritik an Dingen üben, von denen es nicht das geringste verstand. So kritisierte der Heizer eines Tages die Tätigkeit Wlassows als Divisionskommandeur. Auf den Einwand Wlassows, daß er das nicht beurteilen könne, wurde ihm bedeutet, im Parteiaktiv seien alle gleich und er solle seine Pflichten erfüllen.

Um durch diesen Vorfall nicht zur Witzfigur degradiert zu werden, beschloß Wlassow Gegenmaßnahmen. Am nächsten Morgen erschien er eine Stunde vor Dienstbeginn in den Stabsräumen, fand den Heizer schlafend, die Räume nicht geheizt und verurteilte ihn zu zwanzig Tagen Arrest wegen mangelnder Pflichterfüllung.

Zu alledem kamen Intrigen, Bespitzelungen und der Zwang, sich mit dem Kommissar der Division gut zu stellen, der das Recht hatte, jeden Befehl zu prüfen und gegebenenfalls zu annullieren.

Die Einrichtung der Kommissare war auf das Mißtrauen zurückzuführen, das die Regierung gegenüber der Armee hatte, aus der Befürchtung, daß sie eines Tages die Waffen gegen die Regierung richten könnte. Schon im Jahre 1928 hatte Unschlicht, einer der damals führenden Männer, anläßlich des zehnten Jahrestages der Roten Armee gesagt: „Genossen, vergeßt nicht, daß das Grundgerüst unserer Arbeiter- und Bauernarmee die Bauernjugend ist, die in die Armee mit allen Stimmungen kommt, die im Dorfe herrschen... und diese Stimmungen sind uns feindlich!"[11]

Trotz solcher Belastungen und Widrigkeiten gelang es Wlassow, den Ausbildungsstand der Division stetig zu heben.

Am 4. Juni 1940 wurde er – noch nicht vierzig Jahre alt – zum Generalmajor befördert[12].

Kurz darauf verbrachte er seinen ersten Urlaub nach der Rückkehr aus China in seinem Heimatdorf.

Urlaubstage zu Hause waren für ihn stets eine kostspielige Angelegenheit. Er war der Stolz der zahlreichen Verwandtschaft und des ganzen Dorfes. Sein Erscheinen war ein Ereignis. Von ihm wurden Geschenke und Einladungen erwartet. Obgleich er damit sein Budget für mehrere Monate ruinierte, wollte er seinen Verwandten die Freude nicht nehmen. Ohnehin glaubte sein alter Vater nicht, daß er nur auf sein Gehalt angewiesen sei. „Zu meiner Zeit", meinte er, „hätte man allein am Hafer für eine Schwadron ein hübsches Häuschen verdienen können." Er hatte im Gardekavallerie-Regiment des Zaren gedient, war als Wachtmeister entlassen worden und pflegte mit Begeisterung von dieser Zeit zu erzählen. Er war Monarchist und machte kein Hehl daraus, daß ihm die neue Ordnung keineswegs zusagte.

Im Jahre 1933 hatte Wlassow eine junge Ärztin geheiratet, die aus dem Nachbardorf stammte. Während er in China war, wurde sein Sohn geboren.

Die Eltern seiner Frau waren als „Kulaken", als Großbauern, enteignet worden. Um die Karriere ihres Mannes nicht zu gefährden, mußte sie sich, wie das damals üblich war, offiziell von ihnen lossagen.

Heimlich aber unterstützte Wlassow seine völlig mittellosen Schwiegereltern.

---

11 Zitiert bei Witow: Die Achillesferse der Sowjetarmee, Schweizer Rundschau, Februar/März 1958.
12 Prawda, 7.6.1940. Die Meldung wurde mit einem Foto Wlassows veröffentlicht.

Ein sorgsam gehütetes Geheimnis war auch das Schicksal seines ältesten Bruders Iwan, der 1919 erschossen worden war, weil er sich an einer Verschwörung beteiligt hatte.

Im Sommer 1940 versteifte sich der Widerstand der höheren Kommandostellen der Roten Armee gegen die Stellung der militärischen Kommissare, die man für die Rückschläge im Finnlandkrieg verantwortlich machte. In die Auseinandersetzungen griff auch Wlassow ein. Es war sein erstes Auftreten auf politisch-militärischem Gebiet. Auf Konferenzen der politischen Zellen der Armee im Wehrkreis Kiew vertrat er den Standpunkt, daß die politische Propaganda nicht Selbstzweck sein dürfe, sondern dem Hauptziel, der Hebung der Kampfbereitschaft, untergeordnet werden müsse[13].

Im August 1940 wurde die Macht der Kommissare stark beschnitten. Von da ab hatte der militärische Befehlshaber die alleinige Entscheidungsgewalt in militärischen Fragen. Das erleichterte Wlassow die Arbeit, so daß es ihm gelang, seine Division auf einen solchen Ausbildungsstand zu bringen, daß sie als beste Division der Roten Armee preisgekrönt wurde. Vom Volkskommissar für Verteidigung, Timoschenko, wurde ihm eine goldene Uhr mit Widmung überreicht.

In zehn Nummern der „Krasnaja Swesda" und „Prawda" wurde er erwähnt. Timoschenko schrieb am 27. September, Wlassow und seine Division hätten „ihre Eignung gezeigt, taktische Probleme unter besonders schwierigen Verhältnissen zu lösen".

Auch General Merezkow, der Chef des Generalstabes der Roten Armee, lobte die Division, nachdem er sie persönlich besichtigt hatte. In einer von der politischen Verwaltung des Kiewer Wehrkreiskommandos herausgegebenen Schrift[14] wurde Wlassow als „Kommandeur einer beispielhaften Division, als Soldat und als Mensch" gewürdigt. Besonders hervorgehoben wurde seine Fähigkeit, „die Zusammenarbeit aller Waffengattungen und die Ausbildung der Soldaten unter ähnlichen Bedingungen wie im Ernstfall zu erreichen". Am 21. November forderte die „Krasnaja Swesda" alle Divisionen auf, sich ein Beispiel an der 99. zu nehmen.

13 Krasnaja Swesda, 4. und 9. 12. 1940.
14 Nowoje w podgotowke woisk, Kiew 1940.

Wlassow selbst veröffentlichte eine Abhandlung: „Neue Methoden der Truppenausbildung", die auch als Broschüre erschien[15]. Sein Name wurde in der ganzen Armee bekannt.

Nach der Tuchatschewski-Affäre war es ungewöhnlich, daß ein hoher Offizier in solcher Weise hervorgehoben wurde. Es zeigt, wie hoch seine Leistungen eingeschätzt wurden.

Im Dezember 1940 wurde Wlassow eine weitere Ehrung zuteil: Er durfte in Moskau als Korreferent des Chefs des Generalstabes, Merezkow, auftreten, der vor dem höheren Offizierskorps der Roten Armee ein Referat über die Aufgaben der militärischen Vorbereitungen für das kommende Jahr hielt.

Im Januar 1941 erhielt er die Ernennung zum Kommandeur des IV. Panzerkorps in Lwow, und im Februar wurde ihm, anläßlich des 23. Jahrestages der Roten Armee, der Leninorden verliehen.

Der Rückzug zu Beginn des Krieges und die Niederlage in der Schlacht bei Kiew waren eine schwere Enttäuschung für Wlassow. Er hatte ein Versagen von Führung und Organisation erlebt, das auf grundsätzliche Mißstände schließen ließ. Dennoch gab es für ihn damals noch keine Alternative zum Kampf gegen die deutsche Aggression. Vielleicht würde die während des Krieges zwangsläufig wachsende Macht der Armee eines Tages die unerläßlichen Änderungen des Systems erzwingen. Eine andere Lösung konnte er sich noch nicht vorstellen.

So trat er, kaum wiederhergestellt, den Flug zu Stalin an.

15 A. A. Wlassow: Nowyje metody boewoi utschoby, 1940.

Günstling Stalins

Retter Moskaus

In Moskau war es schon im Oktober zu panikartigen Zuständen gekommen. Die Mehrheit der Bevölkerung schwankte zwischen der Furcht vor den kommenden Ereignissen und der Hoffnung auf einen Sturz Stalins. Es kam zu Plünderungen.

Die Staatsarchive, wichtige Regierungsstellen, die Ministerien und das diplomatische Korps wurden nach Kuibyschew evakuiert. Am Kasaner Bahnhof, dem einzigen, von dem noch Züge nach Osten fuhren, stauten sich die Privilegierten des Regimes, die als „sozialwichtiges Element" noch rechtzeitig einen Marschbefehl erhalten hatten. Ununterbrochen rollten Züge nach Osten und behinderten die aus Sibirien herankommenden frischen Truppen. Stalin selbst war in Moskau geblieben, ebenso die Mitglieder des Politbüros. Die meisten von ihnen verdankten ihr Amt der „Liquidierung" ihrer Vorgänger. Von den vierzehn Mitgliedern und Kandidaten des ersten Politbüros waren außer Stalin nur drei am Leben geblieben: Molotow, Woroschilow und Kalinin.

Als Wlassow am 10. November 1941 in Moskau eintraf, wurden die Vorhuten der sibirischen Divisionen ausgeladen, Stalin hatte durch drakonische Maßnahmen die Ordnung einigermaßen wiederhergestellt. Die Geheimpolizei wurde angewiesen, „Provokateure, Spione und Agenten des Feindes, die das Gesetz der Ordnung verletzten, auf der Stelle zu erschießen", neu aufgestellte Arbeiterbataillone wurden an die Front in Marsch gesetzt, Frauen zum Stellungsbau an den Stadtrand getrieben.

Wlassow erhielt Befehl, sich − wie das bei Stalin die Regel war − um Mitternacht zu melden. Mit Marschall Woroschilow und dem Generalstabschef Schaposhnikow fuhr er zum Kreml.

Nach mehrfachen Kontrollen betraten sie den Arbeitsraum Poskrebyschews, des merkwürdigen und geheimnisvollen Mannes, der

Jahre hindurch das absolute Vertrauen Stalins genoß. Er war etwa 50 Jahre alt, mittelgroß, untersetzt; das Haar über der breiten, hohen Stirn schon gelichtet.

Man wartete. Wlassow konnte eine gewisse Nervosität nicht unterdrücken. Er war Stalin noch nie begegnet.

Kurz darauf betrat er hinter Woroschilow und Schaposhnikow den Befehlsbunker Stalins. In einer Ecke stand der riesige Arbeitstisch Stalins. An der Längswand ein langer, mit rotem Tuch bedeckter Konferenztisch. An ihm saßen Berija, Shukow, Malenkow und Stalin.

Stalin erhob sich und begrüßte sie mit kurzem Händedruck.

Er bewegte sich lautlos, schnell und geschmeidig. Er war nur mittelgroß. Wlassow überragte ihn um Haupteslänge.

„Genosse Shukow!" begann Stalin. Er sprach auffallend leise, aber sehr deutlich.

Und Marschall Shukow berichtete. Es war der unerfreulichste Bericht, den man sich denken konnte. Die Panik in Moskau war nicht zu verheimlichen. Dem Nachschub, der spärlich genug herankam, rollten die Evakuierungszüge entgegen und verstopften die Gleise. Die Deutschen standen im Mittelabschnitt nur noch 40 Kilometer vor Moskau. Im Süden waren die Panzertruppen Guderians fast bis Tula vorgestoßen. Mit dem Ende der Schlammperiode, die der schwer angeschlagenen Roten Armee eine Atempause verschafft hatte, würden die Deutschen ihren Angriff fortsetzen.

Es war damit zu rechnen, daß die Panzergruppe 3 des Generalobersten Hoth im Norden und Guderian im Süden Moskau umgehen würden. Zwar rollten in verstärktem Maße sibirische Truppen heran, aber es schien zweifelhaft, ob sie rechtzeitig eingesetzt werden konnten.

Als Shukow geendet hatte, wandte sich Stalin an Wlassow. „Was halten Sie von der Lage?"

Langsam und überlegt wies Wlassow darauf hin, daß eine Mobilisierung unausgebildeter Arbeiter ohne die Mitwirkung regulärer Truppen nutzlos sei. Wenn die sibirischen Truppen rechtzeitig einträfen, müßte ein Durchbruch nach Westen versucht werden. Es sei das einzige Mittel, um Zeit zu gewinnen. Das übrige werde dann der russische Winter besorgen.

„Mit Truppen kann jeder Moskau verteidigen", erwiderte Stalin barsch. Man müsse die Bevölkerung der Millionenstadt mobilisieren und jeden Straßenzug verteidigen. Außerdem werde Berija 10 000 Kriminelle zur Verfügung stellen.

„Und Panzer?" warf Wlassow ein.

„Ich habe keine Panzer", sage Stalin, und plötzlich lächelte er.

„Genosse Malenkow, wie viele Panzer können wir dem Genossen Wlassow geben?"

„Fünfzehn", entgegnete Malenkow.

„Also, Sie bekommen fünfzehn Panzer, mehr habe ich nicht."

Dann ernannte er Wlassow zum Oberbefehlshaber der neu zu bildenden 20. Armee. Er erhob sich. Das Gespräch war beendet. Die Ruhe und Sachlichkeit, das Fehlen jeder Pose, jeder Nervosität, mit der Stalin in dieser verzweifelten Situation seine Anordnungen traf, hatten Wlassow beeindruckt; und vor allem, daß er in einer solchen Stunde lächeln konnte über die fünfzehn Panzer, die es nur noch gab!

Mit Schaposhnikow fuhr Wlassow ins Stabsquartier, um die Maßnahmen für die Übernahme der Armee zu besprechen[1].

Am nächsten Tage fand er Zeit für einen kurzen Besuch bei seiner Frau, die in einem Krankenhaus dienstverpflichtet war. Dann begann der Kampf gegen die Zeit.

Das schlimmste war das Fehlen von Transportmitteln. Er half sich, indem er lange Reihen schwerer Schlitten mit Munition und Waffen an die fünfzehn Panzer hängen ließ, die ihm tatsächlich – keiner mehr und keiner weniger – zur Verfügung gestellt wurden. Auch sonst mußte vieles mit primitivsten Mitteln und Improvisation gemeistert werden. Aber das war nichts Neues.

Die Aufstellung der 20. Armee war noch nicht vollendet, als der deutsche Angriff so weit an Boden gewann, daß sie in Aktion treten mußte.

Im Norden erreichte eine deutsche Panzergruppe über Krasnaja Poljana das Weichbild der Stadt. Im Nordwesten und in der Mitte war die Front bis auf 30 Kilometer herangerückt. Im Süden standen die Panzer Guderians vor Kaschira. Der Fall Moskaus schien unabwendbar.

An eine Abwehr auf breiter Front war nicht zu denken. So entschloß sich Wlassow trotz der geringen Kräfte zu einem Gegenan-

---

1 Wlassow hat seine Begegnung mit Stalin wiederholt geschildert. In allen wesentlichen Punkten stimmen die Informanten überein.

griff. Das war riskant, aber ein Angriff schien das einzige Mittel, Verwirrung in den deutschen Aufmarsch zu bringen, sein Tempo zu verlangsamen.

Mit den wenigen Panzern, deren Führung er persönlich übernahm, und einigen motorisierten Truppen gelang tatsächlich ein überraschender Durchbruch durch die deutschen Linien. Wenige Stunden später aber war er eingeschlossen, die Verbindung zu seiner Armee abgerissen.

Durch Funk befahl er für den nächsten Morgen einen Entlastungsangriff, dem er selbst von Westen her entgegenstieß. Auch dieses Manöver gelang. Bei Schimki trafen sich die beiden Stoßkeile.

Die Deutschen stoppten den Vormarsch, kostbare Zeit war gewonnen. Aber kurz darauf stießen sie wieder vor. Und dieses Mal schien ihnen der Durchbruch nach Moskau zu gelingen. Wlassow hatte keinerlei Reserven mehr, und die Meldungen vom Nordabschnitt seiner Armee klangen immer bedrohlicher.

In diesem Augenblick erschien der Kommandeur einer im Anmarsch befindlichen sibirischen Ersatzbrigade im Gefechtsstand. Es stellte sich heraus, daß er Befehl hatte, die nördlich stehende Nachbararmee zu verstärken, im Schneesturm aber vom Wege abgekommen war.

Wlassow sah darin einen Wink des Schicksals und nahm die Brigade sofort unter seinen Befehl.

Er war sich durchaus bewußt, daß ihm diese Eigenmächtigkeit Unannehmlichkeiten einbringen konnte, aber die Zeit drängte, und der Einsatz bei seiner Armee schien ihm wichtiger.

Der heranrückenden Truppe gewährte er zwei Stunden Ruhe. Dann gab er den Befehl zum Abmarsch an die am meisten gefährdete Stelle seiner Hauptkampflinie.

Tatsächlich brachte diese eigenmächtige Entscheidung die Wende. Die Stoßkraft der deutschen Armeen war geschwächt. Schneestürme und meterhohe Verwehungen unterbanden den Nachschub, die Motoren versagten, es gab kaum Winterkleidung, Tausende mußten mit Erfrierungen in die Etappe gebracht werden. Der geradezu selbstmörderische Vormarsch, den Hitler angeordnet hatte, rächte sich.

Die deutschen Divisionen waren keinem Gegenangriff frischer

Kräfte mehr gewachsen. Sie wichen zurück. Der Angriff war abgeschlagen, die Lage zunächst stabilisiert.

Am nächsten Tag, am 6. Dezember, traf Wlassow eine zweite Entscheidung, die die Schlacht um Moskau endgültig entschied: Er befahl, trotz des damit verbundenen Risikos und ohne genaue Kenntnis der Feindlage, den Gegenangriff fortzusetzen.

Auch dieses Unternehmen gelang. Die völlig ausgepumpten Deutschen gingen zurück. Nahezu zweihundert Kilometer trieb sie die 20. Armee Wlassows über Wolokolamsk bis Rshew vor sich her. Auch die Nachbararmeen rückten auf[2].

Die Front geriet in Bewegung. Zum ersten Male war es gelungen, die deutschen Blitzdivisionen zu schlagen. Moskau war gerettet, und einer der Retter hieß Wlassow.

Wenn auch Shukow den Oberbefehl über die Mittelfront gehabt hatte, wenn auch neben seiner, der 20. Armee, die 30. Armee Leluschenkos, die 1. Stoß-Armee Kusnetzows, die 16. Rokossowskis, die 5. Goworows, die 50. Boldins und die 10. Golikows an der Abwehrschlacht beteiligt gewesen waren, so hatte doch Wlassows 20. Armee im Zentrum gestanden und die entscheidende Wende herbeigeführt.

Nun wurde er auch im Ausland bekannt. Journalisten der Alliierten bemühten sich um ein Gespräch mit ihm. Die amerikanische Journalistin Curie schrieb: „Dies ist ein Mann, der sich nicht nur mit Entschlossenheit, nicht allein mit Mut, sondern auch mit Leidenschaft zu schlagen weiß[3]."

Ilja Ehrenburg besuchte ihn und veröffentlichte einen Artikel über diese Begegnung[4].

2 Prawda, 13. und 15. 12. 1941.

3 Eve Curie: Journey among warriors, Garden City, Doubleday, Doran 1943.

4 Krasnaja Swesda, 13. 3. 1942. Im fünften Buch seiner Erinnerungen: Menschen – Jahre – Leben, Kindler Verlag, München 1965, S. 353 ff., schildert Ehrenburg diese Begegnung noch einmal. Er nennt Wlassow einen „interessanten, ehrgeizigen, aber auch mutigen Menschen", der bei seinen Soldaten sehr beliebt war. Als Ehrenburg erfährt, daß Wlassow das Kommando über die Stoßarmee erhalten hat, meint er: „Die Wahl ist nicht schlecht." Dennoch kann Ehrenburg die Tatsache, daß Wlassow sich später gegen Stalin und sein Regime gewandt hat, nur mit niedrigen Beweggründen erklären. Ehrenburg ist der Meinung: „Überzeugungen besaß er keine, nur Ehrgeiz." Wlassow habe danach gestrebt, „Oberkommandierender oder Kriegsminister eines verstümmelten Rußland unter der Schirmherrschaft des siegreichen Hitler" zu werden. Heute hätten ihn „alle vergessen, sogar seine Helfershelfer, die rechtzeitig in die amerikanische Zone geflohen waren".

Stalin verlieh ihm den Orden der Roten Fahne[5].

Am 24. Januar 1942 wurde er zum Generalleutnant befördert[6]. Es folgten Wochen angestrengtester Arbeit.

Die Schlacht am Wolchow

Der ungewöhnlich kalte Winter wich nur langsam dem Frühling. Eine Schlammperiode, wie sie seit Jahren nicht erlebt worden war, setzte ein. Sie machte alle Kampfhandlungen unmöglich und verlängerte damit die Atempause, die die Rote Armee zur Ergänzung ihrer Kräfte ausnutzen konnte.

Ende Februar erhielt Wlassow einige Tage Urlaub. Damals sah er seine Frau und sein Kind zum letztenmal.

Am 6. März wurde er wieder zu Stalin befohlen, der ihn in Gegenwart von Molotow, Berija, Woroschilow, Malenkow und dem Chef der Luftwaffe, General Nowikow, zum stellvertretenden Oberbefehlshaber der NW-Front ernannte, damit er dort, wie Stalin sich ausdrückte, „Ordnung schaffe". Der Oberbefehlshaber Merezkow habe versagt.

Am Schluß der Unterredung, nachdem die militärische Lage besprochen war, stellte Stalin fest, daß die politische Unzuverlässigkeit der Bevölkerung und von Teilen der Armee in den ersten Monaten eine kritische Lage geschaffen habe, glücklicherweise hätten jedoch „die Faschisten selbst diese Leute schnell kuriert". Wlassow war überrascht. So offen war über diese Tatsachen bisher nie gesprochen worden.

Die Bermerkung Stalins deutet darauf hin, daß er die Gefahr einer Mobilisierung der ihm feindlich gesinnten Bevölkerungsteile durch die Deutschen erkannte. Schon am 16. Juli hatte er in seinem Geheimbefehl Nr. 0019 feststellen müssen: „An allen Fronten gibt es zahlreiche Elemente, die dem Feind sogar entgegenlaufen und bei der ersten Berührung die Waffen wegwerfen... während die

5 Iswestija, 3. 1. 1942.
6 Iswestija, 25. 1. 1942.

Zahl der standhaften Kommissare und Kommandeure nicht sehr groß ist[7]."

Wie pessimistisch Stalin die Lage tatsächlich beurteilt hatte und wie wenig er sich auf die eigenen Truppen glaubte verlassen zu können, geht aus seinem Angebot an Roosevelt und Churchill hervor, amerikanische und britische Truppen auf sowjetischem Territorium einzusetzen.

Hopkins, der Sonderbeauftragte Roosevelts, berichtete 6 Wochen nach Kriegsbeginn, wenn die Vereinigten Staaten in den Krieg eintreten würden, werde Stalin amerikanische Truppen an jeder Stelle der Front willkommen heißen, auch unter dem ausschließlichen Oberbefehl der amerikanischen Armee[8].

Und im September 1941 hatte Stalin Churchill telegrafiert: „Meiner Meinung nach gibt es nur einen Ausweg — die Errichtung einer zweiten Front auf dem Balkan oder in Frankreich noch in diesem Jahr, die in der Lage ist, 30 bis 40 Divisionen von der Ostfront abzuziehen. Gleichzeitig muß die Lieferung von 30 000 Tonnen Aluminium ab kommenden Oktober gesichert werden und ein monatlicher Minimalzuschuß von 400 Flugzeugen und 500 Panzern. Ohne diese beiden Hilfen wird die Sowjetunion entweder eine Niederlage erleiden oder in solchem Grade geschwächt werden, daß sie für lange Zeit der Möglichkeit beraubt sein wird, ihren Alliierten durch eigene Operationen an der Front Beistand im Kampfe gegen das Hitlertum zu leisten."

Auf den Hinweis Churchills, daß die Errichtung einer zweiten Front zu diesem Zeitpunkt aus technischen Gründen noch nicht möglich sei, telegrafierte Stalin:

„... Ich zweifle nicht an dem Wunsch der britischen Regierung, die Sowjetunion siegreich zu sehen... Wenn sie schon der Auffassung ist, die Errichtung einer zweiten Front im Westen sei unmöglich, ließe sich nicht vielleicht ein anderer Weg finden, die Sowjetunion aktiv im Feld zu unterstützen? Meiner Meinung nach könnte Großbritannien gefahrlos 25 bis 30 Divisionen in Archan-

---

7 Zitiert bei Alexander Dallin: Deutsche Herrschaft in Rußland 1941 – 1945, Droste Verlag, Düsseldorf 1958, S. 76 Fn.
8 Robert Sherwood: Roosevelt und Hopkins, Wolfgang Krüger Verlag, Hamburg 1950, S. 268 ff.

gelsk landen oder über den Iran nach Südrußland dirigieren. Solcherart könnte im Gebiet der UdSSR eine militärische Zusammenarbeit zwischen den Streitkräften der Sowjets und denjenigen Großbritanniens eingeleitet werden...[9]"

Die politische Bedeutung dieses Angebots ist einzigartig. Truppen kapitalistischer Staaten unter eigenem Kommando in der bis dahin hermetisch von der Außenwelt abgeschlossenen Sowjetunion! Es ist kein Wunder, daß sowjetische Historiker dieses Eingeständnis der Schwäche Stalins mit keinem Wort erwähnen. Ende 1941 hatte die deutsche Wehrmacht bereits Gebiete besetzt, in denen 40 Prozent der Bevölkerung Rußlands – rund 60 Millionen Menschen – lebten. 65 Prozent der russischen Kohle wurden in diesen Gebieten gefördert. 68 Prozent des Roheisens, 58 Prozent der Stahlerzeugung, 60 Prozent des Aluminiums stammten daher. 41 Prozent der Bahnstrecken der UdSSR lagen dort. Im zweiten Halbjahr 1941 sank die industrielle Produktion um mehr als die Hälfte, die Stahlproduktion um zwei Drittel[10].

Unter diesen Umständen hätte eine politische Mobilisierung der antistalinistischen Kräfte durch die Deutschen tatsächlich die Entscheidung bringen können.

Am 9. März 1942 trafen Wlassow, Woroschilow, Malenkow und Nowikow bei Merezkow ein, den sie in niedergeschlagener Stimmung vorfanden. Stalin hatte ihm sein Mißfallen deutlich ausgedrückt, und er wußte, was das bedeuten konnte. Tatsächlich war die Lage äußerst kritisch. Allerdings nicht durch Merezkows Schuld. Stalin selbst hatte schon zu Beginn des Jahres eine Offensive in Richtung Leningrad befohlen. Dafür war die durch frische Truppenteile verstärkte 2. Stoßarmee bereitgestellt worden. Der Vorstoß war riskant, weil er durch kaum besiedeltes, sumpfiges, von wenigen schlechten Straßen durchzogenes Gebiet führte, während die Deutschen ringsum in gut befestigten Stellungen Fuß gefaßt hatten. Eine Chance hatte dieser Angriff nur im Winter, da mit dem Eintritt der Tauwetterperiode die Wege grundlos und unpassierbar wurden.

9 Winston Churchill: Memoiren, Parnass-Verlag, Stuttgart, Scherz und Goverts, 1951, Sherwood, a.a.O., S. 304.
10 Nikolai Wosnessenski: Wojennaja ekonomika SSSR, Moskau 1948, S. 42.

Nach wochenlangen verlustreichen Kämpfen war es schließlich Ende Januar gelungen, die deutschen Linien am Wolchow zu durchstoßen und rund 90 Kilometer vorzudringen. Damit war jedoch die Kraft der Armee erschöpft. Der deutsche Widerstand hatte sich versteift, und vor allem war es nicht gelungen, die schmale Durchbruchstelle zu erweitern, so daß die Gefahr einer Abschnürung des dünnen „Flaschenhalses" drohte.

Nun hatte das Tauwetter begonnen. Eine Katastrophe konnte nur durch Rückführung der Armee auf das ostwärtige Wolchow-Ufer vermieden werden. Wlassow schlug den Rückzug vor.

Stalin lehnte jedoch kategorisch ab und befal statt dessen Fortsetzung des Angriffs. Alle Einwände, selbst ein Flug nach Moskau, waren vergeblich. Diesen Befehl zu ignorieren wäre Selbstmord gewesen. So fügte sich Wlassow.

Kurz darauf, am 19. März, geschah, was er befürchtet hatte: Die Deutschen riegelten die Durchbruchstelle ab. Die Armee war von der Hauptfront abgeschnitten.

Nun übernahm Wlassow persönlich den Oberbefehl über die Armee und flog am 21. März in den Kessel ein. Tatsächlich gelang es ihm, am 27. März die Verbindung zur Front wiederherzustellen, wenn auch nur durch einen schmalen Schlauch von 3 km Breite.

Erneut forderte er dringend die Genehmigung zum Rückzug. Wieder lehnte Stalin ab und befal, den Angriff fortzusetzen.

Und die Rotarmisten griffen an „durch sumpfige Waldgebiete, ohne Wege, oft bis zum Gürtel im Schnee oder bis zum Knie im Wasser"[11]. Doch bald war ihre Kraft endgültig gebrochen. Die Armee mußte zur Verteidigung übergehen.

In diesen Tagen erschien Maria Woronowa bei Wlassow und überbrachte ihm einen Brief seiner Frau. Auf der Rückseite des Briefbogens war der Umriß des Händchens seines Sohnes nachgezeichnet, als Gruß und Talisman für ihn. Es war der letzte Brief, den er erhielt. Er trug ihn bis zu seinem Ende bei sich.

Und noch eine Nachricht enthielt der Brief: „Gosti byli" – „Gäste waren da." Die Geheimpolizei hatte seine Wohnung durchsucht. Trotz seiner Verdienste, trotz der Auszeichnung durch Sta-

---

11 Bitwa sa Liningrada, Wojenisdat, Moskau 1964, S. 146.

lin! Das war eine bittere Erkenntnis, eine der Erfahrungen, die schließlich zu dem Entschluß führten, den er später traf.

Maria war eine resolute Frau von 30 Jahren, deren Mann in Sibirien verschollen war. Sie hatte in den letzten Jahren Wlassows Frau im Haushalt und bei der Beaufsichtigung des Kindes geholfen. Nun erklärte sie, daß sie beim Stabe bleiben und für Wlassow kochen werde. Er sei noch geschwächt von seiner Krankheit, und seine Frau habe ihr ans Herz gelegt, für ihn zu sorgen. Und sie blieb, trotz der Bedenken, die Wlassow wegen der Frontlage hatte.

Indessen wurde die Situation der Armee immer hoffnungsloser; der Nachschub stockte, die deutschen Angriffe wurden heftiger, die Verluste wuchsen.

Doch erst am 14. Mai gab Stalin schließlich die Genehmigung zum Rückzug.

In einer gewaltigen Anstrengung gelang es Wlassow, noch einige Divisionen herauszuschleusen, aber dann, am 20. Mai, unterbrachen die Deutschen endgültig die Verbindung. 9 Divisionen und 7 Brigaden gingen ihrem Untergang entgegen.

Allein im Raume Botetskaja-Mjasnoi-Bor-Tschudowo fielen 14000 Mann. Tausende lagen ertrunken, verblutet, verhungert in den Sümpfen und Wäldern. Nur 32000 Mann überlebten die Schlacht und wurden gefangengenommen.

Das Stabsquartier Wlassows wurde durch einen Artillerieüberfall kampfunfähig gemacht. Die meisten Offiziere fielen oder wurden verwundet. Die Armee begann sich aufzulösen.

Hilfe blieb aus. Zehntausende wurden vergeblich geopfert. Stalin hatte die Armee aufgegeben. Allerdings befahl er, Wlassow und seinen Stab herauszuholen und hierfür Fallschirmtruppen einzusetzen. Sie fanden ihn jedoch nicht und wurden aufgerieben[12].

Nun befahl Wlassow, den Durchbruch in kleinen Gruppen zu versuchen. Ihm selbst mißlang der Versuch. Wochenlang irrte er mit einigen Getreuen durch Sümpfe und Wälder. Die Nächte wa-

---

12 Kyrill Merezkow: Wojenno-istoritscheskij shurnal, Nr. 1, 1965, S. 54 – 70. Merezkow schildert den Verlauf der Schlacht und stellt fest, daß allein das sowjetische Oberkommando, also Stalin, die Schuld am Untergang der 2. Stoßarmee trägt. Bis zum Tode Stalins durfte der Name Wlassow nirgends erwähnt werden. Später galt Wlassow in der sowjetischen Geschichtsschreibung als Verräter und Alleinschuldiger.

ren schwül und feucht, die Tage glühend heiß. Oft benahm ihnen der Verwesungsgeruch der Leichen den Atem. Immer quälender wurde der Hunger.

Eines nur gab es plötzlich im Überfluß: Zeit, viel Zeit. Und Wlassow versuchte Klarheit zu gewinnen über Dinge, die er bisher kaum zu Ende gedacht hatte. Arbeit, Beruf, Karriere — das war sein Leben gewesen. Nun zog er Bilanz. Und vieles kam zutage, was er bewußt oder unbewußt beiseite geschoben, verdrängt hatte. Die Fehler des Regimes, der Terror, das sinnlose Opfer Zehntausender, wie bei Kiew, wie jetzt am Wolchow[13].

Für sich selbst sah er keinen Ausweg. Sollte er sich erschießen? Wofür? Für Stalin?

Also vegetierte er weiter, wartete, was das Schicksal für ihn bereit hatte. Vielleicht ergab sich doch irgendeine Möglichkeit, durch die Front zu gelangen. Den Gedanken, sich zu ergeben, zog er auch jetzt noch nicht in Erwägung.

Nach Wochen waren nur noch Maria, sein Stabschef Winogradow und dessen Bursche bei ihm. Wenn der Hunger unerträglich geworden war, erbettelten sie in einsamen Gehöften Brot.

Schließlich wurde die Lage hoffnungslos, und sie beschlossen als letzte Möglichkeit, sich in die Hand der Dorfbewohner zu geben. Vielleicht würden die sie verbergen und ernähren, bis die Kampftruppen der Deutschen weitergezogen waren, bis sich eine Möglichkeit ergab, durch die Front zu gehen.

„Nicht schießen — General Wlassow"

Am 11. Juli gingen Wlassow und Maria in das kleine Walddorf Tuchowetschi, während Winogradow und dessen Bursche es im Nachbardorf Jam-Tesowo versuchen wollten.

Die Rangabzeichen hatten sie entfernt. Wlassow hatte seinen Mantel Winogradow überlassen, der — verwundet und malariakrank — ständig fror.

13 Nach seiner Gefangennahme hat Wlassow mehrfach den Verlauf der Schlacht am Wolchow geschildert. Vgl. W. Bormann, I Nr. 5; E. v. Dellingshausen UM; S. Fröhlich, I Nr. 4; K. Kromiadi, I Nr. 1; W. Strik-Strikfeldt, I Nr. 7.

Der Dorfälteste in Tuchowetschi erklärte sich bereit, ihnen zu helfen, und schloß sie in einen fensterlosen Schuppen der Dorffeuerwehr ein. Dann benachrichtigte er die Deutschen.

Über die seltsamen Umstände der endgültigen Gefangennahme Wlassows berichtete der Dolmetscher des XXXVIII. Korps, Sonderführer (Z) Klaus Poelchau[14]:

„Im Morgengrauen des 12. Juli weckte mich der Nachrichtenoffizier des Korps, Hauptmann von Schwerdtner, mit der Nachricht, Wlassow sei am Abend vorher bei Jam-Tesowo von Sicherungsposten erschossen worden und müsse identifiziert werden.

Obwohl wir skeptisch waren — seit Wochen wurde nach Wlassow gefahndet, und schon mehrmals hatte man uns irrtümlich alarmiert —, starteten wir sofort. Als wir das Dorf Tuchowetschi passierten, bat uns der russische Bürgermeister, zwei Partisanen mitzunehmen, die am Abend vorher festgesetzt worden seien, als sie um Lebensmittel baten.

Da wir zunächst unseren Auftrag ausführen mußten, versprachen wir, das auf dem Rückweg zu erledigen.

In Jam-Tesowo, wohin die Leiche gebracht worden war, teilte uns der Ortskommandant mit, daß der Bursche des Gefallenen, leicht verwundet, in Gefangenschaft geraten sei. Daraufhin vernahmen wir zunächst diesen Mann, der behauptete, Wlassows ‚Denschtschik‘, Wlassows Bursche, gewesen zu sein.

Zu dritt, mit der Köchin Wlassows, seien sie wochenlang umhergeirrt, in der Hoffnung, sich zur eigenen Front durchschlagen zu können. Immer wieder hätte der Hunger sie gezwungen, Ortschaften aufzusuchen, in denen sie keine Deutschen vermuteten. So sei es auch jetzt gewesen. Dabei seien sie beschossen worden, und Wlassow sei gefallen. Was aus der Köchin geworden sei, wisse er nicht.

Der Tote trug den Mantel eines Generalleutnants, auch sonst stimmten alle Merkmale, und selbst ein im Steckbrief erwähnter Goldzahn wurde festgestellt. Wir hatten keinerlei Zweifel, daß es sich tatsächlich um Wlassow handelte, fertigten ein Protokoll aus und gaben die Leiche zur Bestattung frei. Der Korpsstab wurde über Funk verständigt.

---

14 Briefe an den Autor, die in sachlichen Einzelheiten durch Mitteilungen von Frau v. Schwerdtner und Stabsarzt Henning bestätigt worden sind.

Auf der Rückfahrt hatten wir Tuchowetschi schon passiert, als wir uns an die Partisanen erinnerten. Wir kehrten um, und der Bürgermeister führte uns zu einem Haus, das zwar von außen verriegelt, sonst aber unbewacht war.

Wir postierten zwei Männer mit Maschinenpistolen vor die Tür, und während der Bürgermeister öffnete, rief ich auf russisch in den stockdunklen Raum, der Mann solle herauskommen.

Darauf ertönte eine tiefe Baßstimme in gebrochenem Deutsch: ‚Nicht schießen, General Wlassow!' Und heraus trat ein Mann, der eine verblüffende Ähnlichkeit mit dem soeben von uns Beerdigten hatte.

Er trug eine Offiziersuniform ohne Rangabzeichen und überreichte mir einen von Stalin persönlich unterschriebenen, in rotes Saffianleder gebundenen Ausweis, aus dem hervorging, daß er der stellvertretende OB der NW-Front und OB der 2. Stoßarmee war. Dann zog er aus der Hosentasche eine belgische Pistole und überreichte sie Hauptmann von Schwerdtner.

Auf meine Frage, wer die Frau sei, erwiderte er, das sei seine Köchin.

Darauf erklärte ich ihm, daß wir soeben eine Leiche als die Wlassows identifiziert hätten, wobei als Merkmal auch ein goldener Zahn festgestellt wurde.

Wlassow zeigte uns einen goldenen Zahn an der gleichen Stelle und sagte, daß es sich bei dem Toten um seinen Stabschef, Oberst Winogradow, gehandelt haben könne, der ihm ähnlich sähe.

Wir waren noch nicht ganz überzeugt, und auf der Rückfahrt stellte Hauptmann von Schwerdtner verschiedene Fangfragen, die jedoch so beantwortet wurden, daß wir schließlich keine Zweifel mehr hatten.

Aus den Äußerungen Wlassows ging hervor, daß er die Aussichtslosigkeit der Lage erkannt und die Gefangennahme dem Freitod vorgezogen hatte.

Er fragte, ob nach deutscher Ansicht ein General in seiner Situation sich hätte erschießen müssen, worauf Schwerdtner ihm antwortete, für einen General, der bis zur letzten Minute bei seiner Einheit gekämpft habe, sei Gefangennahme keine Schande.

Beim Korpsstab war man zunächst nicht geneigt, unseren Gefangenen als den richtigen Wlassow zu akzeptieren, zumal der erste Bericht bereits an das Führerhauptquartier weitergegeben worden war. Als aber der angebliche Bursche Wlassows zugab, er habe Wlassow decken wollen und sei tatsächlich der Bursche Winogradows gewesen, war alles klar.

Am nächsten Tage starteten wir unter starker Bewachung zum Stab der 18. Armee in Siverskaja.

Generaloberst Lindemann, der OB der Armee und Gegenspieler Wlassows während der Wolchowschlacht, behandelte Wlassow überaus korrekt und höflich. Ausführlich besprachen die beiden Generäle den Verlauf der Schlacht."

Politischer Frontwechsel

Eine andere Welt

Am 15. Juli verabschiedete sich Wlassow auf dem Bahnhof Siverskaja von Maria, die zum Arbeitseinsatz geschickt werden sollte, und schenkte ihr seine goldene Uhr.

Er selbst wurde von dem Gendarmerieleutnant Steen und zwei Feldgendarmen zum OKH nach Lötzen gebracht.

Während der Fahrt schwieg Wlassow. Er schien bedrückt und innerlich gespannt, beobachtete jedoch alles sehr genau. Erst an der Grenzstation Eydtkuhnen, wo die obligate Entlausung stattfand, löste sich die Starre. Der Anlaß war eine Gruppe kleiner Mädchen in hellen Sommerkleidern, die, von einer Kindergärtnerin geführt singend vorbeizogen. Spontan faßte Wlassow seinen Begleiter am Arm und betrachtete gerührt die kleine Schar. Das friedliche Bild schien die Spannung zu lösen, in der er die letzten Tage und Wochen verbracht hatte. Seine Augen waren feucht, als sie weitergingen.

Von da ab lächelte er bisweilen. Als er während der Fahrt durch Ostpreußen die Dörfer, Felder und das Vieh betrachtet hatte, sagte er plötzlich anerkennend: *„Deutschland charascho!"* – *„Deutschland gut!"*[1]

In Lötzen trafen sie am 17. Juli ein. Wenige Tage später wurde Wlassow nach Winniza gebracht, wo sich das OKH seit der Sommeroffensive befand und wohin auch das Sonderlager des OKH überführt worden war.

Dieses Vernehmungslager war ohne Wissen der obersten Führung vom Gruppenleiter II der Organisationsabteilung des Generalstabes, Graf Stauffenberg, genehmigt worden und unterstand Hauptmann Peterson, Leiter der Abteilung A, Kriegsgefangenen-

---

1 Ernst Steen, Bericht an den Autor.

vernehmung bei der Abteilung „Fremde Heere Ost". Peterson war Balte, fand schnell Kontakt zu den Gefangenen und war, wie alle Offiziere der Abteilung „Fremde Heere Ost", ein Gegner der amtlichen Ostpolitik.

Im Lager befanden sich ständig 80 bis 100 ausgewählte Gefangene, die für damalige Begriffe außergewöhnlich gut behandelt wurden: Generäle bewohnten Einzelzimmer, Obersten waren zu zweit und zu dritt untergebracht. Es gab deutsche Verpflegungssätze[2].

Hier traf Wlassow mit anderen hohen Offizieren der Roten Armee zusammen. Zum erstenmal bestand die Möglichkeit einer ersten offenen Aussprache ohne Kontrolle, ohne den ständigen Zwang zur Vorsicht, den die Diktatur Stalins allen auferlegt hatte. Viele empfanden daher die Gefangenschaft zunächst als eine innere Befreiung, trotz aller Sorgen um die Zukunft.

Einen besonders engen Kontakt ergab die Begegnung mit Wladimir Bojarski, der als Oberst i.G. und Kommandeur der 41. Gardedivision verwundet in Gefangenschaft geraten war. Bojarski war ein impulsiver, kluger, fanatisch national denkender Mann, der sofort erklärt hatte, daß er das Sowjetregime hasse und seinen Sturz mit Hilfe der Deutschen für möglich halte, jedoch nur dann zu ehrlicher Zusammenarbeit bereit sei, wenn Befreiung und nicht Eroberung geplant sei. Sein Bildungsniveau lag weit über dem Durchschnitt.

Er und Wlassow waren profunde Kenner des sowjetischen Systems und seiner Schwächen und sahen klar die Möglichkeiten zum Sturz des Regimes. Sie kannten die Stimmung der Offiziere der Roten Armee und wußten, daß der größte Teil — wie sie selbst — nicht überlaufen würde, daß aber die Situation grundlegend anders wäre, wenn ihnen nicht mehr Deutsche, sondern eine russische nationale Regierung mit einer russischen Befreiungsarmee gegenüberstehen würde, die glaubhaft die nationalen Interessen Rußlands vertreten könnte.

Nach langen Beratungen verfaßten sie am 3. August 1942 eine Denkschrift[3], in der sie zum Ausdruck brachten, daß die Mehrheit der Bevölkerung und auch der Armee einen Sturz des Regimes be-

2 Egon Peterson, I Nr. 20, Brief an den Autor.
3 A.Dallin, a.a.O., S. 569, Fn. 1.

grüßen würde, jedoch nur, wenn das neue Rußland als gleichberechtigter Bundesgenosse betrachtet würde. Deshalb müsse ein „Zentrum für die Bildung einer russischen Armee" geschaffen werden. Denn nur eine solche Befreiungsarmee, die für die Interessen Rußlands kämpfe, werde nicht als Verrätereinheit betrachtet werden.

Damit äußerten Wlassow und Bojarski eine Ansicht, die schon Tausende vor ihnen vertreten hatten. Denn beim Vormarsch war deutlich geworden, daß die Mehrzahl der Bewohner der besetzten Gebiete durchaus bereit war, mit den Deutschen zusammenzuarbeiten, die sie als Befreier vom Terror Stalins betrachteten.

Diese Bevölkerung hatte der Kollektivierung 10 Millionen Menschen opfern müssen[4], sie hatte die „Säuberungen" des GPU-Chefs Jeschow – die „Jeshowtschina" der Jahre 1936–1938 – erlebt. 8–10 Millionen Menschen waren jährlich in die Konzentrationslager verschleppt worden[5]. Zwar wurde dadurch jeder organisierte Widerstand unmöglich gemacht, aber die Zahl derjenigen hatte zugenommen, die persönliche Gründe hatten, Stalin zu hassen, weil Verwandte oder Freunde dem Terror zum Opfer gefallen waren.

Es dürfte in der Geschichte kaum ein zweites Beispiel dafür geben, daß ein Regime von so großen Teilen der Bevölkerung so gefürchtet und gehaßt wurde wie das stalinistische Regime. Nur so ist es zu erklären, daß Millionen von Bürgern der Sowjetunion, die gewiß nicht weniger national dachten und empfanden als die Bürger anderer Staaten, bereit waren, mit dem Angreifer gegen das eigene Regime zu paktieren. Nur so ist es zu verstehen, daß selbst diejenigen, die zunächst keine klare Position einnahmen, durch das zum erstenmal freie Gespräch mit Landsleuten ebenfalls zu einer solchen Einstellung gelangten.

Wie groß tatsächlich die Zahl der Gegner des Regimes war, zeigte sich zu Beginn des Ostfeldzuges an unzähligen Beispielen:

Der Amerikaner Charles W. Thayer schildert die Reaktion der Bauern eines Dorfes 160 km südwestlich von Moskau auf die Nachricht vom Angriff der Deutschen: „Endlich!" sagten sie.

---

4 Diese Zahl nannte Stalin in einem Gespräch mit Churchill im Mai 1942. Vgl. W. Churchill, a.a.O.

5 American Federation of Labor: Sklavenarbeit in Rußland, Bericht an die Vereinten Nationen, 1949.

„Der Kreml soll uns nur Waffen geben. Wir wissen schon, auf wen wir dann schießen werden! Wenn Hitler über die Brücke vor dem Dorf kommt, werden wir alle dort sein und ihn mit Salz und Brot empfangen[6]."

Im Herbst 1941 gingen rund 2000 Mann, in der Hauptsache studentische Jugend aus Leningrad, unter Führung eines Studenten namens Rutschenko, in die Wälder bei Gatschina, entzogen sich der Einberufung zur Roten Armee und erwarteten die Deutschen, um sich am Kampf gegen das Stalin-Regime zu beteiligen. Sie erwarteten ein politisches Programm, das anstelle des Bolschewismus treten konnte. Die Deutschen untersagten jedoch jede politische Betätigung und stellten ihnen anheim, in der Etappe als Fahrer, Küchenhilfen usw. Dienst zu tun. Als jedoch Ende 1943 die deutsche Politik für die nationalen Russen immer verhängnisvoller wurde, ging ein Teil von ihnen zu den Partisanen.

In Pogeggen bei Tilsit, einem der ersten Kriegsgefangenenlager in Litauen, unterschrieben 12000 Mann — die Hälfte der Lagerinsassen — ein Memorandum, ihrer Ansicht nach sei die Zeit gekommen, den Krieg in einen Bügerkrieg gegen das Stalin-Regime umzuwandeln, sie seien bereit, den Kampf aufzunehmen.

Als Ende 1941 die Insassen eines Offizierslagers in Minsk nach Deutschland transportiert werden sollten, riefen sie: „Wir wollen nicht nach Deutschland! Gebt uns Waffen! Wir wollen gegen Stalin kämpfen!"[7]

Bezeichnend ist auch die Eintragung in einem erbeuteten Tagebuch des Hauptmanns der Roten Armee Gontscharow vom 14. Januar 1942: „Fast das halbe Dorf hat mit den Deutschen zusammengearbeitet. Die Partisanen wurden nicht nur nicht unterstützt, sondern verraten und bekämpft[8]."

Millionen von Russen sahen sich vor die Frage gestellt, ob sie mit den Deutschen gehen sollten, weil nur so der Sturz des Stalin-Regimes möglich schien, oder ob sie ihr Vaterland verteidigen und damit das verhaßte Regime stärken sollten. Welche Gewissensnöte zu

6 Charles W. Thayer: Guerillas und Partisanen, Verlag Rütten & Loening, München 1965, S. 67.
7 Dmitrij Kosmowitsch, I Nr. 17.
8 Zitiert bei Paul Carell: Unternehmen Barbarossa, Ullstein Verlag, Frankfurt-Berlin 1963, S. 340.

bestehen waren, welche seelischen Belastungen getragen werden mußten, ist nur wenig bekanntgeworden.

Wie die Entscheidung ausfiel, hing in hohem Maß davon ab, wie die Deutschen den Russen begegneten oder was die Russen sich unter den Deutschen vorstellten. Glaubten sie an die Ehrlichkeit des deutschen Befreiungswillens, dann wurden sie aufrichtige und opferbereite Kämpfer, verlief die Begegnung negativ, dann wählten sie das kleinere Übel und kämpften für ihr Vaterland. Wenn schon Diktatur, dann lieber eine russische, wurde ihre Losung.

Ein Teil aber — das bekannteste Beispiel ist die ukrainische Aufstandsarmee, die UPA, mit rund 40 000 Mann — wandte sich nach der Enttäuschung durch die Deutschen gegen sie und die Sowjets zugleich und kämpfte mit Restteilen noch Jahre nach dem Kriege im Untergrund gegen das Stalin-Regime.

Auch Wlassows Haltung wurde zweifellos beeinflußt von der menschlichen und entgegenkommenden Behandlung durch Generaloberst Lindemann, seinem Gegner in der Schlacht am Wolchow.

Für die Entscheidung, die er traf, war aber ohne Zweifel die Begegnung mit den Vertretern der „Abteilung Fremde Heere Ost des Oberkommandos des Heeres" in Winniza ausschlaggebend und hier vor allem Hauptmann Strik-Strikfeldt.

Als Wlassow in Winniza eintraf, hatte die deutsche Wehrmacht — nachdem die im Winter von der Roten Armee erzielten Einbrüche im wesentlichen bereinigt, Sewastopol genommen und der Anfang Mai mit 40 neuen Divisionen begonnene Angriff des Marschalls Timoschenko bei Charkow aufgefangen und abgeriegelt worden war — ihre neue Sommeroffensive in den Kaukasus und an die Wolga vorgetragen. Neue riesige Gebiete mit Millionen Einwohnern waren unter deutsche Herrschaft geraten.

Die deutsche politische Führung war indes von einer einheitlichen und realistischen Ostpolitik weiter entfernt denn je. Hinter der Einheitsfassade des Führerstaates tobte ein Kampf der Machtcliquen, von dem die Außenwelt kaum eine Vorstellung hatte.

Im Führerhauptquartier galt trotz der Rückschläge des Winters nur ein Ziel: rücksichtslose Unterwerfung und Kolonialisierung. Im Reichsministerium für die besetzten Ostgebiete versuchte Rosenberg seine Ideen von einer Aufteilung des russischen Reiches in selbständige Satrapien Ukraine, Weißruthenien, Kaukasien und

Turkestan durchzusetzen. Aber die von Hitler eingesetzten Reichs-kommissare — insbesondere der Gauleiter Koch in der Ukraine — erstickten durch brutale Ausbeutungs- und Vernichtungspolitik diese Ansätze schon im Keime.

Himmler träumte von einem germanischen Großreich, in dem der slawische „Untermensch" die Rolle eines ungebildeten Robo-ters spielen sollte.

Goebbels hatte zwar die Möglichkeiten erkannt, aber ihm fehlte die Macht und wohl auch der Wille, sie durchzusetzen.

Und endlich gab es die Gruppe derer, die diese größenwahnsin-nigen und irrealen Pläne nicht nur aus militärischen, sondern auch aus Gewissensgründen ablehnten und bekämpften. Sie war seit dem Winter immer mehr in den Vordergrund getreten und ver-suchte auf verschiedenen Wegen eine Änderung der amtlichen Ost-politik zu erwirken. Oberst Graf Stauffenberg, der spätere Hitler-Attentäter, nannte sie den „Verein zum Kampf gegen lebensge-fährlichen Blödsinn".

Zu ihr gehörte, neben einer Reihe der im Osten eingesetzten Oberbefehlshaber und Stabsoffiziere, die Mehrzahl der führenden Offiziere des Oberkommandos des Heeres, vor allem der General-quartiermeister General Wagner, Offiziere der Propagandaabtei-lung des Oberkommandos der Wehrmacht, der Chef der deutschen militärischen Spionageabwehr, Admiral Canaris, und eine Gruppe von Diplomaten unter Führung des ehemaligen Botschafters in Moskau, Graf von der Schulenburg.

Aber auch Angehörige der im Osten eingesetzten Waffen-SS und einzelne Mitglieder der SD-Ämter III (Inland) und VI (Aus-land) begannen die Unsinnigkeit der amtlichen Ostpolitik einzuse-hen, wenn auch hier vielfach nicht Gewissensgründe, sondern machtpolitische Zweckmäßigkeitserwägungen ausschlaggebend waren.

Gewisse Aussichten auf Erfolg errechneten sich zu diesem Zeit-punkt nur die Wehrmachtkreise. Sie setzten sich mit allen zur Ver-fügung stehenden Mitteln und mit großer Zivilcourage für dieses Ziel ein.

Da die oberste Führung des OKW, insbesondere Generalfeld-marschall Keitel und Generaloberst Jodl, Hitler bedingungslos folgte und das Heer grundsätzlich angewiesen hatte, sich um politische Dinge nicht zu kümmern, blieb nur ein Weg, um diese „Mauer von Idiotie und Blindheit" — wie Stauffenberg sich ausdrückte — zu durchbrechen: Beschaffung von exaktem und überzeugendem Nachrichtenmaterial, durch das eindeutig die Undurchführbarkeit eines auf Gewalt basierenden Vorgehens bewiesen werden sollte. Ferner mußten vollendete Tatsachen geschaffen werden, die nicht mehr rückgängig gemacht werden konnten, ohne das ganze Gefüge der Ostfront zu erschüttern.

Generaloberst Halder, der Chef des Generalstabes des Heeres, hatte im April 1942 den Oberstleutnant im Generalstab Reinhard Gehlen mit der Leitung der Abteilung „Fremde Heere Ost" betraut, deren Arbeit bis dahin noch nicht energisch genug in diesem Sinne geführt worden war.

Gehlen, seit langem erbitterter Gegner der Gewaltmethoden Hitlers, sah nur in einem ehrlichen Bündnis mit dem russischen Volk eine Chance zur Beseitigung des Sowjetregimes.

Er hatte eine Reihe jüngerer, gleichgesinnter Generalstabsoffiziere mit Fronterfahrung und Rußlandkenntnissen herangezogen, darunter eine Reihe von Deutsch-Balten.

Bald verfügte die Abteilung über große Mengen authentischen Materials. Neben den Vernehmungsprotokollen, neben Berichten der Abwehrstellen über die Feindlage häuften sich Eingaben und Denkschriften der verschiedenen Wehrmachtsteile und Selbstverwaltungsorgane, die alle immer dringender eine Änderung der deutschen Ostpolitik verlangten, sollte nicht alles Erreichte aufs Spiel gesetzt werden, sollten nicht Entgegenkommen und Bereitschaft der Bevölkerung in Haß und Ablehnung umschlagen.

Immer stärker setzte sich die Erkenntnis durch, daß die kommunistische Weltanschauung mit ihren eigenen Methoden nicht zu besiegen war, sondern nur durch die werbende Kraft einer besseren Ordnung. Die unerläßliche Mitarbeit der Völker Rußlands war auf die Dauer nur zu erlangen, wenn politische Ziele genannt werden konnten, für die zu kämpfen sich lohnte.

Die Voraussetzungen hierfür waren längst geschaffen, sie waren zwangsläufig aus den Verhältnissen entstanden, gefördert von den örtlichen militärischen Dienststellen, die, ohne viel zu fragen, die dringlichsten Entscheidungen mit stillschweigender Duldung des OKH, aber ohne Wissen des Führerhauptquartiers getroffen hatten, wobei sie einfach von der Tatsache ausgegangen waren, daß die Masse der Bevölkerung in kaum erwartetem Maße zur Zusammenarbeit bereit war. Als erster Armeeführer hatte der Oberbefehlshaber der 2. Panzerarmee, Generaloberst Schmidt, in einer Denkschrift vom 18. September 1941 „Über die Möglichkeit einer Erschütterung des bolschewistischen Widerstandes von innen her" darauf hingewiesen.

Bewaffnete Bürgerwehren, die sich spontan nach dem Abzug der Roten Armee gebildet hatten, um auf eigene Faust den Kampf gegen zurückgelassene oder versprengte Funktionärs- und Partisanengruppen aufzunehmen, waren kurzerhand als Volkswehren belassen und später als Ordnungsdienste (OD) geführt worden. Überläufer und Gefangene waren in immer größerem Umfange von den Frontdivisionen als Fahrer, Mechaniker, Munitionsträger und für andere Hilfsdienste verwandt worden, ohne daß sie offiziell erfaßt wurden. Sie trugen deutsche Uniformen ohne Rangabzeichen, waren zum größten Teil bewaffnet und kämpften, wenn es not tat, auch Seite an Seite mit den Deutschen. Man erfand für sie die Bezeichnung „Hilfswillige" (Hiwi). Ihre Zahl belief sich auf mehrere Hunderttausend.

Die 134. Infanteriedivision bot ab Juli 1941 allen ihren Gefangenen die Einstellung als gleichwertige Soldaten an, so daß Ende 1942 fast die halbe Division aus ehemaligen Sowjetsoldaten bestand. Wenn ein so weitgehendes Experiment auch eine Ausnahme blieb, so zeigt es doch, welche Möglichkeiten bestanden[9].

Auch voll ausgerüstete Freiwilligenbataillone unter deutscher Führung wurden aufgestellt und zur Bekämpfung der Partisanen sowie zur Sicherung der Verbindungswege im rückwärtigen Heeresgebiet eingesetzt.

In zwei Fällen waren auch größere russische Einheiten unter ausschließlich russischer Führung entstanden, die sich als Kern einer künftigen russischen Befreiungsarmee betrachteten: die „Russische Nationale Volksarmee" (RNNA) in Ossintorf und die „Russische Volksbefreiungsarmee" (RONA) in Lokotj[10].

Alles in allem standen im Herbst 1942 rund 800 000 – 900 000

9 Vgl. A. Dallin, a.a.O., S. 551 mit Quellenangabe.
10 Vgl. S. 60 ff. und 84 ff.

Angehörige der Völker Rußlands gegen das eigene Regime unter Waffen, ohne daß Hitler von diesen Zahlen eine Ahnung hatte.

Da alle Versuche gescheitert waren, eine Änderung der Ostpolitik auf direktem Wege durchzusetzen, blieb der Wehrmachtopposition neben der Hoffnung auf die Überzeugungskraft unvermeidlicher Rückschläge nur noch die Chance, eine geachtete und bekannte Persönlichkeit der Gegenseite als Führer einer russischen Befreiungsbewegung anzubieten, gewissermaßen einen russischen de Gaulle.

In dieser Atmosphäre der Spannung, der Enttäuschung und Ungeduld platzte die Nachricht von der Gefangennahme Wlassows. Er war einer der fähigsten und bekanntesten Generäle der Roten Armee, einer der Retter Moskaus. Sein Auftreten gegen Stalin mußte unabsehbare Auswirkungen haben.

Es kam alles darauf an zu klären, ob seine Opposition gegen Stalin echt war und ob er bereit sein würde, die Konsequenzen zu ziehen. Um das zu sondieren, mußte der richtige Mann gefunden werden, ein Mann, der nicht nur das russische Volk kannte, sondern auch Takt, Feingefühl und Menschenkenntnis genug besaß, dem gefangenen General die Situation in einer Form nahezubringen, die geeignet war, sein Vertrauen zu gewinnen.

Diesen Mann fand Gehlen in dem Hauptmann der Reserve Wilfried Strik-Strikfeldt. Strikfeldt, ein Deutsch-Balte, war während des ersten Weltkrieges zaristischer Offizier gewesen. Gehlen hatte ihn aus dem Stab der Heeresgruppe Mitte in seine Dienststelle geholt, weil ihm bekannt war, daß er seit Beginn des Feldzuges dieselben Ideen vertrat, die auch er als richtig erkannt hatte.

Schon im Oktober 1941 hatte Strik-Strikfeldt im Auftrag der Generalstabsoffiziere von Tresckow und von Gersdorff den Plan für die Aufstellung einer russischen Befreiungsarmee von zunächst 200 000 Freiwilligen ausgearbeitet und durch Oberst von Tresckow, den Ia der Heeresgruppe Mitte, mit Billigung des Oberbefehlshabers von Bock an Generalfeldmarschall von Brauchitsch, den damaligen Oberbefehlshaber des Heeres, und an das Führerhauptquartier weitergegeben.

Den letzten Anstoß zu diesem Bericht hatte ein vom russischen Bürgermeister von Smolensk und zehn anderen Persönlichkeiten der Stadt unterzeichnetes, an Hitler gerichtetes Memorandum gegeben, in dem als Voraussetzung für einen schnellen Sturz des Sowjetregimes die Garantie der Unabhängigkeit Rußlands, die Konstituierung einer Gegenregierung und die Aufstellung einer Befreiungsarmee vorgeschlagen wurde.

Im November 1941 war jedoch von Keitel der lakonische Bescheid gekommen: „Politische Dinge gehen die Heeresgruppe grundsätzlich nichts an. Solche Gedanken sind außerdem für den Führer indiskutabel[11]."

Wenige Tage später war die Eingabe auch von Brauchitsch zurückgekommen. Sie enthielt die Randbemerkung: „Halte ich für kriegsentscheidend."

Kurz darauf aber waren Brauchitsch und Bock von Hitler abgesetzt worden, und es blieb bei der Absage Keitels.

Als General Greiffenberg dem Bürgermeister von Smolensk im Namen der Heeresgruppe zwei Waggons mit Medikamenten übergab und anschließend auf das Memorandum zu sprechen kam, unterbrach der Bürgermeister ihn brüsk: „Wenn man in einer so kriegsentscheidenden Frage vier Wochen vergehen läßt, kann man sich die Antwort denken[12]."

Zur gleichen Zeit hatte Strik-Strikfeldt mit einigen anderen Offizieren der Heeresgruppe Mitte unter dem Eindruck der Deutschfreundlichkeit der Bevölkerung und der unhaltbaren Zustände in den überfüllten Gefangenenlagern eine weitere Eingabe verfaßt, die die Entlassung aller im besetzten Gebiet wohnhaften Kriegsgefangenen – mit Ausnahme der Parteifunktionäre – und die Aufstellung bewaffneter Volksmilizen vorschlug. Ein Plan, dessen Verwirklichung von gar nicht zu überschätzender Bedeutung gewesen wäre. Er hätte die sowjetischen Behauptungen über Mißhandlungen und Erschießung von Kriegsgefangenen widerlegt und ein weiteres Ansteigen der Überläuferzahlen, Vernichtung der damals noch schwachen Partisanengruppen und vor allem die Möglichkeit einer ausreichenden Verpflegung und Unterbringung der restlichen Gefangenen zur Folge gehabt.

Trotz dieser Argumente und obwohl klar war, daß ausreichende Verpflegung oder Abtransport der Gefangenen wegen der von den

11 Heinz D. Herre: Tagebuch; Strik-Strikfeldt, I Nr. 7.
12 W. Strik-Strikfeldt, I Nr. 8 Strik-Strikfeldt war bei dieser Szene als Dolmetscher zugegen.

Sowjets verursachten Zerstörungen unmöglich sein würde, hatte das Führerhauptquartier auch diesen Vorschlag abgelehnt, hatte Keitel auf einem gleichzeitigen Protestschreiben des Admirals Canaris gegen die ungesetzliche Behandlung der Kriegsgefangenen vermerkt: „Die Bedenken entsprechen der Auffassung eines Soldaten vom ritterlichen Krieg. Hier handelt es sich aber um die Vernichtung einer Weltanschauung. Ich billige und decke die Maßnahmen."

Die Folgen dieser Ablehnung waren schwer genug: Während des Winters ging ein hoher Prozentsatz der Gefangenen an Hunger und Seuchen zugrunde, Enttäuschung und Ernüchterung griffen um sich, viele wurden nun zu unversöhnlichen Feinden der Deutschen.

Mit dem Wissen um all diese Dinge belastet, in der Erkenntnis, daß die Wende bald eintreten müßte, trat Strik-Strikfeldt Wlassow gegenüber.

Entscheidung gegen Stalin

Wlassow hatte inzwischen versucht, Klarheit zu gewinnen. Die Vielfalt der Eindrücke verwirrte ihn. Er fand sich noch nicht zurecht. Neben der beinahe kameradschaftlichen Begegnung mit Lindemann und der zuvorkommenden und korrekten Behandlung in Lötzen und Winniza gab es Berichte von Mitgefangenen über die Zustände in anderen Kriegsgefangenenlagern. Was war hier System, was war Absicht, was nur ein in jedem Krieg vorkommender Mißstand?

Als Strik-Strikfeldt eintrat, erhob sich Wlassow langsam, ohne jede Unterwürfigkeit und bot, nachdem sich der Deutsche vorgestellt hatte, mit einer selbstverständlichen Geste einen Stuhl an. Dann wartete er, bis der andere begann. Sein noch vom Hunger gezeichnetes Gesicht drückte reservierte Aufmerksamkeit, ein leises Mißtrauen aus.

Strik-Strikfeldt sprach langsam, tastend, zu Beginn beinahe erregt. Er spürte sofort, daß ihm hier eine Persönlichkeit von Format gegenübersaß.

So begann ein tagelanges, für beide schicksalhaftes Gespräch, ein Ringen um Erkenntnis auf der einen Seite, ein Überzeugen-und Gewinnenwollen auf der anderen, das immer stärker in ein gegenseitiges Vertrauen, in eine Kameradschaft, ja in eine Freundschaft überging, die bis zum letzten Tage bestehen sollte.

Strik-Strikfeldt erfuhr zunächst nur die äußeren Umrisse dieses Lebens. Er hörte von der Armut des Vaterhauses, von der Begeisterung für die Revolution, die alles besser machen wollte, und von der schwindelerregenden Karriere, die der arme Bauernsohn dann als Offizier der Roten Armee durchlaufen hatte. Es war klar: Das Regime hatte ihm diesen Aufstieg ermöglicht, und es hatte ihm persönlich nichts zuleide getan.

Aber Strik-Strikfeldt spürte bald, daß das alles nicht so einfach war, daß da vieles erlebt, vieles beiseite geschoben worden war, was die Arbeit, die Karriere hätte stören können; aber es war nicht vergessen. Und es war im Inferno der Wolchow-Schlacht, in diesen Wochen letzter Besinnung wieder an die Oberfläche gestiegen. Es war wohl zum erstenmal klar und nüchtern bis zum Ende durchdacht worden, und es hatte dann, nach Gesprächen mit gefangenen Kameraden, zum inneren Bruch geführt, zum Bruch mit Stalin, zum Bruch mit dem System.

Daß diese Entscheidung ohne die Prüfung der Wolchow-Schlacht, ohne die Gefangennahme vielleicht nie gefallen wäre, schien Strik-Strikfeldt nicht wichtig. Entscheidend war, daß sie gefallen war und daß er mit dieser Tatsache rechnen konnte.

Nun war es an ihm, den Weg zu zeigen, wie aus der Erkenntnis die befreiende Tat werden konnte, und er beschloß, nach Tagen des Prüfens, des Kennenlernens, des Verstehens, mit einer Offenheit zu sprechen, die er in dieser Zeit nur wenigen Deutschen entgegenbringen konnte. Er spürte, daß nur so das Vertrauen dieses Mannes zu erringen war.

Für Wlassow öffnete sich Stück für Stück eine neue und völlig fremde Welt. Staunend vernahm er, daß hier nicht wie in seiner Heimat nur *ein* Wille entschied, daß hier mehr oder weniger offen andere Pläne verfolgt werden konnten, daß es Kreise gab, die Hitler zwingen wollten, das zu tun, was sie für vernünftig und richtig hielten. Und doch war auch Hitler ein Diktator. Spielten diese Leute nicht um ihren Kopf? War dieser sympathische

Hauptmann nicht ein Todeskandidat, mit dem man sich besser nicht einließ?

Der Entschluß, sich an die Spitze einer Befreiungsbewegung zu stellen, fiel ihm nicht leicht. Er wußte, daß er damit einen Weg beschritt, auf dem es keine Umkehr gab, den er so oder so zu Ende gehen mußte. Aber er kannte auch die Möglichkeiten. Entscheidend war, ob die Deutschen ihm die Bewegungsfreiheit geben würden, die allein zum Erfolg führen konnte. Den Ausschlag gab das Vertrauen zu Strikfeldt. Wlassow war Menschenkenner genug, um zu begreifen, daß dieser Mann ohne Falsch war, und so schloß er mit ihm den Pakt zu einem gemeinsamen Kampf, den beide als innere Verpflichtung empfanden, für die sie bereit waren, jede Kosequenz auf sich zu nehmen. Wlassow war zu einem Verbündeten geworden, einem Verbündeten nicht nur gegen Stalin, sondern auch gegen Hitler[13].

Als kurz darauf der Oberleutnant Dürksen von der Propagandaabteilung des OKW nach Winniza gesandt wurde, um Wlassow kennenzulernen und seine Reise nach Berlin vorzubereiten, gab sich Wlassow offen und entgegenkommend.

Gehlen hatte entschieden, daß Strik-Strikfeldt für die nächste Zeit bei Wlassow bleiben sollte, und ihn deshalb zur Propagandaabteilung des OKW kommandiert. Er sah voraus, daß sich Belastungen ergeben würden, denen Wlassow ohne die kameradschaftliche Unterstützung des einzigen Deutschen, dem er bisher sein volles Vertrauen geschenkt hatte, kaum gewachsen sein würde. Außerdem sollte Strikfeldt mit seinen praktischen Erfahrungen die etwas abstrakte Tätigkeit der Propagandaabteilung bereichern und nun auch über diesen Weg Vorschläge für eine grundsätzliche Änderung der Ostpolitik weiterleiten.

Strikfeldt traf einige Tage vor der Ankunft Wlassows in Berlin ein. Sofort stellte er Kontakt zu den Insassen des kleinen Sonderlagers her, das in einem Flügel des Hauses Viktoriastraße 10 für besonders ausgewählte Gefangene und Überläufer eingerichtet worden war, die bereit und fähig waren, bei Planung und Durchführung von Propaganda-Aktionen mitzuwirken. Er diskutierte offen, so offen, daß einige ihn zunächst für einen Provokateur hiel-

13 W. Strik-Strikfeldt, I Nr. 8.

ten, bis sie erkannten, daß hier ein Mann mit viel Zivilcourage aus einer profunden Kenntnis der Situation und aus Gewissensgründen die amtliche Ostpolitik kritisierte.

Als einmal die Befürchtung geäußert wurde, die deutsche Führung könne einen Pakt mit den antibolschewistischen Russen eingehen, nur um sie auszunutzen und dann doch zu betrügen, und einer der Anwesenden halblaut sagte, daß man dann in den Wald gehen und als Partisan gegen die Deutschen kämpfen werde, entgegnete Strikfeldt: „In einem solchen Falle werden wir uns wahrscheinlich im Walde treffen[14]."

Die Insassen des Sonderlagers, denen die Wichtigkeit von Propaganda und politischem Kampf im Kriege als Axiom galt, glaubten, es sei ein schlechter Scherz oder ein Tarnmanöver, als sie hörten, daß die Aktivpropaganda des OKW im Osten praktisch von zwei Männern, Hauptmann von Grote und Oberleutnant Dürksen, bearbeitet werden mußte.

Grote war für diesen Posten besonders prädestiniert. Er war ein Mann von großem Verhandlungsgeschick, das ihn viele Klippen umschiffen ließ, an denen andere längst gescheitert wären. Er war Balte und kannte, ebenso wie der Rußlanddeutsche Dürksen, die Russen und ihre Probleme.

Hinzu kam, daß er in Oberst Hans Martin als Leiter der Ost-Aktivpropaganda einen Vorgesetzten hatte, der zwar zunächst die amtliche Linie vertrat, aber schnell erkannte, worum es ging, und auch bereit war, sich dafür einzusetzen. Er förderte und deckte auch die Einstellung russischer Mitarbeiter, die einen wesentlichen Anteil an der Arbeit der Abteilung hatten.

Neben den Insassen des Sonderlagers wurden auch „alte Emigranten" des ersten Weltkrieges herangezogen. Sie waren freie Mitarbeiter, die keinerlei Kontrolle unterlagen.

Letzteres galt auch für Alexander Stepanowitsch Kasanzew, obgleich er eine für die russische Befreiungsbewegung weit bedeutungsvollere Rolle spielte, als seine Stellung vermuten ließ.

Er gehörte dem Führungskreis der Emigrantenorganisation der russischen Solidaristen, NTS, an, in dem sich die Jugend der alten russischen Emigration in der Erkenntnis zusammengeschlossen

14 Alexander Kasanzew: Tretja sila, Verlag Possew, Frankfurt a.M. 1952, S. 154.

hatte, daß man die Masse der Bevölkerung Rußlands mit der Wiederherstellung der Monarchie und des Großgrundbesitzers nicht locken könne, daß vielmehr neue Ideen im Kampf gegen den Kommunismus verwandt werden müßten. Der NTS war straff organisiert und setzte seine Mitglieder sofort nach Beginn des Rußlandfeldzuges in den besetzten Gebieten ein. Sie wurden ohne Wissen der deutschen Führung eingeschleust, um unter der Bevölkerung und den Gefangenen neue Mitglieder zu werben, die Organisation der Selbstverwaltungen und Milizen zu fördern und Erkenntnisse über die Möglichkeiten eines Volksaufstandes gegen das kommunistische System zu sammeln.

Da der NTS sehr früh über die wahren Ziele der Hitlerschen Ostpolitik informiert war, lehnte er den Nationalsozialismus ab, arbeitete jedoch mit den Deutschen zusammen, weil ohne deren Hilfe ein Ende des Sowjetsystems undenkbar schien. Ihrer Ansicht nach konnten aber auch die Deutschen ohne Mithilfe der Bevölkerung Rußlands nicht auskommen, so daß schließlich ein Verzicht auf Eroberungs- und Kolonialpläne erzwungen werden konnte. Diese „Dritte Kraft" zu stärken betrachtete der NTS daher als seine Hauptaufgabe.

Zwar gab es keine offizielle Zusammenarbeit des NTS mit deutschen Behörden, wohl aber arbeiteten viele seiner Mitglieder als Einzelpersonen in verschiedenen Dienststellen, um ihre Ziele besser verfolgen zu können; so im Propagandaministerium, im Wirtschaftsministerium, in der Propagandaabteilung des OKW und vor allem im Ostministerium, wohin sie von Leibbrandt, dem Leiter der Abteilung Politik, und von Knüpffer, dem Leiter der Ausbildungslager, geholt worden waren.

Im Gegensatz zu Leibbrandt, der die Rosenbergsche Politik unterstützte, lehnte Knüpffer die Konzeption Hitlers und Rosenbergs ab und ließ den NTS-Leuten bewußt freie Hand.

In den Ausbildungslagern, in denen ständig mehrere tausend russische Überläufer und Gefangene zusammengezogen wurden, um für den Einsatz in den besetzten Gebieten, für Verwaltung, Propaganda, aber auch für Sicherungsaufgaben geschult zu werden, ergaben sich ideale Möglichkeiten im Sinne des NTS.

Es konnten nicht nur geeignete Leute aus den Gefangenenlagern ausgewählt und geschult werden, es gab auch die Möglichkeit, sie

50

in den besetzten Gebieten einzuarbeiten und dabei Kontakte zu den Einwohnern aufzunehmen und für die Organisation zu werben.

Da der NTS die einzige russische Organisation war, die sich aktiv während des Ostfeldzuges einsetzte, hatte sie großen Zulauf. Die marxistisch geschulten Russen wußten, daß sowohl gegen Stalin als auch gegen die Deutschen nur mit einer Organisation etwas erreicht werden konnte[15].

Kasanzew half in der Propagandaabteilung des OKW beim Entwurf von Flugblättern und Zeitungen. Daneben ergab sich für ihn die Möglichkeit, die Insassen des Sonderlagers im Sinne des NTS zu beeinflussen. Da viele der später führenden Männer der Befreiungsbewegung das Sonderlager passierten, wirkte sich dieser Einfluß weiter aus, als es nach außen hin möglich schien.

Da Kasanzew selbst noch nicht im besetzten Ostgebiet gewesen war, erfaßte er nicht, wie stark tatsächlich schon die Opposition, ja zum Teil Obstruktion der dort eingesetzten Wehrmachtteile gegen die amtliche Ostpolitik war. Er verschloß sich der Erkenntnis, daß die Stärkung der „Dritten Kraft" nur durch ehrliche Zusammenarbeit mit diesem Teil des deutschen Volkes erreicht werden konnte.

Wlassow traf am 17. September in Berlin ein. Vorher hatten nur wenige wirklich überragende Persönlichkeiten das Sonderlager passiert. Eine von ihnen fand er noch vor: Miletij Alexandrowitsch Sykow.

Sykow, eine der hervorragendsten, wenn auch vielleicht undurchsichtigsten Gestalten der russischen Befreiungsbewegung, wäre, als er im April 1942 bei Bataisk in Gefangenschaft geriet, wegen seines orientalischen Aussehens und als politischer Kommissar der Roten Armee vom Sicherheitsdienst liquidiert worden, wenn ihn nicht der Ic der Heeresgruppe Süd, Oberstleutnant Baron v. Freytag-Loringhoven, beeindruckt von seinem geistigen Format, über das Lager Winniza zur Propagandaabteilung des OKW überstellt hätte.

Dort hatte Sykow sofort erklärt, er sei zwar Gegner Stalins aus Überzeugung und habe die erste Möglichkeit zum Überlaufen wahrgenommen, um der deutschen Führung ein umfassendes Ak-

---

15 Über den NTS vgl. A. Kasanzew, a.a.O., Frankfurt a.M. 1952, Wladimir Poremski, I Nr. 14; Roman Redlich, I Nr. 9; Alexander Saizew, I Nr. 33.

tionsprogramm zum Sturz des Sowjetregimes vorzulegen, aber er sei auch Russe und werde nur dann mit den Deutschen zusammenarbeiten, wenn sie die Befreiung Rußlands, nicht die Versklavung wollten, kurz, wenn es für sein Vaterland von Nutzen sei.

Grote und Dürksen hatten ihm die politische Situation eingehend geschildert und ihn zu überzeugen versucht, daß er seinem Vaterlande am besten nützen könne, wenn er die einsichtigen Kräfte in der deutschen Führung unterstütze.

Sykow hatte sich Bedenkzeit erbeten, dann aber innerhalb von 36 Stunden einen Bericht über Aufbau und Organisation der sowjetischen Wirtschaft, insbesondere der Rüstungsindustrie, fertiggestellt, der alles übertraf, was deutsche Nachrichtenoffiziere je gelesen hatten. Es war der Bericht eines Fachmannes mit ungeheurem Wissen, verbunden mit einer erstaunlichen Kombinationsgabe.

Acht Tage später hatte er einen „Organisationsplan zur praktischen Mobilisierung des russischen Volkes gegen das Stalin-System" vorgelegt, der, in jedem Punkte durchdacht, eine genaue Kenntnis der tatsächlichen Verhältnisse und der psychologischen Situation in der Sowjetunion verriet und die Richtigkeit der Überlegungen des Kreises um Stauffenberg, Gehlen und Grote bestätigte.

Auch er betrachtete es als wichtig, daß an die Spitze einer zu bildenden russischen Gegenregierung zunächst ein bekannter General der Roten Armee gestellt würde, dessen Popularität ausschließlich auf seiner Leistung beruhte. Auch er war überzeugt, daß sich ein solcher Mann finden werde, sobald Deutschland zu ehrlichem Bündnis bereit wäre. In einem solchen Falle sei der Sturz des Stalin-Regimes nur eine Frage der Zeit.

Sykow, der erst vierzigjährige, mittelgroße gepflegte Mann mit dem dunklen Gesicht und der weichen, stets beherrschten Stimme, war rasch Mittelpunkt des kleinen Kreises geworden. Man bewunderte sein geistiges Format, man achtete ihn, aber nur wenige mochten ihn. Zu groß war seine Überlegenheit, zu ungewöhnlich sein enzyklopädisches Wissen, zu schroff die Abwehr unsachlicher Einwände, zu undurchsichtig seine Persönlichkeit.

Eiskalter Intellekt paarte sich seltsam mit gefühlvoller Romantik. Der kühle, stets beherrschte Intellektuelle war ein musischer Mensch, der die Kunst der Rezitation vollendet beherrschte.

Wenn er auch nur zögernd einiges aus seiner Vergangenheit mitteilte, wenn auch nie ganz klarwurde, was er verschwieg, was er entstellte, so war doch offensichtlich: Mit ihm hatte sich ein Mann gegen Stalin gestellt, der zu den geistigen Kapazitäten des revolutionären Rußland gezählt werden mußte.

In Odessa als Sohn eines kleinen Kaufmanns geboren, hatte er früh Kontakt zur geistigen Elite der Revolution gewonnen, hatte Lenin und die anderen Führer der Revolution persönlich gekannt und war als einer der ersten mit dem Orden der „Roten Fahne" ausgezeichnet worden. Vom Posten des Chefredakteurs einer Kreiszeitung in Usbekistan war er schnell zum Stellvertreter des Chefredakteurs der „Iswestija", Bucharin, aufgestiegen. Er hatte Vorlesungen über die Geschichte der Literatur gehalten. Durch die Heirat mit der Tochter Bubnows, des damaligen Kultusministers, war er auch familiär in den Kreis der oberen Parteiführung getreten.

Als Bucharin und Bubnow einer „Säuberung" zum Opfer fielen, wurde auch er zu drei Jahren Zwangsarbeit in Sibirien verurteilt, danach — 1940 — wieder in die Partei aufgenommen und als politischer Kommissar zur Roten Armee kommandiert.

Das war der Werdegang dieses Sozialisten aus Überzeugung, der kein Hehl daraus machte, daß er sich ein künftiges Rußland sozialistisch vorstellte.

Hierin und in seiner Ablehnung der „alten Emigranten" des ersten Weltkrieges unterschied er sich von einem großen Teil der anderen Gegner Stalins, vor allem auch von den Ansichten des NTS, was zu zahlreichen scharfen Debatten mit Kasanzew führte, der die Qualitäten Sykows jedoch durchaus anerkannte.

Auch Grote und Dürksen hatten den Wert dieses Mitarbeiters erkannt. Die Vermutung des Sicherheitsdienstes, Sykow sei Agent, konnte Grote mit dem Hinweis widerlegen, daß die Sowjets kaum einen jüdisch aussehenden politischen Kommissar für eine solche Aufgabe verwandt hätten. Mit dem Hinweis auf die Unentbehrlichkeit Sykows konnte Grote zunächst alles Unheil abwenden.

Sykow selbst hat weder zugegeben noch bestritten, Jude zu sein. Einmal, bei Schnaps und Kartenspiel, hatte einer der Kameraden ihn gefragt, ob er Jude sei. Sykow überlegte eine Weile und antwortete dann ruhig: „Während des Spiels kann man über solche

Dinge nicht reden. Wenn das Spiel zu Ende ist, werden wir auch darüber sprechen[16]." Er ließ offen, ob er das Kartenspiel meinte oder das Spiel um Tod und Leben, das er täglich spielte.

Als Wlassow eintraf, war Sykow schon ein halbes Jahr in Berlin. In unzähligen Diskussionen hatten die Insassen des Sonderlagers alle Möglichkeiten zum Sturz des Stalin-Regimes durchgesprochen. Die Hoffnung auf eine Berücksichtigung ihrer Vorschläge war immer geringer geworden. Nun schien mit Wlassow endlich eine Wende möglich. Sie wußten, welche entscheidenden Auswirkungen sein Auftreten haben konnte, und erwarteten ihn mit größter Spannung.

Schon nach den ersten Gesprächen zweifelte keiner daran, daß er alles mitbrachte, was in dieser Situation erforderlich war: persönliche Lauterkeit, Beliebtheit bei der Armee, Überzeugungskraft und proletarische Abstammung. Ihm würde auch der einfache Rotarmist glauben, daß er sich nicht aus Opportunismus gegen Stalin gestellt hatte.

Fast selbstverständlich wurde Wlassow zum Mittelpunkt des kleinen Kreises, obgleich er zunächst nur reserviert und beobachtend, wie es seine Art war, zuhörte.

Dann begann er von seinem Leben zu erzählen, von seinen Unterredungen mit Stalin, von der Wolchow-Schlacht — und durch die Art, wie er es tat, kam die Distanz zum Ausdruck, die er bereits gewonnen hatte und die ihm Deutungen ermöglichte, zu denen er vor Wochen noch nicht fähig gewesen wäre.

Über die politischen Pläne einigte er sich ohne Schwierigkeiten mit Sykow. Die Zusammenarbeit mit diesem Mann, dessen überlegenes Wissen, dessen Arbeitskraft und außergewöhnliche Begabung für propagandistische und psychologische Wirkungen er ohne weiteres anerkannte, war in vieler Hinsicht fruchtbar für ihn, ohne daß er deshalb seine Originalität und Selbständigkeit eingebüßt hätte.

Kurz darauf kam auf Veranlassung Strikfeldts eine weitere Persönlichkeit in die Viktoriastraße, die eine wesentliche Rolle im Kreis um Wlassow spielen sollte: der Generalmajor Wassilij Feodorowitsch Malyschkin.

16 Michail Kitajew, UM, S. 5.

War Sykow der Typ des Intellektuellen, so verkörperte Malyschkin den Typ des Stabsoffiziers im besten Sinne.

Er war ein starker, fröhlicher Mensch von ansteckendem Optimismus und großer Tatkraft.

Als Sohn eines Buchhalters in Nowotscherkassk geboren, hatte er sich als junger Unterleutnant voller Idealismus der Revolution angeschlossen, war der Partei beigetreten und wurde, nach Abschluß der Militärakademie, Professor der Akademie.

Er war Chef des Stabes des sibirischen Wehrkreises, als sein Kommandeur, Welikanow, im Zusammenhang mit der Tuchatschewski-Affäre verhaftet und erschossen wurde. Kurz darauf wurde auch er verhaftet und monatelang so intensiv „verhört", daß er mehrmals besinnungslos in seine Zelle getragen werden mußte. Aber er hatte eine eiserne Natur und einen eisernen Willen. So überstand er diese Zeit, ohne ein „Geständnis" zu unterschreiben. Nach 14 Monaten wurde er schließlich entlassen. Man schickte ihn zur Wiederherstellung seiner Gesundheit in ein Sanatorium. Anschließend durfte er wieder als Lehrer an der Militärakademie wirken.

Bei Kriegsbeginn war er Chef des Stabes der 19. Armee, mit der er bei Wjasma in deutsche Gefangenschaft geriet.

Malyschkin haßte den Bolschewismus, der alle seine mit der Revolution verbundenen Hoffnungen enttäuscht hatte, aus tiefster Seele. Die Demütigungen seiner Haftzeit konnte er nicht vergessen. Aber er sprach nie darüber.

Zu den Insassen des Sonderlagers fand er rasch Kontakt. Er rezitierte gerne Gedichte von Jessenin, mit dem er persönlich befreundet gewesen war und der gesagt hatte, Malyschkin könne seine Gedichte besser vortragen als er selbst.

Er wurde einer der Mitarbeiter Wlassows, die ihm menschlich am nächsten standen.

Die Smolensker Proklamation

Noch in Winniza hatte Wlassow nach Gesprächen mit Oberst von Roenne und Strikfeldt ein erstes Flugblatt verfaßt, in dem er zunächst allgemein zum Kampf gegen das Stalin-Regime aufrief. Das

OKH wollte damit dem Führerhauptquartier „beweisen", welche Auswirkungen das Auftreten eines Mannes wie Wlassow auf die Rote Armee haben würde.

Die Berichte über den Erfolg des Flugblattes erreichten ihn kurz nach dem Eintreffen in Berlin. Sie übertrafen alle Erwartungen. Die Zahl der Überläufer hatte sich vervielfacht. Nahezu alle hatten nach Wlassow gefragt und wollten ihm vorgeführt werden[17]. Aufgrund dieser günstigen Erfahrung beschloß Grote, im Einvernehmen mit dem OKH einen weiteren Vorstoß zu unternehmen. Dazu brauchte er die prinzipielle Einwilligung Wlassows, sich an die Spitze einer Befreiungsbewegung und einer Befreiungsarmee zu stellen.

Nach tagelangen Beratungen mit Strikfeldt und Grote gab Wlassow seine Einwilligung. Er machte jedoch zur Bedingung, daß es sich nicht um eine Propagandaaktion, sondern um eine politische Entscheidung handeln müsse.

Da eine frühzeitige Bekanntgabe der Pläne das ganze Projekt gefährden konnte, wurde zunächst nur die Schaffung eines Befreiungskomitees und einer Befreiungsarmee unter Wlassows Führung vorgeschlagen. Das entscheidende neue Argument war, daß mit Wlassow ein in ganz Rußland bekannter Mann an die Spitze einer solchen Bewegung treten konnte.

Man hoffte, daß der Erfolg dieser Maßnahmen schließlich die Genehmigung einer Gegenregierung, Garantie der Selbständigkeit und Übertragung der zivilen Verwaltung in den besetzten Gebieten nach sich ziehen würde.

Zugleich begannen Wlassow, Sykow und Malyschkin den Text der Proklamation auszuarbeiten.

Mit äußerster Spannung wurde die Antwort aus dem Führerhauptquartier erwartet.

Diese Gedanken schienen so logisch, unwiderlegbar und zwingend, sie versprachen einen so durchschlagenden Erfolg, daß die Beteiligten trotz der bisherigen Erfahrungen nicht vermuteten, sie könnten abgelehnt werden — ein Zeichen dafür, wie wenig sie im Grunde die Mentalität Hitlers kannten.

Aber das für sie kaum Faßbare geschah: Die Eingaben wurden abgelehnt.

17 A. Dallin, a.a.O., S. 570; H. Herre, I Nr. 27.

Martin und Grote versuchten es von neuem, immer wieder, ohne Erfolg. Die von Keitel mit seinem lila Stift geschriebenen Bescheide hatten alle den gleichen Inhalt: „Politik geht die Armee nichts an. − Propaganda, soviel Sie wollen, aber keine Politik! − Kenne Einstellung des Führers. Kommt nicht in Frage!" Und schließlich gereizt: „Weitere Vorlagen dieser Art verbeten!"

So verging der Oktober.

Anfang November gelang es Grote noch zweimal, über den Obersten von Wedel, den Chef der Abteilung Wehrmachtspropaganda des OKW, Eingaben an Keitel zu leiten, die geradezu beschwörend auf die einmalige Chance hinwiesen; aber Wedel wurde brüsk abgewiesen, zugleich verbat sich Keitel „endgültig und unwiderruflich" jede weitere Belästigung solcher Art.

Schließlich mußten die Propagandaoffiziere einsehen, daß das, was ihnen als schicksalhafte Lösung erschien, im Führerhauptquartier keineswegs selbstverständlich war, daß jeder weitere Vorstoß zwecklos sein mußte, daß ihr Plan an der Sturheit Hitlers gescheitert war.

Hitlers Haltung war im Grunde konsequent. Da er nicht bereit war, seine Pläne der Kolonialisierung und Unterwerfung zu ändern, wäre tatsächlich die Förderung nationaler Bestrebungen unlogisch gewesen, denn jede antistalinistische nationale Regierung und Armee mußte sich in dem Moment auch gegen Deutschland wenden, in dem sie erkannte, daß nicht Befreiung, sondern Versklavung gemeint war! Zu der Erkenntnis, daß das Festhalten an seiner Konzeption auch den Untergang der Wehrmacht und des Reiches zur Folge haben mußte, war Hitler nicht fähig.

Keitel, über den allein der Weg für Wehrmachtangehörige zu Hitler führte, war ein primitiver Mann ohne jeden politischen Instinkt, der die Bestrebungen der Wehrmacht nicht nur nicht unterstützte, sondern Hitlers Ablehnung noch zusätzlich provozierte. Er hatte ohnedies nicht das Rückgrat, seine Ansichten gegen Hitler zu vertreten. Seine Funktion war die eines militärischen Bürovorstehers, der Hitler als beinahe willenloses Werkzeug diente und keinerlei eigene Befehlsgewalt mehr hatte. Auch das OKW war keine selbständig befehlende Instanz mehr, sondern nur noch der militärische Stab Hitlers.

Keitels innere Abhängigkeit vom Willen Hitlers war so groß, daß er auf jede Kritik verzichtete und auch für hohe Offiziere nicht eintrat. Er war sich dabei seiner Schwäche durchaus bewußt. Zu General Westphal sagte er einmal: „Ach, wissen Sie, man ist solch ein Lump geworden[18]."

Strik-Strikfeldt litt am meisten unter dieser Situation. Was sollte er Wlassow noch sagen, wie es ihm erklären?

Daß Martin, Grote und Strikfeldt jetzt nicht aufgaben, daß sie doch wieder einen Weg suchten, um vielleicht auf Umwegen zum Ziel zu gelangen, spricht für die Unbeirrbarkeit, mit der sie an die Richtigkeit ihrer Pläne glaubten, und für ihren persönlichen Mut, zeigt aber auch, daß sie nicht erkannten, wie sehr die von ihnen bekämpfte Ostpolitik Folge und Bestandteil der nationalsozialistischen Ideologie war und wie hoffnungslos daher ihre Bemühungen sein mußten.

Oberstleutnant Baron Roenne, Gruppenleiter III bei „Fremde Heere Ost", fragte Strikfeldt einmal, warum er das alles tue, warum er sich so exponiere. Als Strikfeldt antwortete, er fühle sich verpflichtet: 1. vor Gott und seinem Gewissen, 2. weil es politisch richtig sei, 3. weil er das russische Volk schätze und ihm helfen wolle, sich vom Bolschewismus zu befreien, erwiderte Roenne in seiner knappen, den Kern der Sache treffenden Art: „1 entfällt heutzutage, 2 ist richtig, 3 ist Landesverrat." Und dann mit dem Anflug eines Lächelns: „Aber Sie haben natürlich recht[19]."

Wlassow hatte seine Schlüsse aus den hinhaltenden Nachrichten, die er erhielt, gezogen, wenn er auch die Katastrophe in ihrem ganzen Ausmaß nicht übersehen konnte. Die Ungewißheit, ob sein Name nicht doch mißbraucht, ob er nicht auf einen Weg gedrängt werden würde, der ihn und die ganze Aktion ins Verderben führen mußte, bedrückte ihn.

Strikfeldt spürte sein neu erwachtes Mißtrauen, seine Unruhe. Er beschönigte nichts, aber er wies auch darauf hin, daß man nicht aufgeben dürfe, daß der Kampf um eine Änderung der amtlichen deutschen Ostpolitik fortgesetzt werden müsse. Nur Wlassows Name, sein Auftreten könne Rückwirkungen haben, die durch die

18 Walter Görlitz: Generalfeldmarschall Keitel − Verbrecher oder Offizier, Musterschmidt-Verlag, Göttingen 1961, S. 407.
19 W. Strik-Strikfeldt, I Nr. 8.

Macht der Tatsachen im Führerhauptquartier vielleicht doch zur Einsicht führen werde.

Strikfeldt erläuterte den neuen Plan, den er gemeinsam mit Martin und Grote entworfen hatte:

Wenn das Komitee und die Befreiungsarmee auch noch nicht geschaffen werden konnte, dann mußte wenigstens so getan werden, als seien sie vorhanden. Eine Befreiungsbewegung bestand tatsächlich bereits in Gestalt der Millionen, die bereit waren, gegen das Sowjetregime zu kämpfen. Eine wenn auch nur fiktive Bekanntmachung, es gäbe Befreiungskomitee und Armee, würde örtliche Reaktionen auslösen, die selbst Hitler nicht mehr würde ignorieren können.

Hatte man bisher versucht, erst Politik und mit ihr Propaganda zu machen, mußte nun versucht werden, die Propaganda so zu betreiben, als wären die politischen Tatsachen bereits gegeben.

Es dauerte dieses Mal sehr lange, ehe Wlassow sich entschloß, auch dieses Risiko einzugehen. Eine Garantie für eine Änderung der deutschen Ostpolitik gab es nicht, und das Vertrauen in ihn wäre für immer verloren, wenn alles nur ein Propagandatrick bliebe.

Vor allem Sykow argumentierte, daß nur dieser Umweg noch eine Chance offenlasse; nur mit der Kraft vollendeter Tatsachen wäre etwas zu erreichen. Und Strikfeldt deutete an, daß die Proklamation trotz aller Verbote auch in den besetzten Gebieten bekannt werden würde.

So wurde schließlich Anfang Dezember die endgültige Fassung der „Proklamation des Smolensker Komitees" von den Insassen des Sonderlagers fertiggestellt. Wesentlichen Anteil daran hatte Sykow. Man wählte die Bezeichnung „Smolensker Komitee", weil von dort im Herbst 1941 die erste Anregung für die Organisation einer Befreiungsbewegung ausgegangen war.

Unterzeichnet wurde die Proklamation von Wlassow und Malyschkin. Sie forderte Beseitigung des kommunistischen Systems und Abschluß eines ehrenvollen Friedens mit Deutschland. Sie versprach unter anderem Abschaffung der Zwangsarbeit, Freizügigkeit für die Arbeiter, Wiederherstellung der Privatwirtschaft und Rückgabe des Kollektivlandes an die Bauern; sie garantierte die Freiheit des Wortes, der Presse, der Religion und die Unverletzbarkeit der Person.

Nach zehn Tagen genehmigte das OKW das Manifest als Propagandasache unter der Bedingung, daß es keinesfalls diesseits der Front bekannt werden dürfe; außerdem sollte, da es sich um ein politisches Programm handle, auch das Reichsministerium für die besetzten Ostgebiete befragt werden.

Und nun begann, obwohl sich die Katastrophe von Stalingrad schon drohend abzeichnete, ein wochenlanges Feilschen mit den Vertretern des Ostministeriums, die befüchteten, das Flugblatt werde — auch wenn es nur eine Fiktion sei — dem Großrussentum Vorschub leisten und die von ihnen betreuten Minderheitenvertreter brüskieren.

Während die Entscheidung Rosenbergs von Woche zu Woche erwartet wurde, vermittelte Strikfeldt die Begegnung Wlassows mit drei anderen gefangenen Generälen. Zu ihnen gehörte der frühere Oberbefehlshaber der 19. Armee, Michail Lukin, der sich schon Ende 1941 prinzipiell bereit erklärt hatte, den Kampf gegen das Stalin-Regime aufzunehmen. Allerdings hatte er einen Pakt mit einer nationalen Gegenregierung und eine russische Befreiungsarmee gefordert.

Lukin erklärte Wlassow, er habe den Glauben an die Aufrichtigkeit der Deutschen verloren und sei ohne eine bindende Erklärung Hitlers nicht bereit, mit Wlassow zusammenzuarbeiten[20].

Auch die anderen beiden Generäle lehnten mit der gleichen Begründung ab.

In dieser Zeit traf ein Bericht des Majors i. G. Herre vom Stabe „Fremde Heere Ost" über die Vernehmung des gefangenen Generalstabschefs der 3. Gardearmee, Krupennikow, ein. Er hatte gefragt, warum die sowjetischen Kriegsgefangenen nicht zum Kampf gegen Stalin aufgerufen worden seien. Auf die Frage Herres, ob er denn selbst dazu bereit sei, hatte er geantwortet: „Vielleicht möchte ich nach Rußland und nicht mehr nach Sowjetrußland zurückkehren. Viele von uns sind des Lebens unter Stalin müde." Zugleich betonte er, ein gut formuliertes Programm sei notwendig, um die Russen vor Gewissenskonflikten zu bewahren. Wenn diese

---

20 Lukin kehrte nach dem Kriege in die Sowjetunion zurück, wurde jedoch nicht mehr im aktiven Dienst verwendet. Seine Erlebnisse in deutscher Kriegsgefangenschaft hat er 1965 tendenziös und entstellt geschildert. Vgl. MiD S. 97 ff.

Voraussetzungen gegeben seien, dann wären etwa 70 Prozent der gefangenen Offiziere bereit, gegen das Stalin-Regime zu kämpfen. Sie oder ihre Familien hätten unter diesem Regime unmittelbar gelitten. Auch er schlug vor, eine nationale Befreiungsarmee zu schaffen, die sicherlich besser kämpfen werde als die anderen Verbündeten Deutschlands, deren Kampfmoral er negativ beurteilte[21].

Wlassow lehnte Verhandlungen mit Krupennikow ab, denn auch dieser werde Garantien fordern. Mit einem Blick auf den schäbigen und schlecht sitzenden Anzug, den Strikfeldt ihm verschafft hatte, meinte er: „Ihr könnt mir nicht einmal einen richtigen Anzug geben und wollt die Welt erobern!"[22]

Wlassow zweifelte nicht an dem guten Willen Strikfeldts, aber er zweifelte immer mehr an dessen Möglichkeiten. Wie machtlos seine deutschen Freunde tatsächlich waren, ahnte er nicht. Alles, was sie taten und unternahmen, mußte getarnt sein. Sie trugen persönlich das Risiko.

In diesen Tagen des Wartens stieß ein Mann zu Wlassow, der bald einer seiner engsten Mitarbeiter werden sollte: Georgij Nikolajewitsch Shilenkow.

Der dreiunddreißigjährige Shilenkow war hoher Parteifunktionär der KPdSU gewesen und hatte als Sekretär eines Moskauer Bezirks fast unumschränkt über 400000 Menschen geherrscht. Bei Kriegsbeginn wurde er als Brigadekommissar zur 32. Armee kommandiert, die bei Smolensk von den Deutschen eingekesselt wurde. Mit den Resten der zerschlagenen Armee geriet er in Gefangenschaft, tarnte sich als einfacher Soldat, wurde als „Hilfswilliger" in eine deutsche Einheit aufgenommen und als Munitionsfahrer eingesetzt. Erst als er mit einer Gruppe anderer „Hiwis" wegen Sabotageverdachts erschossen werden sollte, gab er sich zu erkennen. Auf Anordnung der „Abteilung Fremde Heere Ost" wurde er im Mai 1942 in das Sonderlager Lötzen und anschließend in die Viktoriastraße gebracht, wo er schnell Kontakt zu Kasanzew und Sykow fand.

Shilenkow war ein Produkt des Sowjetsystems. Als elternloses Kind war er auf Staatskosten erzogen und ausgebildet worden.

21 Vgl. H. Herre, Tagebuch und Brief an den Autor; E. Peterson, I Nr. 20.
22 W. Strik-Strikfeldt, I Nr. 8.

Hohe Intelligenz und gutes Aussehen hatten zu einer schnellen Karriere als Parteifunktionär beigetragen.

Es war überraschend, daß dieser Mann, der dem Sowjetregime alles verdankte, bei den Deutschen geblieben war, obgleich er während des turbulenten Winterrückzuges mehrfach Gelegenheit gehabt hätte, die Front zu wechseln.

Die Gründe für dieses Verhalten waren typisch für viele Russen. Shilenkow hat sie in Gesprächen mit Kasanzew geschildert:

Belastender als die Ungewißheit des Schicksals, ja des nächsten Tages war für einen Mann, der an führender Stelle der Partei stand, der Zwang, in jeder Äußerung, in jeder Handlung Begeisterung, Enthusiasmus, unerschütterlichen Glauben an den Führer Stalin und seine Maßnahmen zu bekunden. Zustimmung allein reichte nicht aus. Man mußte brennen. Shilenkows Position brachte es mit sich, drei- bis viermal in der Woche auf Versammlungen und Zusammenkünften reden zu müssen. Das bedeutete, drei- oder viermal wöchentlich für andere eine „brennende Fackel" zu sein. Das ist auch bei echter Überzeugung schwer genug, aber kaum tragbar, wenn man nicht glaubt. Die Mehrzahl glaubte nicht an die Unfehlbarkeit Stalins und seiner Terrormaßnahmen. Aber auch sie mußten lügen, in Worten, in Gesten, im Verhalten, im Auftreten.

Ein Parteimitglied konnte nicht aus der Partei austreten. Für die Kategorie jener, zu denen auch Shilenkow gehörte, gab es damals nur zwei Wege: weiter nach oben oder ins Grab.

„Es klingt paradox", sagte Shilenkow, „aber in der fremden, feindlichen Welt, in der Gefangenschaft, habe ich mich zum ersten Male als freier Mensch gefühlt. Ich, ein hoher Parteimann, der ich alle Chancen hatte, Mitglied des Zentralkomitees zu werden. Was erst mußten die einfachen Menschen empfinden! Und wie sie empfanden, habe ich in den Tagen und Monaten erfahren, als ich mit ihnen durch die Wälder streifte und dann bei den Deutschen arbeitete. Weder habe ich gewußt, was das Regime für Verbrechen begangen hat, noch habe ich geahnt, wie verhaßt die Partei beim einfachen Manne, beim Bauern und Arbeiter, ist. Jetzt erfuhr ich es, denn jetzt konnten wir zum ersten Male frei reden. Und noch eines: Ich habe keine Lust, den Rest meines Lebens in Sibirien zu verbringen. Dazu genügt es, nur wenige Stunden in Gefangenschaft zu sein. So wenig Vertrauen schenkt das Regime selbst denen, die bisher ihre ganze Kraft der Revolution zur Verfügung gestellt haben."

In Lötzen hatte Shilenkow geäußert: „Behandelt uns anständig, als gleichberechtigte Freunde und Verbündete, dann habt ihr uns, dann habt ihr mich, dann habt ihr den größten Teil der Generalität und den halben Parteiapparat[23]."

Die „Russische Nationale Volksarmee"

Shilenkow hielt sich nur kurze Zeit in der Viktoriastraße auf. Mitte August − kurz vor dem Eintreffen Wlassows − wurde ihm und Bojarski, den er schon aus Lötzen kannte, die Führung der ersten größeren Einheit übertragen, die ausschließlich aus Kriegsgefangenen und Überläufern bestand und unter russischem Kommando aufgestellt worden war, dem sogenannten „Versuchsverband Mitte"[24].

Entstehung und Haltung dieser Einheit waren ein typisches Beispiel für die Stimmung der Russen während der ersten Phase des Ostfeldzuges. Damals bedurfte es nur einer Initiative, um ihre Bereitschaft zum Kampf für die Befreiung vom Sowjetregime zu aktivieren.

Die Anregung, den „Versuchsverband Mitte" zu bilden, ging von einem Emigranten, Sergei Nikititsch Iwanow, aus, der über gute Verbindungen zu Partei- und Wehrmachtstellen verfügte und

---

23 Über Georgij Nikolajewitsch Shilenkow vgl. A. Kasanzew, a.a.O., S. 140 ff. und I Nr. 10; A. Dallin, a.a.O., S. 544 ff.; E. Peterson, Briefe an den Autor; G. v. d. Ropp, Briefe an den Autor; A. Saizew, I Nr. 33; W. Bormann, I Nr. 28.

24 Einzelheiten über die Entstehung und den Zweck des „Versuchsverbandes Mitte" sind bisher nicht veröffentlicht worden. A. Dallin erwähnt nur kurz seine Existenz (a.a.O., S. 545). Jürgen Thorwald schildert nur die letzte Phase vor der Auflösung und nennt als Zeitpunkt für die Kommandoübernahme durch Shilenkow Mitte Oktober. Tatsächlich fand sie bereits am 26.8.1942 statt. (J. Thorwald: Wen sie verderben wollen..., Steingrüben-Verlag, Stuttgart 1952). A. Kasanzew erwähnt ebenfalls nur die letzte Phase kurz und gibt an, die Einheit sei im Sommer 1942 von Shilenkow aufgestellt worden und im Winter 1942 geschlossen zu den Partisanen übergelaufen (Kasanzew, a.a.O., S. 143 und 1963). Das entspricht nicht den Tatsachen. Vgl. Dr. Götting-Seeburg, I Nr. 11; K. Kromiadi, I Nr. 13; Grigorij Graf Lamsdorff, I Nr. 15; Viktor Ressler, Brief an den Autor; Michail Schatow, I Nr. 2.

dort die Aufstellung einer russischen Befreiungsarmee propagierte. Erfolg hatte er allerdings nur beim Nachrichtendienst der Wehrmacht, der mehr Bewegungsfreiheit hatte als andere Dienststellen. Admiral Canaris sah eine Möglichkeit, eine Einheit zu schaffen, die als Reservoir für Kommandounternehmen jenseits der Front getarnt wurde und die vielleicht später den Kern einer russischen Befreiungsarmee bilden konnte.

Er schickte Iwanow nach Smolensk zum Chef des Abwehrkommandos 203, Oberstleutnant Dr. Götting-Seeburg, der sofort seine Unterstützung zusagte.

In Berlin warb Iwanow zwei weitere Emigranten für das Unternehmen: den 30jährigen Igor Sacharow, Sohn eines zaristischen Generals, der im spanischen Bürgerkrieg mehrere Tapferkeitsauszeichnungen und das Leutnantspatent von Franco erhalten hatte, sowie den früheren Oberst und Regimentskommandeur Konstantin Grigorjewitsch Kromiadi.

Kromiadi machte seine Mitarbeit davon abhängig, daß es sich nicht um eine Söldnertruppe, sondern um eine gleichberechtigte nationale russische Einheit mit eigenen Uniformen und dem Ziel der Befreiung Rußlands vom Bolschewismus handeln müsse. Anfang März 1942 wurde mit der Aufstellung der Einheit begonnen. Iwanow war mit der politischen Führung betraut. Ihm oblag auch die Verbindung zu den deutschen Dienststellen. Sein Vertreter war Sacharow. Kromiadi, der hier den Decknamen Sanin führte, übernahm die eigentliche militärische Führung als Lagerkommandant.

Der Verband wurde als „Russisches Bataillon z.b.V." unter der Tarnbezeichnung „Unternehmen Graukopf" geführt[25].

Standort wurde das frühere Torfwerk Ossintorf an der Bahnlinie Orscha-Smolensk, das inmitten großer Sümpfe gelegen war und dessen Wohnbaracken 10000 Mann Unterkunft boten.

Die Einheit wurde nach russischem Reglement ausgebildet. Die Ausrüstung bestand aus Beutewaffen. Die Sowjetuniformen wurden beibehalten, jedoch mit Schulterstücken, die es damals in der Roten Armee noch nicht gab, und Kokarden in den Farben Weiß-Blau-Rot.

---

25 So benannt nach dem grauhaarigen Iwanow, nicht nach Sacharow, wie Dallin unzutreffend annimmt (Dallin, a.a.O., S. 551 Fn).

Die Russen waren überzeugt, daß es sich hier um 'den Beginn der Organisation einer Befreiungsarmee handelte, und nannten ihren Verband Russische Nationale Volksarmee, abgekürzt: RNNA (Russkaja Nationalnaja Narodnaja Armija).

Im Juli 1942 hatte die RNNA bereits eine Stärke von 3000 und Ende des Jahres rund 7000 Mann erreicht. Sie war zunächst in vier Bataillone, eine Artillerieabteilung und ein Pionierbataillon gegliedert. Der Zentralstab hatte die Stärke und Besetzung eines Divisionsstabes. Es war geplant, die Bataillone zu Regimentern zu erweitern. Jedes Bataillon verfügte über eine Unteroffiziersschule, der Zentralstab über eine Offiziersschule. Eine Bibliothek und ein Offiziersklub bestanden. Die Propaganda wurde in nationalem russischem Sinne geführt. Sogar eine eigene Zeitung „Rodina" (Heimat) wurde herausgegeben.

Soldaten und Offiziere wurden in Kriegsgefangenenlagern ausgewählt. Mangel an Freiwilligen gab es nicht. Sobald die Vertreter der RNNA ihre Ziele bekanntgaben, meldeten sich mehr, als angenommen werden konnten.

Sogar Partisanen wandten sich an Kromiadi: „Wir würden alle zu Ihnen kommen, aber wir trauen den Deutschen nicht. Sie werden Sie und uns erschießen[26]."

Außer Kromiadi, Iwanow und Sacharow stießen nur noch drei „alte" Emigranten zur Einheit: Leutnant Viktor Ressler, Oberleutnant Graf Grigorij Lamsdorff und Oberleutnant Graf Sergei von der Pahlen. Alle anderen Offiziere und Mannschaften hatten der Roten Armee angehört. Zu ihnen gehörten hervorragende Stabsoffiziere, von denen sieben im Rang eines Oberst als Regimentskommandeur oder in Divisions- und Armeestäben gestanden hatten.

Chef des Stabes wurde Major i.G. Rilj, Kommandeur der Artillerieabteilung Oberst Gorski, Bataillonskommandeure: die Majore Iwanow, Golowinkin, Nikolajew und Oberst Kobzow. Chef des Nachrichtendienstes: Major Botscharow.

Die meisten kamen in erbärmlichem Zustand und halb verhungert nach Ossintorf. Viele hatten sich gemeldet, um dem Hunger in den Lagern zu entgehen, aber, wie fast überall, wo Russen frei ihre Meinungen austauschen konnten und eine reale Chance für einen

26 K. Kromadi, I Nr. 31.

Kampf gegen das Stalin-Regime zu erkennen glaubten, wurden sie bald überzeugte Mitkämpfer der Befreiungsbewegung.

Oberstleutnant Götting-Seeburg war ein Gegner der amtlichen Ostpolitik und unterstützte den Aufbau der Einheit, wo er konnte. Er war sehr beliebt. Die Russen nannten ihn *„Deduschka"* — *Großväterchen*.

Seine Bemühungen wurden vom Ia des Stabes der Heeresgruppe Mitte, von Tresckow, und dem Ic, von Gersdorff, weitgehend unterstützt, die wiederum bei Generalfeldmarschall von Kluge auf die erfolgreichen Kommandounternehmen der Einheit und die dadurch bewiesene politische Zuverlässigkeit hinweisen konnten.

Das erste größere Unternehmen, an dem 300 Mann beteiligt waren, fand im Mai 1942 unter Führung von Botscharow und Iwanow im Raume Jeljnja statt.

Stärke und Stimmung des von General Below befehligten Korps sollten festgestellt werden. Es war von den Deutschen eingekesselt, hielt aber in Waldgebieten noch Verbindung zur Roten Armee.

Trotz einiger kritischer Situationen — es kam zu Zusammenstößen mit Einheiten des Korps, und Major Botscharow geriet vorübergehend in Gefangenschaft — wurde das Unternehmen ein voller Erfolg. Unter anderem schloß sich eine Aufklärungsabteilung Belows unter Führung des „Helden der Sowjetunion" Oberleutnant Knjasew vollzählig der RNNA an.

Knjasew wechselte mit 20 Mann erneut die Front, als er zu erkennen glaubte, daß die Deutschen keine ehrlichen Bundesgenossen sein würden. Er sprach darüber offen mit Kromiadi, dem er erklärte, Stalin sei zwar schlecht, aber eine Versklavung durch die Deutschen sei noch schlechter.

Eine Reihe weiterer erfolgreicher Unternehmen unter Führung von Oberleutnant Graf Lamsdorff, Major Rilj und Major Gratschow folgte.

Außerdem wurde ein Bataillon zur Sicherung des Gebietes nach Schklow verlegt. Die Verwaltung wurde in feierlicher Zeremonie von deutschen Beamten den Russen übergeben. Das hob die Stimmung der Bevölkerung. Die RNNA galt als eigene nationale Armee. Voller Hoffnung wurde eine weitere Entwicklung im national-russischen Sinne erwartet. Die Volksmiliz betrachtete sich als Teil der RNNA. Zahlreiche Männer meldeten sich zur Aufnahme.

Auch die Sowjetführung begann dieses Experiment aufmerksam zu beobachten. Agenten wurden eingesetzt, die die RNNA erkunden und zersetzen sollten. In Moskau war die Gefährlichkeit einer solchen Entwicklung für das Regime nicht unbekannt.

Im Juni besichtigte der Chef des Stabes der Heeresgruppe, General Wöhler, die Einheit. Kurz darauf kam es zu einem Zusammenstoß zwischen ihm und Götting-Seeburg. Wöhler, dessen cholerisches Temperament und rüdes Auftreten bekannt war, bezichtigte Götting-Seeburg der Lüge, weil dieser angeblich mehr Waffen für die RNNA angefordert hatte, als benötigt wurden. Götting-Seeburg beantragte ein Schiedsgericht, aber Berlin befürchtete Spannungen und versetzte ihn.

Sein Nachfolger, Oberst Hötzel, wahrte Distanz und konnte keinen guten Kontakt zu den Russen finden. Auch setzte er sich nicht in gleichem Maße wie sein Vorgänger für die Einheit ein. Hinzu kamen Taktlosigkeiten und Fehlgriffe deutscher Dienststellen, so daß Mißstimmung und Verbitterung bei den Russen zunahmen.

Einen weiteren Schock bewirkte der Befehl, daß alle alten Emigranten das besetzte Gebiet verlassen mußten. Der sehr beliebte Oberst Kromiadi wurde von ihm betroffen.

Sein Abschiedsbefehl vom 26. August 1942 ist bezeichnend für den Geist, der in dieser Einheit herrschte. Er enthielt kein Wort über die Deutschen. Die Idee der Befreiung des Vaterlandes vom Stalin-Regime war bestimmend. „Vergeßt nie, daß ihr Russen seid und daß euer gequältes Rußland um Hilfe ruft", hieß es am Schluß[27].

Wie stark das Mißtrauen gegen die Deutschen war, wie verzweifelt nach einem Ausweg gesucht wurde, ergibt sich aus dem Plan, der für den Fall diskutiert wurde, daß die Einheit entwaffnet oder aufgeteilt werden sollte. Für diesen Fall war geplant, in den Wald zu gehen und von dort aus ultimativ mit den Deutschen zu verhandeln, um einen gleichberechtigten Einsatz an der Front zu erreichen. Die gut bewaffnete Einheit hart im Rücken der Front würde immerhin eine Macht darstellen, mit der die Deutschen rechnen mußten. Bei ruhiger Überlegung mußte klar sein, daß ein solches Verhalten nur zur Vernichtung der Einheit und zu einer Schwä-

27 Der Text dieses Befehls liegt dem Autor vor.

chung der Position der nationalen Russen führen mußte, aber es charakterisierte die herrschende Stimmung. Das war die Situation, die Shilenkow und Bojarski vorfanden. Sie kamen nicht ohne Voreingenommenheit, weil sie befürchteten, daß die „alten" Emigranten im Interesse Deutschlands handeln und eine Söldnertruppe aufstellen wollten.

Umgekehrt begegnete die Einheit den neuen Kommandeuren ebenfalls mit Mißtrauen. Shilenkow war Parteifunktionär und Kommissar gewesen. Zudem hielt er eine Antrittsrede voller Propagandaphrasen und redete den Deutschen nach dem Munde. Das Mißtrauen war so groß, daß einige Offiziere Kromiadi um Erlaubnis baten, Shilenkow zu beseitigen — er sei offensichtlich ein Provokateur.

Erst ein Gespräch unter vier Augen zwischen Bojarski und Kromiadi klärte die Lage und offenbarte die Übereinstimmung ihrer Ansichten. Bojarski vesicherte, Shilenkow denke wie sie alle, nur sei er bei der Unberechenbarkeit der Deutschen als früherer Kommissar immer noch gefährdet und wandle auf dem schmalen Grat zwischen Leben und Tod. Deshalb halte er es für richtig, gelegentlich anders zu reden, als er denke.

Mit der Übernahme des Kommandos durch Shilenkow und Bojarski wurde die Einheit der Heeresgruppe unterstellt und von da ab unter der Bezeichnung „Versuchsverband Mitte" geführt.

Beide erkannten bald, daß dieser Verband geeignet war, den Kern einer Befreiungsarmee zu bilden und der deutschen Führung durch den Einsatz an der Front zu beweisen, welche Auswirkungen sich auch politisch ergeben mußten.

Anfang November versuchten sie bei verschiedenen Dienststellen in Berlin die Idee der Befreiungsarmee zu propagieren. Nach ihrer Rückkehr sandten sie diesen Dienststellen ein Memorandum[28], in dem sie offen darauf hinwiesen, daß die Probleme des Ostens nicht allein mit Waffengewalt zu lösen seien. Der Parole Stalins „Verteidigung des Vaterlandes" müsse entgegengetreten werden. Deshalb sollte Deutschland die Befreiung der Völker Rußlands vom Stalin-Regime und die Eingliederung eines selbständigen Rußlands in die europäische Neuordnung als Kriegsziel prokla-

---

28 A. Dallin, a.a.O., S. 546.

mieren. Ferner sollte eine Gegenregierung anerkannt und eine russische Volksarmee aufgestellt und an der Ostfront eingesetzt werden.

Eine weitere Denkschrift richteten sie an den Stab der Heeresgruppe. In ihr wurde darauf hingewiesen, daß die Ossintorf-Brigade nur für die Befreiung Rußlands vom Bolschewismus kämpfen wolle. Diese Idee sei auch bei der Bevölkerung populär, wie die zahlreichen Freiwilligenmeldungen bewiesen.

Sie werde zersetzend auf die Partisanen und die Rote Armee wirken. Die Opposition gegen Stalin werde nur von der Furcht vor Versklavung durch die Deutschen überdeckt.

Tresckow reichte die Eingabe an Gehlen weiter und wartete einen günstigen Zeitpunkt ab, um Kluge den Fronteinsatz der russischen Einheit zu empfehlen. Er hoffte, durch einen bemerkenswerten militärischen Erfolg endlich die längst erforderliche Änderung der amtlichen deutschen Ostpolitik bewirken zu können.

Anfang Dezember war der Verband einsatzbereit. Am 16. Dezember, als Ersatz dringend benötigt wurde, schlug Tresckow Generalfeldmarschall von Kluge den Fronteinsatz vor. Kluge fuhr daraufhin zur Besichtigung nach Ossintorf. Sie verlief sehr positiv. Aber dann befahl Kluge, als sei das selbstverständlich, Aufteilung des Verbandes in Bataillonsstärke auf deutsche Einheiten und Einkleidung der Russen in deutsche Uniformen.

Alle Vorstellungen Tresckows, sein Hinweis, daß schwerste psychologische Erschütterungen zu erwarten seien, nützten nichts. Kluge kannte die Einstellung Hitlers und wollte nichts riskieren.

So mußte Gersdorff schließlich nach Ossintorf fahren, um Shilenkow und Bojarski schonend von der neuen Lage in Kenntnis zu setzen und ihre Einwilligung zu erreichen. Bojarski brauste auf, er werde sich eher erschießen lassen, als zum Landsknecht werden. Beide entwarfen sofort eine Adresse an Kluge, in der sie betonten, die Brigade sei ein Teil der künftigen russischen Armee und werde nur als Teil einer solchen kämpfen. Sie sei mit dem Ziele der Befreiung Rußlands vom Bolschewismus aufgestellt und betrachte ihr Verhältnis zur deutschen Armee nur als das eines Verbündeten.

Das war nach deutschen Begriffen Meuterei. Kluge ließ noch in der Nacht unter schroffer Umgehung Tresckows und Gersdorffs Shilenkow ein Ultimatum zugehen, er solle entweder den Befehl befolgen oder mit Kriegsgericht und Entwaffnung der Einheit rechnen. In dieser Situation schaltete sich Tresckow ein. Er vereinbarte mit Gehlen, daß Shilenkow und Bojarski abberufen werden sollten, um in Berlin die Bemühungen um ein Befreiungskomitee voranzutreiben. Beide sollten offiziell als „Propagandisten" aus der Gefangenschaft entlassen werden.

Dann bestellte Tresckow beide zu sich. Sie kamen erst, nachdem ihnen freies Geleit zugesichert worden war. Er erläuterte, welche Folgen eine Ablehnung der Befehle Kluges für die Sache, für das erstrebte Ziel haben müßte, wie sehr ein solcher Vorfall von den Gegnern einer vernünftigen Ostpolitik ausgeschlachtet werden würde, und sagte ihnen zu, er werde sich persönlich weiter um die Einheit kümmern. Daraufhin gaben sie ihren Widerstand auf und verließen am nächsten Tage die RNNA. Kommandeur wurde nun Major Rilj unter Beförderung zum Oberst, Chef des Stabes Major Besrodny.

Die Lage war jedoch äußerst gespannt und die Stimmung der Truppe bedrohlich. Als der Befehl zur Aufteilung und zur Einkleidung in deutsche Uniformen erging, zogen in derselben Nacht 300 Mann zu den Partisanen. Die anderen aber blieben und wurden im Raume Bobruisk-Mogilew für Sicherungsaufgaben und zur Partisanenbekämpfung eingesetzt.

Das war das Ende der RNNA. Der erste Versuch zur Bildung einer nationalen russischen Befreiungsarmee war bereits in den ersten Anfängen gescheitert.

Shilenkow und Bojarski wurden zunächst bei der Abteilung „Fremde Heere Ost" aus dem Schußfeld gezogen. Als angenommen werden konnte, daß Kluge auf weiteren Maßnahmen gegen die beiden nicht bestehen würde, wurden sie nach Berlin in Marsch gesetzt. Shilenkow blieb in der Viktoriastraße. Bojarski wurde als Leiter einer Propagandaabteilung im Nordabschnitt der Front eingesetzt.

Der Bericht Shilenkows bestätigte einerseits Wlassows eigene Ansicht über die Chancen eines Befreiungskampfes, verstärkte aber auch seine Befürchtungen hinsichtlich der Haltung Hitlers, zumal die Entscheidung über die Smolensker Proklamation noch immer nicht gefallen war und die Haltung des Reichsministeriums für die besetzten Ostgebiete uneinsichtig blieb.

Gegen Hitlers Ostpolitik

Während das Ostministerium weiterhin das hartnäckige Drängen der OKW/WPr und anderer Wehrmachtsstellen abzuwehren suchte, häuften sich die Denkschriften von Einheiten des Ostheeres, die aufgrund der praktischen Erfahrungen immer dringender eine sofortige und radikale Änderung der amtlichen Ostpolitik forderten.

Beim Vormarsch an die Wolga und in den Kaukasus hatte sich eine noch größere Bereitschaft der Bevölkerung zur Zusammenarbeit gezeigt als im Mittelabschnitt. Erwartung und Vertrauen, die den Deutschen entgegengebracht wurden, waren überwältigend. Spontan wurde immer wieder der Wunsch zum gemeinsamen Kampf gegen das Stalin-Regime geäußert. Dort gab es nirgends Partisanen.

Auf Initiative des Nachrichtenoffiziers der Heeresgruppe Süd, Oberstleutnant von Freytag-Loringhoven, wurden sofort Kosakenverbände aufgestellt, die in den riesigen Weiten zwischen Don und Wolga die deutsche Front verstärkten. In der Kalmückensteppe wurden 16 Kalmückenschwadronen aufgestellt, und bald gab es eine turkestanische, eine aserbeidschanische, eine georgische, eine armenische und eine nordkaukasische Freiwilligenlegion[29].

Im März 1942 befanden sich 60 – 70 Millionen Bürger der Sowjetunion unter deutscher Herrschaft. Von der Klugheit, dem Takt und der Fairneß deutscher Militär- und Zivilbehörden mußte es abhängen, ob ihre Bereitschaft zur Zusammenarbeit zunehmen oder in Feindschaft und Haß umschlagen würde. Aus dieser Erkenntnis hatte sich allmählich eine Front des Heeres gegen die bisherigen Methoden der Verwaltung und gegen die absurden kolonialen Pläne gebildet.

---

29 Nach dem Rückzug der Deutschen mußten diese Völker ihre Haltung bitter büßen. Die Kalmückische Sowjetrepublik wurde am 27. Dezember 1943 aufgelöst. Die „Liquidierung" der moslemischen Völker des Nordkaukasus wurde am 11. Februar 1944 angeordnet und umgehend ausgeführt. Die Krimtataren und Kalmücken, die Tschetschen-Inguschen, Karatschaier und Balkaren wurden ebenso nach Sibirien verbannt wie die eineinhalb Millionen Einwohner der Deutschen Wolgarepublik. Vgl. A. Dallin, a.a.O., S. 263 f., Fn.

Auf Grund Hunderter von Eingaben kleinerer Stäbe waren eindrucksvolle und fundierte Dokumente von General von Rocques[30], Oberst Gehlen[31] und Oberst von Tresckow[32] verfaßt worden.

Noch gewichtiger war ein Schritt der Oberbefehlshaber der rückwärtigen Heeresgebiete. In der Erkenntnis, daß der Weg zu Hitler durch die ablehnende Einstellung Keitels verbaut war, hatten sie den Reichsminister für die besetzten Ostgebiete, Alfred Rosenberg, um eine Unterredung gebeten, die am 18. Dezember 1942 in Berlin stattfand.

Als Wortführer trat der Oberbefehlshaber des rückwärtigen Heeresgebietes Mitte, General Graf Schenckendorff, auf. Rosenberg wurde ein schonungsloses Bild der Zustände vorgehalten, die von der rabiaten Politik der Reichskommissare und den Maßnahmen der Wirtschafts- und SD-Stäbe verursacht worden waren. Die Generäle wiesen auf die wachsende Partisanengefahr als Folge dieser Maßnahmen hin und auf den Zwiespalt, in den die landeseigenen Freiwilligenverbände geraten mußten.

Wie so vielen hohen Offizieren waren ihnen die feineren Unterschiede der ostpolitischen Konzeption Hitlers und Rosenbergs nicht bekannt. Sie betonten, daß Deutschland auch in Zukunft mit dem großen russischen Volk in Freundschaft leben müsse und daß Deutschland auf dem besten Wege sei, sich diese Zukunft endgültig zu verbauen.

Rücksichtslos schilderten sie die militärische Lage und wiesen auf die zunehmende Schwäche der deutschen Position hin, die nur durch eine ehrliche Zusammenarbeit mit der Bevölkerung gemeistert werden könne.

Schenckendorff forderte Rosenberg auf, dem Führer endlich reinen Wein einzuschenken. Er könne sich nicht denken, daß Hitler eine zutreffende Vorstellung der tatsächlichen Zustände in den von der Wehrmacht besetzten und dem Reichsministerium für die besetzen Ostgebiete verwalteten Gebieten der Sowjetunion habe.

30 Befehlshaber Heeresgebiet (v. Rocques) an OKH/Gen.Qu., 14.9.1942, A. Dallin, a.a.O., S. 558 f.
31 Fremde Heere Ost (Gehlen): Dringende Fragen des Bandenkrieges und der „Hilfswilligen-Erfassung", 25.11.1942, A. Dallin, a.a.O., S. 559 f.
32 Heeresgebiet Mitte, Ia: Erfahrungen in der Verwaltung des Landes und politische Zielsetzung, 25.12.1942, A. Dallin, a.a.O., S. 562 f.

Das waren Tatsachen, die Rosenberg noch nie gehört hatte. Er war sichtlich beeindruckt. Außer den Befehlshabern der rückwärtigen Heeresgebiete waren alle Abteilungen des Generalstabes vertreten, und alle diese Offiziere waren offensichtlich einer Auffassung. Hier wurde eine Erkenntnis zur Forderung erhoben, die der Kreis um Wlassow seit langem vertreten hatte: „Rußland kann nur durch Russen besiegt werden." Oberstleutnant Schmidt von Altenstadt argumentierte, ohne grundsätzliche Änderung der deutschen Haltung werde die bereits bestehende Angliederung von mehr als einer halben Million Russen an die Wehrmacht eine unübersehbare Gefahr bedeuten. Er fügte hinzu, über die Bereitschaft der Bevölkerung, gegen das Stalin-Regime zu kämpfen, bestehe auch heute noch kein Zweifel, sofern eine völlige Abkehr von den bisherigen Methoden überzeugend demonstriert werden könne.

Es war kein Zufall, daß alle Offiziere lediglich militärische und nicht moralische Gründe für eine Änderung der Ostpolitik anführten. Sie wußten, daß moralische Gründe für Hitler bedeutungslos waren. Es war auch kein Zufall, daß keiner von einer Aufteilung Rußlands sprach. Für sie war es ein Axiom, daß das Stalin-Regime nur mit der zusammengefaßten Kraft aller gestürzt werden konnte und daß Pläne einer Aufteilung nur dem Sowjetregime nützen würden.

Unter dem Eindruck dieser einheitlichen und massiven Vorwürfe sagte Rosenberg zu, sich für eine Änderung der Ostpolitik einzusetzen[33].

Tatsächlich sandte er am 21. Dezember 1942 ein Memorandum an Hitler, in dem er die Hauptpunkte der Konferenz zusammenfaßte und darum bat, die Angelegenheit persönlich vortragen zu dürfen.

Hitler empfing ihn kurz darauf, fertigte ihn aber mit dem üblichen Argument ab, Generäle hätten Krieg zu führen und sich nicht um Politik zu kümmern.

Dennoch kann angenommen werden, daß die bei der Konferenz am 18. Dezember 1942 von der Wehrmacht vorgetragenen Argumente Rosenberg dazu veranlaßten, am 12. Januar 1943 seine Zustimmung zur Smolensker Proklamation zu geben. Auch er be-

---

33 Die Konferenz fand am 18.12.1942 statt. Das Konferenzprotokoll ist vom 4.1.1943 datiert, A. Dallin, a.a.O., S. 163 und 560.

stand darauf, daß das Flugblatt keinesfalls diesseits der Front bekannt werden dürfe.

Da die Propagandaabteilung alles bis ins einzelne vorbereitet hatte, konnte die Aktion schon am 13. Januar 1943 beginnen.

Tagelang wurden Millionen von Flugblättern an allen Fronten abgeworfen. Teilweise — wie geheim geplant — „versehentlich" auch im besetzten Gebiet.

Der Erfolg übertraf selbst die Erwartungen der Optimisten im Kreise um Gehlen und Grote.

Zuerst trafen die Berichte von den Fronten ein. Alle Armeen meldeten ein schlagartiges Ansteigen der Zahl der Überläufer. Fast ausnahmslos hatten sie verlangt, zu Wlassow und seiner Befreiungsarmee gebracht zu werden.

Etwas später folgten die ersten Meldungen aus den besetzten Ostgebieten. Sie berichteten von „stärkster Beachtung und allgemeiner Zustimmung", die Bevölkerung erwarte „weitere Schritte in diesem Sinne", es werde „als dringend notwendig erachtet, das Komitee wirklich in Funktion treten zu lassen, damit unsere Propaganda nicht alle Glaubwürdigkeit verliert"[34].

Eine Welle erwartungsvoller Erregung hatte große Teile der Bevölkerung erfaßt. Nach den Zweifeln an der Aufrichtigkeit der deutschen Führung, ja der Verzweiflung über ihre politische Unvernunft schien nun endlich eine Wende einzutreten.

Wer in den besetzten Gebieten mit Russen zusammentraf, mit ihnen Kontakt hatte, hörte immer wieder die gleichen hoffnungsvollen und ungeduldigen Fragen. Die russischen Freiwilligen verlangten spontan ihre Eingliederung in die Befreiungsarmee[35].

Sie alle wußten noch nicht, daß es keine ROA gab, daß auch das Smolensker Komitee nur auf dem Papier bestand, aber ihre Reaktion war immerhin ein politisches Faktum geworden, von dem die Gegner der amtlichen Ostpolitik sich eine Stärkung ihrer Position erhofften.

„Nun ist das Teufelchen aus der Flasche, und sie sollen nur versuchen, es wieder hineinzubekommen", meinte Sykow[36] und äu-

34 Zitiert bei A. Dallin, a.a.O., S. 580.
35 Tagebuch des Autors.
36 M. Kitajew, a.a.O., S. 6.

74

ßerte damit nicht nur die Hoffnungen, sondern auch die Schadenfreude des Kreises um Wlassow.

Tatsächlich kann der Tag der „Smolensker Proklamation" als Geburtsdatum der russischen Befreiungsbewegung gelten, denn damals wurde der latenten Bereitschaft zum erstenmal ein Programm gegeben, zum ersten Male wurde gesagt, wofür gekämpft werden sollte, nicht nur wogegen. Es ist interessant und bezeichnend, daß dieses Dokument trotz der Diktatur Hitlers ein demokratisches Dokument war.

Die Sowjetpropaganda aber schwieg wie bisher. Jedoch wurde befohlen, Flugblätter sofort abzuliefern. Auf Weitergabe stand die Todesstrafe.

Stalin kannte die Gefahr, die die Befreiungsbewegung für sein Regime bedeutete, und entschloß sich zu einer radikalen Änderung der politischen Linie.

Die Kirchen, bisher erbittert bekämpft, wurden von demselben Regime wieder geöffnet, das vorher Tausende von Geistlichen ermorden ließ. Die früher als Kennzeichen der Bourgeoisie geschmähten Epauletten wurden wieder eingeführt; im Namen der alten Nationalhelden, der Zarengeneräle Suworow und Kutusow, wurden Orden gestiftet; ja sogar die Komintern wurde aufgelöst.

Fast ein Vierteljahrhundert hatte die Partei versucht, einen „neuen Sowjetmenschen" zu formen. Nun erwies sich, daß es mißlungen war. Stalin konnte nicht zur Verteidigung der kommunistischen Gesellschaftsform aufrufen und zum Kampf für den internationalen Kommunismus, sondern mußte an die Bereitschaft zum nationalen Kampf fürs Vaterland appellieren.

Tatsächlich blieb diese Propaganda, auch als Folge der Enttäuschung durch die Deutschen, nicht ohne Wirkung. Viele begannen zu glauben, der Bolschewismus werde sich unter dem Druck einer siegreichen Armee wandeln.

In den besetzten Gebieten verbreiteten die Partisanen das Gerücht, es gäbe weder ein Komitee noch eine ROA noch Wlassow auf deutscher Seite; alles sei nur ein Propagandatrick der Deutschen.

Und je mehr Zeit verstrich, ohne daß von Fortschritten dieser Bewegung zu hören war, um so mehr fanden solche Behauptungen Glauben. Erneute Zweifel bedrückten die Bevölkerung.

Kampf um Handlungsfreiheit

Im besetzten Gebiet der Heeresgruppe Mitte

Aus diesem Grund drängten die Heeresgruppen immer entschiedener auf ein persönliches Auftreten Wlassows in den besetzten Gebieten. Kluge und Schenckendorff erklärten sich bereit, die Verantwortung dafür zu übernehmen, da keine Zeit mit langen Rückfragen verloren werden dürfe. Wlassows Auftreten sei von entscheidender Bedeutung für die Haltung der Bevölkerung und der Freiwilligenverbände geworden.

Trotz solcher Zusicherungen und obwohl dieser Auftritt offiziell als „Propaganda" gestartet werden sollte, waren sich Martin und Grote im klaren darüber, wie riskant ein solches Unternehmen für sie und ihre Sache sein mußte. Dennoch bereiteten sie Wlassows Reise in das Verwaltungsgebiet der Heeresgruppe Mitte vor.

Wlassow aber weigerte sich zunächst, diese Reise zu unternehmen. Solange das Komitee nicht offiziell genehmigt, solange auch die Befreiungsarmee nur eine Fiktion sei, könne er nichts von dem versprechen, was die Bevölkerung und die Freiwilligenverbände von ihm erwarteten.

Nach langen Diskussionen mit den anderen Russen wurde beschlossen, noch nicht aufzugeben. Hatte der Erfolg der Proklamation im Führerhauptquartier auch nicht die gewünschte Wirkung gehabt, so sollte nun das Auftreten Wlassows die Einstellung der Bevölkerung so nachdrücklich darlegen, daß sie nicht mehr übergangen werden konnte.

Im Hinblick auf die Bedeutung Wlassows und sein Auftreten gegen das Sowjetregime mutet es geradezu grotesk an, welche Nebensächlichkeiten seinen Betreuern, die dem höchsten Stabe der Wehrmacht angehörten, Schwierigkeiten bereiteten und ihre Arbeitskraft und Zeit in Anspruch nahmen.

So mußten einige Offiziere der Propaganda-Abteilung aus eigener Tasche Wlassows Uniform bezahlen, weil er in seinem schäbigen Anzug nicht auftreten konnte.

Eine deutsche Uniform hätte Wlassow nicht angezogen, eine sowjetische war wegen des Eindrucks auf die Bevölkerung nicht angebracht, und eine Uniform einer russischen Befreiungsarmee gab es ebensowenig wie die Armee selbst. So wurde diese Uniform, die Wlassow bis zum Ende trug, ein Phantasiegebilde, bei dem der Zufall Pate stand. Aus Stoffen, die Strikfeldt nach tagelangen Bemühungen auftreiben konnte, entstand schließlich eine schwarze Hose mit roten Generalsbiesen, ein dunkelbrauner Rock ohne Spiegel und Schulterstücke und ein ebensolcher Mantel mit roten Aufschlägen. Die zunächst angenähten silbernen Knöpfe trennte Hauptmann Peterson in Smolensk wieder ab, um sie durch die goldenen Knöpfe einer Generalsuniform zu ersetzen.

Seitdem Wlassow nicht mehr als Kriegsgefangener galt, bewohnte er ein kleines, unzureichend möbliertes Zimmer des zweitklassigen Hotels „Russischer Hof" im Zentrum Berlins.

Dort wurde er auf Wunsch Strikfeldts am 25. Februar 1943 vom Nachrichtenoffizier Schenckendorffs, Oberstleutnant Schubuth, und von Hauptmann Peterson, den er schon aus Lötzen kannte und der als Dolmetscher fungieren sollte, abgeholt[1].

Sie fuhren im Schlafwagen des Kurierzuges vom Schlesischen Bahnhof nach Lötzen und von dort im Urlauberzug nach Smolensk, wo sie vom Chef der dortigen Propagandakompanie, Major Kost, und seinen Offizieren begrüßt wurden.

Am nächsten Tage wurde Wlassow von General von Schenckendorff in seinen Diensträumen am Stadtrand überaus höflich und zuvorkommend empfangen. Man sprach offen über Möglichkeiten und Notwendigkeiten des politischen Kampfes.

Dann besichtigte Wlassow die Kathedrale, die bis zur Besetzung der Stadt durch die Wehrmacht als Getreidespeicher benutzt worden war. Er führte ein eingehendes Gespräch mit dem Priester.

Abends fand eine Festvorstellung im Theater statt. Bei dieser Gelegenheit sprach Wlassow zum ersten Male nach der Gefangennahme wieder zu Russen.

---

1 Über den Verlauf der Reise Wlassows berichten: E. Peterson, I Nr. 20; W. Schubuth, I Nr. 19.

Die Anwesenden erhoben sich von den Plätzen, als er den Saal betrat. Wlassow war ein guter Redner. Sein tiefer, klangvoller Baß füllte jeden Raum. Er sprach einfach, wählte treffende Vergleiche und fand sofort Kontakt zu den Hörern. Als Mann aus dem Volke wußte er, wie diese Menschen zu packen waren. Hinzu kamen eine natürliche, im Grunde bäuerliche Würde und sein männlicher Charme. Er strahlte Autorität, Sicherheit und Überzeugungskraft aus.

Zunächst schilderte er kurz seine Laufbahn in der Roten Armee und die Gründe, die ihn veranlaßt hatten, sich gegen das Stalin-Regime zu wenden. Er sprach über die Ziele der Befreiungsbewegung und davon, daß es ein freies Rußland im Rahmen der europäischen Staatengemeinschaft geben werde. Er betonte, daß es im wesentlichen Sache der Russen sei, das Stalin-Regime zu stürzen. Die Deutschen seien in diesem Kampf Verbündete. Unverblümt stellte er fest, daß der Nationalsozialismus für Rußland nicht übernommen werden könne. Ein fremder Rock passe dem russischen Volk nicht. Nach dem Siege werde sich eine Staatsform finden, die den Verhältnissen und Erfordernissen Rußlands entspreche. Zum Schluß bat er um Stellungnahme der Anwesenden.

Darauf erhob sich der stellvertretende Rayonchef von Smolensk, Nikitin.

Er sprach offen aus, daß die Bevölkerung der besetzten Gebiete viel erhofft und wenig erhalten habe, und er stellte mit bemerkenswerter Offenheit und Zivilcourage Fragen, die unzählige Russen seit Beginn des Krieges vergeblich gestellt hatten: Trifft es zu, daß die Deutschen aus Rußland eine Kolonie machen wollen und aus den Russen Arbeitssklaven? Haben diejenigen recht, die sagen, daß sie lieber in einem schlechten bolschewistischen Rußland leben wollen als unter deutscher Knute? Man sagt uns immer, wogegen wir kämpfen sollen, aber nicht, wofür. Niemand hat bisher verkündet, was aus unserer Heimat nach dem Kriege werden soll. Warum genehmigten die Deutschen keine russische Verwaltung in den besetzten Gebieten? Warum gibt es für die Freiwilligen, die neben den Deutschen gegen das Stalin-Regime kämpfen, keine eigenen Kommandostellen, keine russische Führung? Wir möchten wissen, warum alle diese Dinge nicht geschehen sind und ob es Gründe gibt, die wir verstehen können.

Das waren die Fragen, die Wlassow befürchtet hatte. Er konnte nur vertrösten, darauf hinweisen, daß schon sein Auftreten die wachsende Einsicht der Deutschen beweise.

Er argumentierte wie auch in späteren Reden, die Deutschen hätten zunächst den Eindruck gehabt, die Mehrheit des Volkes kämpfe für den Bolschewismus. Dieses Mißtrauen hätte sie zu Fehlern verleitet. Viele Deutsche hätten diese Fehler erkannt. Mit ihnen gemeinsam bemühe er sich, Mißverständnisse zu klären und das zu erreichen, was getan werden müsse. Es sei ein Unsinn, anzunehmen, man könne 190 Millionen Menschen versklaven. Aber nur mit Hilfe der Deutschen könne der Kommunismus Stalins beseitigt werden. Es sei kein Verrat, diese Hilfe anzunehmen, wenn die Mehrheit des Volkes den Sturz Stalins wünsche. Die Ziele seien in der Smolensker Proklamation klar genannt. Damit er, Wlassow, seine Aufgabe erfüllen könne, damit er die deutsche Führung vom Notwendigen überzeugen könne, brauche er das Vertrauen und die Hilfe des Volkes.

Der stürmische Beifall, der seinen Worten folgte, bewies, wie sehr diese Menschen unter der Ungewißheit gelitten hatte[2].

Am nächsten Tage besichtigte Wlassow eine Freiwilligeneinheit und besuchte die Redaktion der örtlichen russischen Zeitung. Anschließend traf er mit dem weißruthenischen Major Dimitrij Kosmowitsch zusammen, der im Verwaltungsgebiet der Heeresgruppe Mitte Berühmtheit erlangt hatte, weil es ihm gelungen war, zunächst im Raume Briansk, dann Smolensk große Gebiete von Partisanen zu säubern.

Kosmowitsch, Angehöriger der kleinen Schicht Intellektueller, die das bäuerliche Weißrußland hervorgebracht hatte, war schon früh emigriert und hatte sich in Belgrad einer politischen Organisation angeschlossen, die für ein selbständiges Weißrußland kämpfen wollte. Bei Beginn des Ostfeldzuges war er in seine Heimat zurückgekehrt, um hier mit Hilfe der Deutschen dieses Ziel zu verwirklichen.

In ihm traf Wlassow zum ersten Male auf einen Vertreter des radikalen Separatismus. Kosmowitsch erklärte sich zu einer Zusammenarbeit nur dann bereit, wenn Wlassow und das Befreiungsko-

2 Einzelheiten über den Verlauf der Versammlung berichtet E. Peterson, I Nr. 20.

mitee Weißrußland als einen unabhängigen Staat garantieren würden. Vergeblich waren Wlassows Argumente, daß zunächst der gemeinsame Feind besiegt werden müsse, daß später das Volk über diese Frage entscheiden werde und daß die Proklamierung einer Aufteilung Rußlands Stalin die beste Trumpfkarte im politischen Kampf in die Hände spielen würde. So trennten sich die beiden Männer, obgleich sie beide Gegner Stalins waren.

Trotzdem war die Begegnung wertvoll für Wlassow. Kosmowitsch hatte bewiesen, wie leicht es im Grunde war, die Bevölkerung zu mobilisieren, und was erreicht werden konnte, wenn nicht die Deutschen, sondern die Russen selbst die Verwaltung in den besetzten Ostgebieten übernahmen.

Als Kosmowitsch nach Smolensk kam, stand die Partisanenbrigade „Grischin" mit fast 2000 Mann in den großen Wäldern der Umgebung. Sie war schwer zu bekämpfen, weil sie in den Wäldern von Demidow, wo eine feste Front fehlte, Verbindung zur Roten Armee hielt. Sie requirierte Vieh und Lebensmittel in den Dörfern und drangsalierte die Bevölkerung, die sich schließlich mit der Bitte um Schutz nach Smolensk wandte.

Der deutsche Befehlshaber und Stadtkommandant von Smolensk, General Pohl, beauftragte daraufhin Kosmowitsch mit der Organisation eines Selbstschutzes. Zunächst wurde mit der Sicherung der nahe gelegenen Dörfer begonnen. In jedem Dorf wurden 100 – 150 Mann aus Beutebeständen bewaffnet. Bunker wurden gebaut und ein Signalsystem geschaffen, um bei Überfällen die Nachbareinheiten zu alarmieren.

Vor allem aber benötigte Kosmowitsch Offiziere und Unteroffiziere, die die Bauern ausbilden konnten. Sechzig Offiziere wurden in einem Offiziersgefangenenlager ausgewählt. Unter ihnen befanden sich viele aktive Offiziere bis zum Rang eines Oberst. Sie waren Gegner Stalins, aber auch von den Deutschen enttäuscht und verbittert. Deshalb war dieser Versuch nicht ganz risikolos, denn mit Hilfe der Partisanen hätten sie jederzeit durch die Front zur Roten Armee gelangen können. Tatsächlich gab es keinen Fall von Desertion.

So wurde von Smolensk aus ein Dorf nach dem anderen bewaffnet und damit dem Zugriff der Partisanen entzogen. Ab Juni 1942 übernahmen zeitweilig die Volksmilizen – man nannte sie offiziell

Wlassow und Maria Woronowa nach der Gefangennahme 1942

Vassily Malyshkin

Wilfried Strik-Strikfeldt

Miletij A. Sykow und Georgij N. Shilenkow

Ordnungsdienst (OD) — auch Waldbunker in den Wäldern von Demidow, die praktisch die Frontlinie darstellten[3].

In Smolensk selbst stellte Kosmowitsch ein motorisiertes Einsatzkommando auf, das notfalls schnell an die Brennpunkte geworfen werden konnte.

Die Gesamtzahl der Volksmilizen im Gebiet Smolensk betrug schließlich fast 3 000 Mann, im ganzen rückwärtigen Gebiet der Heeresgruppe Mitte rund 100 000 Mann. Sie wurden von Kosmowitsch, der zum Inspekteur des Ordnungsdienstes ernannt worden war, in Bataillone gegliedert und einem Zentralstab unterstellt, um später eine schnelle Eingliederung in die von allen erwartete Befreiungsarmee zu erleichtern. Kurz darauf wurde jedoch jede Zentralisierung vom OKW verboten; eine weitere Enttäuschung nicht nur für die Russen, sondern auch für den deutschen Befehlshaber des rückwärtigen Armeegebietes, der bei der Unterstützung der Pläne Kosmowitschs seine Kompetenzen ohnehin weit überschritten hatte[4].

Kosmowitsch arbeitete mit einer einfachen Methode, deren Erfolg von einer einzigen Voraussetzung abhing: der Bereitschaft der Bevölkerung zur Mitarbeit. Daß sie in hohem Maße gegeben war, bewies dieses Experiment aufs neue.

Die Reise Wlassows dauerte drei Wochen. Er sprach in Dörfern, in Städten und vor Freiwilligenverbänden. Überall wurde er begeistert empfangen, überall bewirkte sein Auftreten einen spürbaren Aufschwung der Stimmung, eine Wiederbelebung fast verschütteter Hoffnungen.

Besonderen Eindruck hinterließ sein Besuch beim Kosakenregiment Kononow in Mogilew.

Zehntausende waren schon im Laufe des ersten Kriegsjahres zu den Deutschen übergelaufen, aber sie waren einzeln oder in kleinen Gruppen gekommen. Der Übergang geschlossener Einheiten schien wegen der raffinierten Bespitzelung nicht möglich. Kononow aber hatte es als Kommandeur des 436. Schützenregimentes der 155. Schützendivision fertiggebracht, sein Regiment geschlos-

---

3 Vgl. Verwaltungsanordnung Nr. 20 vom 1.12.1942/30.4.1943, Einrichtung des Ordnungsdienstes (Landeseigene Ortspolizei), Text im Archiv des Autors.
4 D. Kosmowitsch, I Nr. 17; Nikolai Kandin, I Nr. 49.

sen zu den Deutschen zu führen. Es blieb der einzige Fall während des ganzen Krieges.

Kononow war Major der Roten Armee, Absolvent der Militärakademie, Parteimitglied seit 1927, Teilnehmer am Finnlandkrieg und Träger des Ordens der Roten Fahne. Persönlich war er, wie auch Wlassow, vom Regime nicht verfolgt worden. Aber er hatte mit offenen Augen den Terror Stalins beobachtet, dem die besten Offiziere der Roten Armee zum Opfer fielen. Und er kannte die Stimmung seines Regiments.

Als das Regiment während des Rückzuges die Nachhut der Division bildete, sandte er einen seiner Vertrauten mit einem Schreiben durch die Front, in dem er den Übertritt seiner Einheit anbot, unter der Bedingung, daß ihm die Teilnahme an der Aufstellung einer russischen Befreiungsarmee zum Sturz des Stalin-Regimes geboten würde. Der Vorschlag wurde von den Deutschen angenommen. Daraufhin befahl er alle Offiziere seines Regiments zu sich und erklärte ihnen, er sei ein Feind des Stalin-Regimes und habe beschlossen, ab sofort den Kampf gegen dieses Regime zur Befreiung Rußlands aufzunehmen. Er werde zu den Deutschen übergehen und sich dort an der Aufstellung einer Befreiungsarmee beteiligen. Wer mit ihm gehe, sei willkommen, wer das nicht wolle, könne bleiben, ihm werde nichts geschehen. Dieser Vorgang war für sowjetische Verhältnisse so unerhört, daß sich dem Regimentskommissar Pantschenko, wie er später erzählte, die Haare sträubten. Es erwies sich, daß — abgesehen von einigen Kommissaren — alle bereit waren, sich Kononow anzuschließen.

Darauf teilte er seinen Entschluß dem Regiment in einer Ansprache mit. Jedem wurde freigestellt, bei der Roten Armee zu bleiben oder ihm zu folgen. Es folgten ihm alle.

Am 22. August 1941 führte er das Regiment ohne Zwischenfälle zu den deutschen Linien.

Kononow hatte das Glück, daß General Graf Schenckendorff, einer der schärfsten Gegner der Ostpolitik Hitlers, sein Partner war. Er versprach Kononow, alles in seiner Macht Stehende zu tun, um bei der obersten Führung die Genehmigung durchzusetzen, eine große russische Befreiungsarmee aufzustellen. Inzwischen genehmigte er aus eigener Machtvollkommenheit die Aufstellung eines Kosakenregiments. Schenckendorff wußte, daß er zu diesem Zeitpunkt die Zustimmung für ein russisches Regiment nie erhalten hätte.

Kononow, der selbst Donkosak war, erklärte sich bereit, „vorläufig", wie er dachte, eine solche Einheit aufzustellen. Er zweifelte nicht daran, daß die deutsche Führung schnell erkennen würde, wie leicht das Stalin-Regime mit Hilfe der Russen selbst gestürzt werden könnte.

Schenckendorff gab Kononow alle Vollmachten, völlig selbständig zu handeln. Er bestimmte lediglich einen Verbindungsoffizier, den Leutnant und späteren Major Graf Rittberg, der schnell das Vertrauen und die Freundschaft Kononows erwarb und bis zum Ende des Krieges beim Regiment blieb.

Acht Tage nach dem Übertritt besuchte Kononow das Kriegsgefangenenlager in Mogilew, erklärte in einer Ansprache seine Absichten und fragte, wer sich freiwillig zur ersten Einheit einer russischen Befreiungsarmee melden wolle. Von 5 000 meldeten sich mehr als 4 000, von denen Kononow 500, darunter 400 Kosaken, auswählte und die übrigen auf einen späteren Zeitpunkt vertröstete.

Das gleiche wiederholte sich in den Lagern von Bobruisk, Orscha, Smolensk, Propoisk und Gomel. Am 19. September 1941, kaum vier Wochen nach dem Übergang, stand das neue Kosakenregiment mit 77 Offizieren und 1 799 Mann. Einen Teil seiner alten Soldaten mußte er entlassen, weil sie keine Kosaken waren. Sie wurden in der Zivilverwaltung oder in Polizeieinheiten untergebracht und kamen nicht in Gefangenenlager. Dennoch bestand seine Einheit zu 40 Prozent aus Nicht-Kosaken.

Inzwischen hatte Schenckendorff Waffen und Gerät für das Regiment bereitstellen lassen und verlas persönlich vor der angetretenen Einheit den Tagesbefehl des OKH, wonach ein Kosakenregiment mit der Bezeichnung „120. Don-Kosaken-Regiment" bestätigt wurde. Die Standarte des Regiments hielt der Donkosak Belogradow, der 12 Jahre in Konzentrationslagern Stalins zugebracht hatte und dessen zwei Brüder und vier Söhne von der Geheimpolizei ermordet worden waren.

Die Hoffnungen Kononows auf eine schnelle Organisation größerer Einheiten erfüllten sich jedoch nicht. Im Gegenteil, es wurde ihm am 27. Januar 1943 mitgeteilt, daß russische Einheiten nur noch in Bataillonsstärke genehmigt seien und sein Regiment deshalb in „600. Don-Kosaken-Bataillon" umbenannt werden müsse, obwohl es rund 2 000 Mann umfaßte und im Februar weitere 1 000 Mann zugeführt wurden.

Nun wurde eine besondere Panzerabteilung gebildet, die unter der Bezeichnung 17. Kosaken-Panzer-Bataillon der 3. deutschen Armee unterstellt und mehrfach an der Front eingesetzt wurde. Bei Welikije Luki wurden 120 Mann des Bataillons Kononow in sowjetischen Uniformen durch die Front geschleust. Es gelang ihnen, ein sowjetisches Kriegstribunal mit 5 Kriegsrichtern und 21 Mann Wache gefangenzunehmen, 41 bereits zum Tode verurteilte Rotarmisten zu befreien und wichtige Dokumente zu erbeuten.

Der Besuch Wlassows erfüllte das Bataillon mit neuer Hoffnung. Daß die Deutschen das Auftreten Wlassows genehmigten, nahmen sie als Zeichen wachsender Einsicht. Kononow und Wlassow fanden schnell Kontakt. Es wurde beschlossen, im Rahmen der Befreiungsarmee, deren Aufstellung beide erhofften, eine Kosakenarmee aufzustellen. Diesen Gedanken hat Kononow bis zum Schluß vertreten. Stets blieb er ein Gegner separatistischer Bestrebungen[5].

In Bobruisk, der nächsten Etappe der Reise, hatte die dortige Propagandakompanie eine Ansprache Wlassows über den Rundfunk geplant. Sie wurde jedoch vom Propagandaministerium untersagt. Um die Anwesenheit Wlassows dennoch möglichst vielen bekanntzugeben, wurde in der Nachrichtensendung mitgeteilt, Wlassow sei zur Besichtigung der Rundfunkstation eingetroffen.

In Bobruisk erfuhr Wlassow auch Einzelheiten über den einzigen großen Selbstverwaltungsbezirk unter russischer Leitung, der im frontnahen Verwaltungsgebiet der 2. Panzerarmee im Gebiet um Lokotj am Ostrande des sich südlich Briansk erstreckenden Urwaldes entstanden war. Auch dort bewies die Wehrmacht weit mehr Verständnis für die politischen Notwendigkeiten als die Zivilverwaltung. Das Experiment im Raume Lokotj war eines der überzeugendsten Beispiele dafür, was getan und erreicht werden konnte, wenn nicht utopische Pläne, sondern Vernunft und Einsicht in die Realitäten bestimmend waren.

Die Situation im Gebiet Orel-Briansk, im Mittelabschnitt der

5 Vgl. S. 196. Über Kononow vgl. Konstantin Tscherkassow: General Kononow, (russisch) Selbstverlag des Autors, Melbourne 1963, 2 Bd.

Front, war typisch für alle Probleme, die in den besetzten Gebieten zu lösen waren. Dort gab es Urwälder und in diesen weglosen Wäldern Partisanen. Neben den großen Städten Orel und Briansk umfaßte dieses Gebiet fruchtbare Ackerflächen, die von einer zahlreichen bäuerlichen Bevölkerung bearbeitet wurden. Dort entstand der erste und größte russische Selbstverwaltungsbezirk, und dort wurden die ersten russischen Freiwilligeneinheiten aufgestellt und eingesetzt.

Dank der Initiative und Zivilcourage des Oberbefehlshabers der 2. Panzerarmee, Generaloberst Schmidt, der sich nicht scheute, notwendige Maßnahmen auch ohne Wissen und gegen die Intentionen des Führerhauptquartiers anzuordnen, entstand ein vertrauensvolles Verhältnis zwischen der Mehrheit der Bevölkerung und der Militärverwaltung.

Die Stimmung war eindeutig antisowjetisch. Nach dem Abzug der Roten Armee hatten die Bauern sofort das Kolchosland aufgeteilt. Sie bewaffneten sich mit den von den Rotarmisten weggeworfenen Waffen, um ihre Dörfer vor Repressalien versprengter Soldaten und Partisanen zu schützen.

Diese Haltung wirkte sich auch auf die Rotarmisten aus, die nach der Kesselschlacht um Briansk zu Tausenden in den Wäldern umherirrten. Viele tauchten in den umliegenden Dörfern unter, wo Mangel an Arbeitskräften herrschte. Andere meldeten sich bei deutschen Einheiten und wurden als Hilfswillige eingestellt.

So entstand in diesem Raum eine Art Volksbewegung gegen das Regime Stalins, ehe die Deutschen die Verwaltung übernommen hatten, oft bevor sich der erste Deutsche gezeigt hatte.

Die Führung im Gebiet Lokotj übernahm zunächst der Ingenieur Woskoboinik, ein großer, gutaussehender Mann von bemerkenswerter Intelligenz und Rednergabe. Ihm gelang es, in wenigen Wochen eine Art Selbstverwaltung zu schaffen, die von einem bewaffneten Selbstschutz von zunächst 500 Mann vor den Partisanen geschützt wurde. Das war die Situation, die die deutsche Wehrmacht vorfand, und Generaloberst Schmidt bestätigte Lokotj als russisch verwalteten, autonomen Bezirk.

Die gesamte vollziehende Gewalt wurde den Russen übertragen, alle deutschen Truppen und Verwaltungseinheiten wurden aus dem Gebiet herausgezogen, und nur ein kleiner deutscher Verbindungsstab blieb bestehen.

Dafür verpflichteten sich die Russen, in diesem Gebiet, das im Rücken der 2. Panzerarmee lag, für Ruhe und Ordnung zu sorgen, es partisanenfrei zu halten und die Ablieferungsnorm an Lebensmitteln zu erfüllen.

Im Laufe der Zeit wurde das Gebiet erweitert, bis es schließlich 8 Rayons mit mehr als 1,7 Millionen Einwohnern umfaßte und über eine russisch geführte Brigade von mehr als 20 000 Mann verfügte, die das Gebiet bis zum Rückzug von Partisanen freihielt.

Die Brigade trug sowjetische Uniformen mit nationalen Abzeichen und Schulterstücken und war in 5 Infanterieregimenter, 1 Panzerbrigade mit 24 Panzern T 34, 1 Pionierbataillon, 1 Gardebataillon und 1 Flakabteilung gegliedert.

Die Einheit betrachtete sich als Teil einer noch zu bildenden großen russischen Befreiungsarmee und nannte sich RONA – Russkaja Oswoboditeljnaja Narodnaja Armija (Russische Nationale Befreiungsarmee).

Häufig liefen Partisanen zur RONA über, zum Teil aus Gebieten, die mehr als 100 km entfernt lagen. Noch im Frühjahr 1943 erschien eine ganze Abteilung von 80 Mann unter Führung ihres Kommandeurs in Lokotj. Sie führten die Leiche ihres erschossenen Kommissars mit sich.

Nachdem Woskoboinik im Kampf gegen Partisanen gefallen war, trat der Ingenieur Kaminski an die Spitze des Bezirks und der Brigade und wurde von Generaloberst Schmidt zum Brigadegeneral ernannt.

Unter Führung dieses Mannes, der auch den Deutschen gegenüber sehr selbstbewußt auftrat, entwickelte sich das Gebiet zu einem Musterbeispiel dessen, was Russen ohne deutsche Einmischung leisten konnten. Eine eigene Zeitung erschien, ein Theater, eine Bank, eigene Fabriken, zwei Hospitäler unter russischer ärztlicher Leitung entstanden. Auch eine Steuerbehörde wurde eingesetzt. Eine national-soziale Partei war geplant, kam jedoch über ein Anfangsstadium nicht hinaus. Von nationalsozialistischen Ideen war diese Partei nicht infiziert, da die Russen keine Vorstellung vom Nationalsozialismus hatten.

Obgleich Himmler im Verwaltungsgebiet der Armee keine Befehlsgewalt hatte, suchte sich Generaloberst Schmidt rückzuversichern, indem er einen Verbindungsmann des SD-Kommandos zuließ, das der Armee zugeteilt war. Dieser Verbindungsmann war der Obersturmführer Georg Loleit, ein Balte, der als einziger Angehöriger des deutschen Verbindungsstabes Russisch sprach. In den Berichten an seine vorgesetzten Dienststellen verschwieg er die nationalen Ambitionen Kaminskis.

Als Folge des wiederhergestellten Privateigentums blühte die Wirtschaft schnell auf. Der Lebensstandard der Bevölkerung lag höher als in allen anderen besetzten Gebieten. Auch die Ablieferungen an Lebensmitteln und Rohstoffen waren beispielhaft.

Ende des Jahres 1942 hatte Kaminski Generaloberst Schmidt ein Memorandum überreicht, in dem alle bisherigen Erfahrungen niedergelegt waren und Vorschläge für künftige Maßnahmen gemacht wurden. In diesem Memorandum fehlte nicht der Hinweis, daß bei weiterer Verzögerung positiver politischer Ziele ein Stimmungsumschwung der Bevölkerung zu erwarten sei.

Die Forderungen deckten sich im wesentlichen mit dem, was bereits in Hunderten von Denkschriften deutscher und russischer Stellen enthalten war: russische Selbstverwaltung in allen besetzten Gebieten, eine russisch geführte Befreiungsarmee, eine russische nationale Gegenregierung und Garantie der Selbständigkeit Rußlands innerhalb der Grenzen von 1938.

Generaloberst Schmidt setzte sich bei seinen vorgesetzten Dienststellen persönlich für diese Ziele ein und wurde daraufhin von der Ostfront versetzt.

Das alles spielte sich knapp 100 km hinter der Front ab. Es gab Stimmen, die die Befürchtung äußerten, die RONA werde eines Tages überlaufen. Der Gegenbeweis wurde mehrfach erbracht: Als die Rote Armee im Sommer 1943 die deutsche Front durchbrach, mußte die Brigade bei Dimitrowsk eingesetzt werden. In zweitägigen Kämpfen schlug sie den Angriff der Sowjets ab. Kein Mann war übergelaufen.

Im Herbst des Jahres 1943 sollte das 4. Regiment der Brigade die Stadt Sewsk so lange halten, bis der allgemeine Rückzug gesichert war. Die Sowjets schlossen das Gebiet nach einem überraschenden Panzerdurchbruch ein und machten in zweitägigen blutigen Kämpfen die Einheit bis zum letzten Mann nieder. Auch die Verwundeten wurden erschossen. Der Kommandeur, ein junger Major, wurde verwundet an einen Panzerspähwagen gebunden und durch die Straßen der Stadt zu Tode geschleift.

Als schließlich die deutsche Front im Herbst 1943 an den Dnjepr zurückgenommen werden mußte, zog der größte Teil der Brigade mit ihren Angehörigen und allen Waffen mit, insgesamt mehr als 50 000 Menschen.

Sie wurden im Raum Lepel untergebracht. Dort erst begann die Demoralisierung, nachdem bekannt wurde, welche Pläne die deutsche Führung hatte[6].

6 Der Autor hatte von Januar 1942 bis zum Herbst 1943 dem Stabe der 2. Panzerarmee, dann der 9. Armee, über alle Vorkommnisse im Armeegebiet zu berichten. Gleichzeitig hatte er die Verbindung zu den russischen Selbstverwaltungsorganen aufrechtzuerhalten. Seine Aufzeichnungen sind erhalten. In Lokotj unterhielt er einen Meldekopf, der von Sonderführer Adam Grünbaum geführt wurde. Vgl. A. Grünbaum, I Nr. 34, und Farid Kapkajew, I Nr. 16 (F. Kapkajew war Nachrichtenoffizier Kaminskis). Über das Experiment Lokotj und Kaminski sind bisher nur spärliche Berichte veröffentlicht worden. Sie sind fast durchweg einseitig und ergeben ein falsches Bild. Kaminski wird zumeist als Söldner und Nazi bezeichnet. Beides war er nicht. Er und seine Mitkämpfer wandten sich aus Überzeugung gegen das Stalin-Regime. Vom Nationalsozialismus hatten weder Kaminski noch seine Mitarbeiter eine Vorstellung. Sein selbstbewußtes Auftreten wurde von den Deutschen zum Teil als anmaßend empfunden. Das Urteil über ihn ist wesentlich beeinflußt worden durch die Ausschreitungen, die von Teilen seiner Brigade während der Niederschlagung des Warschauer Aufstands begangen wurden. Sie sind gewiß nicht zu entschuldigen. Das Verhalten eines Teils seiner Brigade ist zu diesem Zeitpunkt auf die bereits weitgehend eingerissene Demoralisierung zurückzuführen, die sich der Einheit infolge der verzweifelten Situation und der mangelnden deutschen Einsicht bemächtigt hatte.
Die Stimmung der Bevölkerung im Raume Orel-Briansk entsprach in der Berichtszeit im wesentlichen der Stimmung in den anderen besetzten Gebieten Rußlands. Sie ist mehrfach bewußt oder aus Unkenntnis unzutreffend geschildert worden. Die ungewöhnliche Bereitschaft der Bevölkerung, sich mit den Deutschen gegen das Stalin-Regime zu wenden, wird von Alexander Werth: Rußland im Krieg 1941 – 1945, Droemersche Verlagsanstalt, München 1966, weitgehend ignoriert, indem er lediglich angibt: „Der allgemeine Eindruck war, daß sich in den siegreichen Tagen 1941/42 eine Anzahl russischer Abenteurer im Gefolge der Deutschen befand, die damit liebäugelten, eine Rolle bei der Germanisierung rein russischer Territorien, wie etwa des Gebietes um Orel, zu spielen." Über die russischen Freiwilligen schreibt der gleiche Autor: „Die Deutschen stellten aus russischen Kriegsgefangenen eine ‚Freiwilligen-Armee‘ auf, die Wlassow befehligte. Zweifellos folgte ein großer Teil der ‚Freiwilligen‘ dem Ruf der Deutschen nur, weil dies die einzige Alternative zum Hungertod zu sein schien." Diese Verallgemeinerung ignoriert die Tatsache, daß weder die Angehörigen des Regiments Kononow noch die der Brigade Kaminski oder der Volksmilizen und Hilfswilligen bei den deutschen Divisionen jemals in einem Gefangenenlager gewesen waren.

Ein Besuch Wlassows in Lokotj war im Programm nicht vorgesehen, weil der Bezirk nicht mehr zum Verwaltungsgebiet Schenckendorffs gehörte.

Kromiadi, Kosmowitsch, Kononow, Kaminski – keiner dieser Männer hätte etwas erreichen können ohne die bereitwillige Mitarbeit ihrer Landsleute. Auch Wlassow war darauf angewiesen, und die Reise hatte ihn in seinem Glauben bestärkt, daß es nur einer einheitlichen Führung, einheitlicher Richtlinien und vor allem voller Handlungsfreiheit bedurfte, um aus der immer noch vorhandenen Bereitschaft eine machtvolle Befreiungsbewegung entstehen zu lassen.

Zum Abschluß der Reise besuchte Wlassow die Freiwilligen-Bataillone „Dnjepr", „Pripjet", „Beresina" und „Wolga", die aus der seinerzeit auf Befehl Kluges aufgelösten RNNA hervorgegangen waren[7].

Für die Männer dieser Einheiten, die schon einmal die Hoffnung auf eine große russische Befreiungsarmee begraben mußten, bedeutete das Erscheinen Wlassows, an dessen Existenz sie kaum mehr geglaubt hatten, eine Bestätigung geheimer Wünsche und Erwartungen. Wenn er auch offen zugab, daß der Weg schwierig sei, so wies er doch ein Ziel, und sie wußten, daß nun ein Mann da war, der sich für dieses Ziel einsetzte, und daß dieser Mann das Format hatte, sie zu führen. Lange noch wirkte der Besuch nach, und die Bataillone blieben bis zuletzt ihrer Idee treu[8].

Vor seiner Rückreise wurde Wlassow auch von Generalfeldmarschall v. Kluge empfangen. Kluge war zwar wesentlich distanzierter als Schenckendorff, aber er sprach doch offen über die Ziele Wlassows und sagte zu, ihn nach Möglichkeit zu unterstützen.

Wlassows Reise hinterließ nicht nur bei der Bevölkerung und den Freiwilligenverbänden, sondern auch bei den militärischen und Verwaltungsstellen einen starken Eindruck. Vielfach wurde erst jetzt erkannt, welche Trumpfkarte Wlassow im politischen Kampf bedeutete.

So äußerte sich Generalfeldmarschall Küchler, daß die Mission Wlassows scheitern müsse, wenn nicht bald klare Richtlinien über

7 Vgl. S. 60 ff.
8 Über das Auftreten Wlassows beim Bataillon „Wolga" liegt dem Autor ein Bericht des Kommandeurs, Oberst A. Doschkewitz, UM, vor.

Deutschlands Politik gegenüber Rußland herausgegeben würden. Der Generalkommissar von Estland, Litzmann, schrieb, daß alles getan werden müsse, um die aufrichtige Mitarbeit der antibolschewistisch gesinnten Bevölkerungsteile zu festigen, daß ihnen gesagt werden müsse, was sie in Zukunft zu erwarten hätten.

Litzmann war einer jener Idealisten, die die Entwicklung des Nationalsozialismus unter Hitler schwer enttäuscht hatte. „Mein Vater und ich haben weiß Gott andere Ideale gehabt, als wir in die Partei eintraten", äußerte er dem Arzt Himmlers, Kersten, gegenüber[9].

Und selbst Goebbels schrieb in seinen Tagebüchern: „Wlassow ist durch das Ostministerium ziemlich kaltgestellt worden. Man wundert sich über so viel Instinktlosigkeit in unseren Berliner Zentralbehörden[10]."

Auch Beamte der russischen Selbstverwaltung verfaßten Memoranden; so Axjonow, der Rayonchef des Ostrow-Gebietes, Professor Soschalski und der Bezirksleiter von Potschep, Pawlow, der unter anderem schrieb:

„Es ist eigenartig, daß die deutsche Führung in der Einsetzung einer Gegenregierung eine Gefahr sieht. Eine solche Regierung könnte die Verwaltung in den besetzten Gebieten übernehmen und eine Armee schaffen, die Schulter an Schulter mit den deutschen Soldaten zur endgültigen Vernichtung des Bolschewismus eingesetzt werden könnte. Eine russische Regierung ist dazu notwendig, weil das russische Volk die Überzeugung gewinnen muß, daß die deutsche Armee nicht gekommen ist, um das Land zu erobern, sondern um es vom Bolschewismus zu befreien. Man muß sich erinnern, daß das russische Volk in seiner Mehrheit keinen Krieg mit den Deutschen wollte und daß zu Beginn ganze Einheiten den Kampf einstellten; nur war es ein Fehler der Deutschen, diese Gefangenen unfreundlich zu empfangen. Wenn den russischen Soldaten bewiesen werden könnte, daß sie nicht mehr so empfangen werden wie zu Beginn des Krieges, und wenn es hier eine russische Regierung zu ihrem Schutze gäbe — sie würden sich ergeben wie zuvor[11].

---

9 Felix Kersten: Totenkopf und Treue, Mölich-Verlag, Hamburg 1953, S. 247 ff.
10 A. Dallin, a.a.O., S. 581 Fn.
11 Das Original dieser vom 11.2.1943 datierten Denkschrift befindet sich im Besitz des Autors.

Sie alle waren sich nicht im klaren darüber, daß die Versklavung des slawischen „Untermenschen" ein wesentlicher Teil des nationalsozialistischen Herrschaftsplanes war.

Als Wlassow Mitte März wieder nach Berlin zurückgekehrt war, verfaßte er einen Bericht, in dem er fast beschwörend darauf hinwies, wie sehr sich die Stimmung der Bevölkerung bereits gewandelt habe, daß diese Wandlung eine Folge der deutschen Mißgriffe und Fehler sei; wie die Befürchtung um sich greife, die Deutschen wollten keine Befreiung, sondern Vernichtung des russischen Staates und Versklavung des russischen Menschen, wie eine geschickte Propaganda Stalins diese Befürchtung bestärke, daß es höchste Zeit und vielleicht der letzte Moment sei, noch eine Wende herbeizuführen. Heute – das habe ihn seine Reise gelehrt – sei es noch möglich, die Mehrheit der Bevölkerung zu gewinnen, morgen schon könnte es zu spät sein.

Auch Oberstleutnant Schubuth, der Wlassow auf seiner Reise begleitet hatte, schrieb einen Bericht, von dem er hoffte, daß er Hitler erreichen würde. Auch er forderte im wesentlichen die gleichen Maßnahmen wie Wlassow. Er fügte hinzu: „Der Besuch General Wlassows, der sich schnell in Stadt und Land herumgesprochen hat, wird als letzte Inspektion vor entscheidenden Ereignissen angesehen. Die Hoffnung auf eine Lösung der Zukunftsfrage ist stark gestiegen. Bei den Freiwilligenverbänden hat sich ein Mythos um Wlassow gebildet; sie sehen in ihm den Mann, der geeignet ist, sie zu einem besseren neuen Leben zu führen. Jetzt ist es Zeit – allerhöchste Zeit – , entschieden zu handeln. Die Folgen einer neuerlichen Enttäuschung sind unübersehbar[12]."

Während sich maßgebliche Wehrmachtkreise weiter für eine Änderung der Ostpolitik im Sinne Wlassows einsetzten, beanstandete Himmler in einem Schreiben an Bormann vom 4. März 1943, daß die Wehrmacht ein russisches Komitee und eine Befreiungsbewegung gegründet hätte, und erbat die Entscheidung des Führers[13].

Wie zuversichtlich der Kreis jener Offiziere, die eine realistische Ostpolitik anstrebten, immer noch war, bewies die Schaffung eines

12 Dieser Bericht ist vom 16.3.1943 datiert, zitiert bei Thorwald, a.a.O., S. 209; vgl. Schubuth, I Nr. 19.
13 Zitiert bei A. Dallin, a.a.O., S. 586.

„Planungszentrums". In ihm sollten Persönlichkeiten der Befreiungsbewegung zusammengezogen werden, um eine Führungselite und einen Stamm zuverlässiger Offiziere zu bilden.

Dort sollten auch die politischen und wirtschaftlichen Grundlagen für den Kampf gegen das Stalin-Regime und für den Neuaufbau Rußlands erarbeitet werden. Die treibende Kraft war wiederum Strikfeldt, der in größter Sorge die Zeit ungenutzt verstreichen sah.

Nach Rücksprache mit Gehlen wurde über Stauffenberg die Genehmigung erreicht, 1 200 Russen unter der Bezeichnung „Ostpropagandaabteilung z.b.V."[14] zusammenzuziehen. Es wurden geeignete Leute aus Freiwilligeneinheiten, Kriegsgefangenenlagern, aber auch aus Arbeitslagern ausgewählt. Nach außen wurde das Projekt als Schulungslager für ausgewählte Angehörige der Freiwilligenverbände und zur Ausbildung von Propagandisten getarnt.

In Dabendorf, 30 km südlich von Berlin, fand Strikfeldt ein geeignetes Barackenlager. Als Symbol der Befreiungsbewegung wurde eine Fahne mit dem Andreaskreuz gehißt.

Die wirtschaftlichen und technischen Belange regelte eine kleine Gruppe Deutscher. Der Dienstbetrieb und der Unterricht wurden ausschließlich von Russen geleitet.

Zunächst siedelten die Insassen des Sonderlagers in der Viktoriastraße nach Dabendorf über. Weitere 35 Mann wurden aus Wuhlheide übernommen, wo seit dem Oktober 1941 ein dem Propagandaministerium und dem OKW/WPr unterstehendes Ausbildungslager für Propagandisten bestand. Leiter und Organisator war der unter dem Titel „Ausbilder" fungierende Balte Georg Baron von der Ropp. Bezeichnenderweise unterschied sich Wuhlheide in bezug auf die Vepflegung in nichts von anderen Kriegsgefangenenlagern. Materielle Vorteile konnten es also nicht sein, die die Propagandisten gelockt hatten. Ropp hatte einige gefangene Offiziere angeworben, die ihm auch bei der Ausbildung halfen. Wie alles, was mit politischer Propaganda zusammenhing, war auch dieses Unternehmen eine Improvisation und stand in keinem Verhältnis zur Wichtigkeit der Aufgabe.

Der rangälteste russische Mitarbeiter Ropps, General Blagoweschtschenski, übernahm zunächst die russische Leitung des La-

14 z.b.V. = zur besonderen Verwendung.

gers Dabendorf, während Ropp deutscher Schulungsleiter wurde. Offiziell sollte er darauf achten, daß ideologisch im Sinne der deutschen Führung unterrichtet wurde, tatsächlich aber waren er und die anderen deutschen Verbindungsoffiziere darauf bedacht, das Lager nach außen abzuschirmen, damit die Schulung der Russen im national-russischen Sinne abgehalten werden konnte.

Kommandeur der Propagandaabteilung war Strikfeldt, sein Stellvertreter Rittmeister von Dellingshausen. Dabendorf bedeutete keine Fortsetzung des Experiments in Wuhlheide. Es war eine Neuschöpfung des OKW/WPr und des OKH. Das Propagandaministerium war bewußt ausgeschaltet worden.

Offiziell begann die Arbeit am 1. März 1943. Am ersten Kursus nahmen vornehmlich Vertreter schon formierter Freiwilligeneinheiten aus den Frontgebieten teil. Mit ihrer Ankunft in Dabendorf wurden sie offiziell aus der Gefangenschaft entlassen und von General Malyschkin vereidigt. Alle trugen deutsche Uniformen mit dem Abzeichen ROA (Russkaja Oswobolditeljnaja Armija), Russische Befreiungsarmee.

Dieses Abzeichen war im Februar 1943 für alle russischen Freiwilligenformationen genehmigt worden. Das war lediglich eine psychologische Maßnahme, denn eine Befreiungsarmee unter einheitlichem Befehl gab es nach wie vor nicht.

Mit dem Entwurf dieses Abzeichens war der russische Zeichner Rodsewitsch beauftragt worden. Er hatte zunächst neun Entwürfe mit den alten russischen Farben Weiß, Blau, Rot angefertigt, die dem Reichsministerium für die besetzten Ostgebiete vorgelegt wurden. Sie wurden alle, von Rosenberg persönlich mit Blaustift durchgestrichen, zurückgegeben.

Wlassow sagte bitter: „Ich würde es am liebsten so lassen: die russische Fahne, von den Deutschen durchstrichen, weil sie Angst vor ihr haben[15]"

Darauf schlug Malyschkin vor, das Andreaskreuz zu verwenden. Tatsächlich wurde der Entwurf mit dem blauen Andreaskreuz auf weißem Grunde anstandslos von Rosenberg genehmigt. Wahrscheinlich wußte er nicht, daß die Fahne mit dem Andreaskreuz die Kriegsflagge der zaristischen Flotte gewesen war.

15 A. H. Rodsewitsch: Über das ROA-Abzeichen, MID, S. 174.

Wlassow erkannte sofort die Möglichkeiten des Unternehmens Dabendorf und schloß daraus auf eine wachsende Einsicht der deutschen Führung. Daß auch Dabendorf nur ein getarntes Unternehmen war und daß, falls die wirklichen Ziele und Absichten im Führerhauptquartier bekannt geworden wären, seine deutschen Betreuer und Freunde und auch die beteiligten Russen verhaftet worden wären, wußte er damals noch nicht.

Kurz darauf lernte er den Generalleutnant Truchin kennen, der von Strikfeldt mit einer Gruppe der für den Lehrbetrieb in Dabendorf qualifizierten Leute aus dem Lager Wustrau, das dem Ostministerium unterstand, herangezogen worden war.

Fedor Iwanowitsch Truchin[16] war eine überragende Persönlichkeit von hoher Intelligenz und Bildung. In kurzer Zeit wurde er einer der engsten und profiliertesten Mitarbeiter Wlassows.

Die Verbindung von Charakter und Wissen befähigte ihn in besonderem Maße zum Ausbilder. Er war der Typ des überlegenen Truppenführers.

Truchin entstammte einer russischen Adelsfamilie und hatte sich als junger Offizier der Revolution angeschlossen. Nach Beendigung der Kriegsakademie machte er schnell Karriere. Als er den wahren Charakter des Sowjetregimes erkannte, war es zu spät, sich zu distanzieren, auch hoffte er, daß eine starke Armee eines Tages Stalin stürzen könnte.

Zu Beginn des Krieges war er Chef des Stabes des baltischen Wehrkreises und geriet im Sommer 1941 verwundet in deutsche Gefangenschaft. Er gab sofort zu erkennen, daß er Gegner Stalins sei, und fand im Lager Wustrau Kontakt zum NTS, wo er bald in den Führungskreis aufstieg. Der Anschluß an Wlassow und die Befreiungsbewegung war für ihn selbstverständlich.

Truchin war beliebt, obgleich er wortkarg und verschlossen wirkte. Für jeden war er zu sprechen. Seine ruhige Sicherheit half auch anderen in der angespannten, nervenaufreibenden Situation der damaligen Zeit. Frühzeitig verlor er den Glauben an die Fähigkeit der deutschen Führung und an einen guten Ausgang für die

16 Über Fedor Iwanowitsch Truchin vgl.: A. Saizew, I Nr. 33; K. Kromiadi, I Nr. 13; G. v. d. Ropp, Briefe an den Autor; E. v. Dellingshausen UM; W. Bormann, I Nr. 28; A. Kasanzew, a.a.O., S. 218 ff.; Wladimir Posdnjakow: Generalmajor Fedor Iwanowitsch Truchin, Borba, Nr. 9/10, 1949.

Mitarbeiter der Befreiungsbewegung. Dennoch arbeitete er weiter, ohne sich etwas anmerken zu lassen. Für ihn war es eine Frage des Gewissens und des Glaubens an eine spätere Auswirkung dessen, was in den Kriegsjahren Überzeugung vieler junger Russen geworden war.

Der erste Kursus in der Schule Dabendorf war am 22. März 1943 beendet und wurde von Wlassow feierlich verabschiedet.

Er hegte die Hoffnung, in Dabendorf ein ideologisches Zentrum der russischen Befreiungsbewegung und eine Stätte zur Auswahl und Ausbildung geeigneter Führungskräfte schaffen zu können.

Unter der Leitung Sykows wurde auch eine Redaktion in Dabendorf eingerichtet. Die russische Zeitung „Klitsch" (Der Ruf) wurde nicht mehr herausgegeben, dafür die Zeitung „Sarja" (Morgenröte) für die Kriegsgefangenen und Arbeitsverpflichteten und „Dobrowolez" (Der Freiwillige) für die Freiwilligenverbände.

In der ersten Nummer, die in einer Auflage von 600 000 Exemplaren erschien, wurde die Proklamation des Smolensker Komitees veröffentlicht. Später hatte „Sarja" eine Auflage von durchschnittlich 100 000 – 120 000, „Dobrowolez" rund 20 000, ab Herbst 1944 40 000 – 60 000.

Durch Gefangenenaussagen und abgehörte Befehle wurde bekannt, daß die Sowjetregierung jede Unterhaltung über das Thema „Russische Befreiungsarmee" strikt untersagt und den Kommissaren besondere Wachsamkeit bezüglich der Wlassow-Flugblätter befohlen hatte. Wie ernst das Sowjetregime die Aktion Wlassows nahm, bewies auch die Tatsache, daß nach erstem monatelangem Schweigen sowjetische Armeezeitungen Wlassow als „Trotzkist, Mitarbeiter Tuchatschewskis und Agent, der schon vor dem Kriege für die Deutschen und Japaner gearbeitet habe", bezeichneten. Während gleichzeitig auf die kolonialen Absichten und die Greueltaten der Deutschen hingewiesen wurde, fehlte jede Erwähnung der Befreiungsbewegung und Armee[17].

Der Beginn der Wlassow-Aktion schien demnach sehr verheißungsvoll. Dennoch war die offizielle Genehmigung und Unterstützung durch die deutsche Führung noch immer nicht erteilt.

17 A. Dallin, a.a.O., S. 586.

So war es verständlich, daß Wlassow sich zunächst weigerte, als Grote und Strikfeldt ihn baten, nun auch eine Reise in das rückwärtige Gebiet der Heeresgruppe Nord zu unternehmen.

Der Oberbefehlshaber, Generalfeldmarschall Küchler, und Generaloberst Lindemann hatten nach dem Erfolg Wlassows bei der Heeresgruppe Mitte sein Auftreten auch in ihrem Gebiet dringend gefordert und alle Verantwortung auf sich genommen.

Wlassow wies darauf hin, daß er wieder mit leeren Händen komme, daß er noch immer nicht auf eine positive Entscheidung der deutschen Führung, auf einen tatsächlichen Beginn hinweisen könnte.

Aber auch dieses Mal gelang es schließlich, seine berechtigten Bedenken mit dem Hinweis zu überwinden, daß der Erfolg eine weitere Trumpfkarte gegenüber dem Führerhauptquartier sein werde.

Im besetzten Gebiet der Heeresgruppe Nord

So trat er am 19. April 1943 seine zweite Reise in die besetzten Ostgebiete an. Begleitet wurde er vom Rittmeister von Dellingshausen und von seinem Adjutanten, Hauptmann Antonow, der bei Stalingrad übergelaufen war, nachdem er ein Flugblatt Wlassows gelesen hatte[18].

In Riga, der ersten Etappe, wurde Wlassow von der dortigen Propagandaabteilung feierlich empfangen und trotz einer Vorwarnung Grotes groß herausgestellt. Die russische Zeitung „Nowy Putj" feierte ihn als künftigen Befreier Rußlands[19].

Den Besuch Wlassows in der Redaktion der russischen Zeitung „Sa Rodinu" schildert ein Mitglied der Redaktion[20]:

In der Redaktion arbeiteten rund 40 Kriegsgefangene, darunter Professoren, Künstler, Journalisten, Lehrer und auch frühere Of-

---

18 Einzelheiten über diese Reise teilten mit: E. v. Dellingshausen, I Nr. 18 und UM; Rostislaw Antonow, I Nr. 2; Gert Klein, I Nr. 29; W. Strik-Strikfeldt, I Nr. 35; N. v. Grote, Brief an den Autor.
19 Nowy Putj, Nr. 10, 1943.
20 Ein Augenzeugenbericht W. Werbins über diesen Besuch Wlassows liegt dem Autor vor.

fiziere. Die Stimmung war schlecht. Man glaubte nicht mehr an eine Wende der deutschen Politik, wozu die unwürdige Behandlung der Redaktionsmitglieder beitrug. Kurz vor dem Eintreffen Wlassows hatte sich ein besonders empörender Vorfall ereignet: Der deutsche Gefreite Knop hatte alle Mitglieder der Redaktion zum Verladen von Propagandamaterial befohlen. Der Zeichner Boris Sawalow, Absolvent der Kunstakademie und hervorragender Künstler, kam fünf Minuten später, weil er noch eine Zeichnung beenden wollte. Darauf stürzte sich Knop auf ihn und bearbeitete ihn mit seinem Koppel und mit Fußtritten. Dieser Vorfall machte allen klar, wie rechtlos sie als Russen waren, wie sie von den „Verbündeten" behandelt wurden, sie, die freiwillig an einer antibolschewistischen Zeitung arbeiteten.

Einige Redaktionsmitglieder behaupteten, die Deutschen hätten einen anderen als Wlassow ausgegeben, Wlassow selbst sei am Wolchow gefallen. Zwei frühere Offiziere der 2. Stoßarmee hatten Wlassow damals gesehen. Sie würden also feststellen können, ob er es war oder nicht. Entsprechend war die Spannung, als er den Raum betrat.

Wlassow beeindruckte durch die ruhige Sicherheit seines Auftretens. Er schilderte seinen Werdegang, erklärte die Gründe seiner Entscheidung gegen das Stalin-Regime und wies auf Möglichkeiten und Ziele hin.

Anschließend stellten die Anwesenden Fragen. Vor allem wollten sie wissen, ob die Deutschen eine nationale Massenbewegung der Russen gestatten würden. Wlassow erwiderte, die Deutschen müßten, wenn sie nicht untergehen wollten, darauf eingehen. Als einer feststellte, die Deutschen seien also wohl oder übel die wichtigsten Verbündeten, sagte Wlassow, die wichtigsten Verbündeten seien die Millionen auf der anderen Seite der Front, und auf eine Zeichnung weisend, die eine sinnlose Attacke polnischer Kavallerie auf deutsche Panzer darstellte, sagte er: „Man muß alles tun, um nicht in dieselbe Lage zu kommen wie diese tapferen Ulanen."

Auch diese Gruppe von Intellektuellen zweifelte nicht an der Möglichkeit, Stalin zu stürzen, wohl aber daran, daß die Deutschen Wlassow freie Hand lassen würden.

Auf dem Wege nach Pskow, der nächsten Station seiner Reise, besuchte Wlassow das berühmte Kloster Petschora. Auf seinen

Wunsch wurde er vom Abt des Klosters empfangen, der über die Geschichte des Klosters berichtete und Wlassow die geretteten Kleinodien zeigte. Dann fragte der Abt, ob er nicht von dem General gehört hätte, der sich an die Spitze einer Befreiungsbewegung gestellt habe. Als Wlassow sich zu erkennen gab, erhob sich der Abt und verbeugte sich tief. Dann erteilte er Wlassow seinen Segen und gab ihm seine Wünsche für das Gelingen der schweren Aufgabe mit auf den Weg.

In Pskow blieb Wlassow vom 24. April bis zum 3. Mai. Von dort aus unternahm er verschiedene Fahrten, unter anderem nach Maslogostizy, Gdow, Pljussa, Luga, Siverskaja und Wolosowo, wo er zu russischen Freiwilligen und zur Bevölkerung sprach.

Tausende strömten herbei, um ihn zu sehen und zu hören.

In Pskow fand ein offizieller Empfang statt, an dem alle deutschen Dienststellen, die Spitzen der Bürgerschaft, der russischen Selbstverwaltung und der Geistlichkeit teilnahmen.

Wlassow besuchte in diesen Tagen auch die Redaktion der dortigen russischen Zeitung, wo ihm die Mitglieder der sogenannten Initiativgruppe vorgestellt wurden, die sich schon im Winter 1942 gebildet hatte, um durch aktive Propaganda für den Befreiungskampf gegen das Stalin-Regime zu werben. Zu ihr gehörten unter anderem der Chefredakteur der Zeitung, Chromenko, und als Hauptredner der spätere Hauptmann der ROA, Boshenko.

Wie verbittert jedoch Wlassow im Grunde war, wie sehr er unter der für ihn undurchsichtigen Haltung der deutschen Führung litt, erwies ein Gespräch mit dem Dolmetscher Gert Klein in Pljussa.

Klein, ein Balte, hatte Wlassow seit seinem Eintreffen in Pskow im Auftrage der Verwaltungsabteilung des rückwärtigen Heeresgebietes als Beobachter begleitet. Er hatte Wlassows Vertrauen durch Hinweise auf Bemühungen gewonnen, die Situation der Bevölkerung zu erleichtern, und durch offene Kritik an der deutschen Ostpolitik.

Wlassow war von der Einrichtung der Schulen besonders beeindruckt. Ihm war nicht bekannt, daß Schulen für die russische Bevölkerung verboten waren und daß die Verwaltungsabteilung auf eigene Kosten und unter stillschweigender Billigung des OB der Heeresgruppe Schulbücher hatte drucken lassen.

Nach einem anstrengenden Tag und einem alkoholreichen Essen beim Feldkommandanten ergab sich im Quartier Wlassows ein Gespräch unter vier Augen zwischen ihm und dem Dolmetscher Klein. In diesem Gespräch verzichtete Wlassow auf die optimistische Haltung, die er während dieser Reise im Interesse der Sache zur Schau tragen mußte, und äußerte offen seine schwere Besorgnis über die Haltung der deutschen Führung. Die Eindrücke im besetzten Gebiet hätten seine Ansicht noch weiter bestärkt, daß es möglich sei, die überall vorhandenen Bestrebungen der Bevölkerung zu einer organisierten Befreiungsbewegung zusammenzufassen und eine große und schlagkräftige nationale Armee aufzustellen. Schon die Unterstellung der vorhandenen Freiwilligenverbände unter sein Kommando würde eine Armee von mehr als einer halben Million Mann ergeben.

Aber man mißtraue ihm. Hitler habe er nicht sprechen können. Die Bemühungen der Offiziere, die er kenne, seien sicher ehrlich, aber anscheinend hätten sie nicht genügend Einfluß. Er habe stets große Hochachtung vor den Deutschen gehabt. Sie seien große Organisatoren und gute Soldaten, aber Hitler und den Nationalsozialismus könne er nicht verstehen.

Vielleicht wären alte Emigranten die Berater Hitlers, die ihm, Wlassow, mißtrauten, weil er ein Revolutionär sei. Alle, die mit ihm bereit wären, seien Revolutionäre und wollten natürlich keine Restauration des Zarentums und der einstigen Zustände. Sie wollten lediglich verwirklichen, was die Revolution verheißen habe. Nur mit dieser Parole könne man das Volk gewinnen.

Eine Gegenregierung sei nötig, eine offizielle Erklärung von höchster Stelle, daß Deutschland nur befreien, nicht erobern wolle, die Übertragung der Zivilverwaltung in den besetzten Gebieten an Russen, der Einsatz der ROA an einem Abschnitt der Front, die Aussortierung der Überläufer und Gefangenen durch die ROA und die Übertragung der Propaganda gegen das Stalin-Regime an die Organe der Befreiungsbewegung.

Die Erfolge solcher Maßnahmen würden sich in kürzester Frist in geradezu gigantischem Ausmaß zeigen.

Nur so sei ein Erfolg möglich, nur so sei auch eine Niederlage Deutschlands zu vermeiden, denn ein so großes Land wie Rußland könne nicht gegen den Willen der Bevölkerung besetzt werden.

Nur mit Hilfe der Russen selbst könne Stalin gestürzt werden. Es gäbe für Deutschland keinen anderen Weg, wenn es sich nicht selbst aufgeben wolle. Und gerade deshalb könne er nicht verstehen, daß das nicht erkannt werde. Jetzt, da noch riesige Gebiete Rußlands besetzt seien, wäre es nicht zu spät, wenn auch kostbarste Zeit vergeudet sei, aber bald könne es zu spät sein. Dann werde nicht nur Deutschland untergehen. Auch für ihn und seine Gesinnungsgenossen würde dann das Ende mit Sicherheit bevorstehen.

Er und seine Freunde hätten den Weg betreten, der zur Befreiung Rußlands führen könne, ein Zurück gäbe es nicht, sie müßten ihn bis zum Ende gehen. Es wäre nur schwer zu ertragen, daß sie tatenlos abwarten müßten, bis die deutsche Führung zur Einsicht käme. Vielleicht würden die kommenden Rückschläge an den Fronten sie dazu bringen. Er könne nur hoffen, daß es dann nicht zu spät sei[21].

Den Höhepunkt des Aufenthalts in Pskow bildete eine Rede Wlassows im Stadttheater am 30. April.

Nicht nur an die Stadtbevölkerung, auch an die Landgemeinden waren Karten ausgegeben worden. Der zweitausend Menschen fassende Saal war eine Stunde vor Beginn überfüllt. Hunderte warteten vor dem Theater.

Als Wlassow den Saal betrat, bereiteten ihm die Anwesenden stehend eine Ovation.

Seine Rede hinterließ einen tiefen Eindruck. Ein Russe hatte zu Russen über russische Belange gesprochen. Hitler war mit keinem Wort erwähnt, das deutsche Volk als gleichberechtigter Partner begrüßt worden. Das Ziel war eindeutig und klar: die Befreiung des Vaterlandes vom Bolschewismus, die Schaffung eines freien, demokratischen Rußland. Das war es, was diese Menschen erhofften, wofür sie bereit waren zu kämpfen.

Eine solche Propagierung nationaler Ziele mußte die Verfechter der nazistischen Kolonialtheorien und des Untermenschentums der Slawen auf den Plan rufen. Zum Anlaß ihrer empörten Demarche nahmen sie eine Äußerung Wlassows in Gatschina, beim Stab der 18. Armee, wo er, beeindruckt von der herzlichen Aufnahme, sagte, er hoffe, sich eines Tages in Moskau revanchieren zu können.

21 G. Klein, I Nr. 29.

Diese natürliche und verständliche Geste der Höflichkeit wurde als unerhörte Anmaßung bezeichnet. Daß dieser Slawe sich erdreiste, Deutsche als Gäste einer unabhängigen russischen Regierung einzuladen, sei eine unerträgliche Provokation.

So war es nicht verwunderlich, daß zur gleichen Zeit, als Wlassow Tausende seiner Landsleute begeisterte, ihnen endlich eine Hoffnung, ein Ziel gab, als auch die einsichtigen Wehrmachtführer im Osten auf eine Wandlung der Ostpolitik Hitlers hofften, Keitel ultimativ Auskunft von der Propagandaabteilung verlangte, wie es möglich sei, daß Wlassow gegen den ausdrücklichen Willen des Führers politische Äußerungen getan habe, die erkennen ließen, daß in ihm unberechtigte und unerlaubte Hoffnungen geweckt worden seien. Er forderte den genauen Text an und drohte mit scharfen Gegenmaßnahmen, falls sich bestätigen sollte, daß Wlassow als „zukünftiger russischer Führer" aufgetreten sei.

Die Äußerung in Gatschina war nicht zu verheimlichen, sie war bereits bekannt und mußte gemeldet werden.

Am Tage darauf wurde ein Befehl Keitels an alle in Frage kommenden Stellen, auch an die Befehlshaber der Heeresgruppen und Armeen, ausgegeben, der für den Geist im Führerhauptquartier bezeichnend war. Er lautete:

„Angesichts der unqualifizierten, unverschämten Äußerungen des kriegsgefangenen russischen Generals Wlassow auf einer Reise zur Heeresgruppe Nord, die ohne Wissen des Führers und ohne mein Wissen durchgeführt worden ist, wird befohlen, daß der russische General Wlassow mit sofortiger Wirkung unter Sonderbewachung wieder in ein Kriegsgefangenenlager zu überführen ist und dieses nicht mehr zu verlassen hat. Der Führer wünscht den Namen Wlassow in keinem Zusammenhang mehr zu hören, es sei denn zu reinen Propagandaaktionen, zu deren Durchführung man wohl des Namens, aber nicht der Person des Generals Wlassow bedarf. Sollte General Wlassow noch einmal persönlich in Erscheinung treten, ist dafür Sorge zu tragen, daß er der geheimen Staatspolizei übergeben und unschädlich gemacht wird[22]."

Dieser Befehl war ein Schlag für alle, die Wlassow unterstützt und eine Änderung der Ostpolitik befürwortet hatten.

22 Zitiert bei Thorwald, a.a.O., S. 219.

Gehlen und Stauffenberg erreichten mit Mühe, daß Wlassow „unter Bewachung" in Berlin bleiben konnte. Strikfeldt gelang es, in aller Eile eine kleine Villa am Kiebitzweg in Dahlem ausfindig zu machen. Dorthin sollte Wlassow nach seiner Rückkehr gebracht werden, um den Befehl Keitels nicht zu ignorieren.

Als Wlassow, beeindruckt von dem Erfolg seiner Reise und ohne Kenntnis von dem Verhängnis, das ihn und seine Pläne bedrohte, am 10. Mai wieder in Berlin eintraf, wurde er in dieses Haus am Kiebitzweg gebracht.

Dort begrüßte ihn Malyschkin. Mit ihm, seinem Adjutanten Antonow, einem Koch und einer russischen Wache, die vom Lager Dabendorf gestellt wurde, sollte er nun dort wohnen.

Im oberen Geschoß befanden sich zwei Schlafzimmer mit Bad; unten ein Arbeits- und ein Eßzimmer. Im Keller hausten der Koch und die Wache.

Im Vergleich zu seinem bisherigen Quartier war das neue geradezu luxuriös und bestärkte seine Hoffnungen für die Zukunft. Von der politischen Kaltstellung, die diese Maßnahme tatsächlich bedeutete, erfuhr er vorläufig nichts.

Kurz darauf fand Strikfeldt in Sergei Fröhlich einen zuverlässigen deutschen Verbindungsmann, der als „Majordomus" in den Kiebitzweg zog. Fröhlich war Balte, hatte eine russische Mutter und sprach fließend Russisch. Er hatte sich freiwillig für diesen Posten gemeldet und über den SA-Standartenführer Girgensohn erreicht, daß er von der SA für diese Funktion abgestellt wurde.

Indessen wollten die Wehrmachtkreise, die Wlassow unterstützten, den Befehl Keitels nicht ohne weiteres hinnehmen. Am 14. Mai fand eine Konferenz statt, an der Graf Schenckendorff, v. Gersdorff, v. Tresckow, Gehlen und Schmidt von Altenstadt teilnahmen. Es wurde beschlossen, unter Einschaltung von General Wagner und Oberst v. Freytag-Loringhoven eine Konferenz zwischen Vertretern des Generalstabes und bevollmächtigten Vertretern Rosenbergs zu fordern, um eine gemeinsame Intervention bei Hitler vorzubereiten. Der Dienstweg zu Hitler war durch Keitel versperrt. Es blieb nur der Weg über Rosenberg.

Rosenberg stimmte trotz vieler Bedenken zu, und am 25. Mai 1943 fand die Konferenz in Mauerwald, dem Sitz des Generalstabes des Heeres, statt. Vom Reichsministerium für die besetzten

Ostgebiete nahmen Dr. Bräutigam, Professor v. Mende und Dr. Knüpffer teil. Der Generalstab war mit 20 Offizieren, General Wagner, General Hellmich und Gehlen an der Spitze, vertreten. Vor Wagner türmte sich ein Berg von Memoranden, Beschwerden und Beschwörungen aller Armeen, endlich eine positive Ostpolitik zu beginnen. Obenauf lag ein Schreiben, das von Tresckow entworfen und von Generalfeldmarschall von Kluge unterzeichnet worden war. Es faßte noch einmal alle Argumente zusammen. Klar und schonungslos wurde zum Ausdruck gebracht, daß der Krieg verloren sei, wenn nicht sofort ein Wandel in der Ostpolitik eintrete.

Es erwies sich, daß die Vertreter Rosenbergs keinerlei Vollmacht hatten. Die immer erregter werdende Debatte ergab schließlich nur die Zusicherung Bräutigams, er werde Rosenberg die Ansichten des Generalstabs vortragen und sein möglichstes tun, um eine positive Entscheidung herbeizuführen[23].

Die Einstellung der Generalstabsoffiziere faßte Schmidt von Altenstadt zum Abschluß in die Worte: „Wen sie verderben wollen, den schlagen die Götter mit Blindheit!" Rosenberg erklärte sich schließlich auf die Vorstellungen Bräutigams bereit, einen Vortrag bei Hitler gemeinsam mit Jodl oder Keitel zu beantragen.

Das Verdikt Hitlers

Keitel hatte aber inzwischen von der Konferenz gehört und auch von der Kritik der Generalstabsoffiziere an seinem Verhalten. Offenbar in dem Bestreben, jeder weiteren Initiative dieser Art ein für allemal einen Riegel vorzuschieben, provozierte er Hitler zu einer Stellungnahme gegen Wlassow. Eine Gelegenheit dazu ergab sich anläßlich der Lagebesprechung am 8. Juni 1943[24].

---

23 A. Dallins Angabe (a.a.O., S. 588 Fn.), Wagner habe an der Besprechung gar nicht teilgenommen, ist unrichtig. Vgl. Tagebuch H. Herre und Brief an den Autor.
24 Stenogramm der Besprechung in: Helmut Heiber: Lagebesprechungen im Führerhauptquartier, dtv-Dokumente, Stuttgart 1963, S. 109 ff.

Er „meldete" zunächst, daß im Flugblatt 13 außer den üblichen Dingen den russischen Überläufern die Möglichkeit eines Beitritts zu einer russischen Befreiungsarmee versprochen worden sei. Das müsse korrigiert werden.

Hitler ging sofort darauf ein und hielt einen seiner langen Monologe. Ganz im Sinne Keitels stellte er fest, daß man Propaganda machen könne, soviel man wolle, „unter der einen Voraussetzung, daß nicht die geringsten Konsequenzen praktisch daraus gezogen werden, und vor allem, daß man das Umsichgreifen einer Mentalität vermeidet, wie ich sie leider bei einigen Herren schon gefunden habe. Auch bei Kluge hat das ein paarmal angeklungen ... Da kann ich nur sagen, wir bauen nie eine russische Armee auf, das ist ein Phantom ersten Ranges. Bevor wir das machen, ist es viel einfacher, ich bekomme die Russen als Arbeiter nach Deutschland ... Wir würden vor allem von vornherein das Kriegsziel völlig aus der Hand geben ..."

Trotz Stalingrad, trotz der Rückschläge an allen Fronten bestand Hitler auf seinen Kriegszielen, die eine russische Selbständigkeit und damit auch eine russische Armee ausschlossen. Daß diese Kriegsziele nach Lage der Dinge gar nicht erreichbar waren, konnte er offenbar nicht begreifen.

Auch Zeitzler, der Generalstabschef des Heeres, stimmte zu und empfahl, Hitler möge den Oberbefehlshabern der Heeresgruppen seine Ansicht persönlich ein für allemal klarmachen.

So konnte Keitel am Schluß befriedigt feststellen:

„Ich habe gesehen: Es ist ein kleiner Selbstbetrug. Man hofft, eine Entlastung zu haben, und weiß nicht, was für eine Laus man sich in den Pelz setzt."

Rosenberg teilte er kurz mit, daß der Führer jeden weiteren Einsatz Wlassows in den besetzten Gebieten kategorisch verboten habe. Das gelte auch für jeden Gedanken daran, die Wlassow gegebenen Versprechen einzuhalten. Damit erübrige sich der beantragte Vortrag beim Führer.

Mit dieser Entscheidung Hitlers war der erste große von der Wehrmacht unternommene Versuch, eine grundlegende Wandlung der amtlichen deutschen Ostpolitik vorzunehmen, endgültig gescheitert.

Die Mehrzahl der im Osten eingesetzten Offiziere hatten angenommen, daß kein vernünftiger Mensch ihrer Argumentation ernstlich entgegentreten könne, aber sie bewiesen damit nur, wie wenig sie die Mentalität Hitlers und den Geist des Nationalsozialismus begriffen hatten[25].

Wie kraß die nationalsozialistische Führung zu dieser Zeit auf jede Kritik an ihrer Ostpolitik reagierte, bewies der Fall Theodor Oberländer.

Am 22. Juni, dem zweiten Jahrestag des deutsch-sowjetischen Krieges, hatte Hauptmann Oberländer, der einige kaukasische Freiwilligenverbände führte, eine Denkschrift verfaßt, in der er schrieb, die Lage im Osten bewege sich der Entscheidung zu, und wenn nicht eine Wende der deutschen Ostpolitik eintrete, werde die Entscheidung gegen die Deutschen ausfallen. Der Umbruch der Ostpolitik müsse − wenn sie eine Wirkung haben solle − ein totaler Umbruch sein. „Es gibt Augenblicke in der Geschichte, die einmalig sind. Generationen können sich mühen, aber die Vorsehung gibt nicht wieder, was sie kurz zuvor zu schenken bereit war." Jetzt werde sich entscheiden, ob der Bolschewismus im Zusammenwirken von Waffen und Politik geschlagen werde oder ob die Deutschen im Kampf gegen Kräfte, die eigentlich ihre Verbündeten sein könnten, verbluten würden.

25 Die Behauptung A. Dallins: „Keiner fragte sich auch nur einen Augenblick, ob die Lage überhaupt umkehrbar war" (a.a.O., S. 582), ist unzutreffend. Die Russen, die die Verhältnisse am besten kannten, und die Deutschen, die sie unterstützten, waren ohne Zweifel überzeugt davon, daß ein radikaler Kurswechsel der Ostpolitik auch zu diesem Zeitpunkt noch zum Sturz des Stalin-Regimes hätte führen können. Dallin, der keine Möglichkeit hatte, die Dinge an Ort und Stelle zu studieren, urteilt mehrfach nach dem Wortlaut erhaltener Dokumente, ohne zu berücksichtigen, daß die meisten Denkschriften damals in einer „Sklavensprache" geschrieben werden mußten, die die wahren Motive verdeckte. Es war beispielsweise undenkbar, für eine Änderung der Ostpolitik andere als militärische Gründe ins Feld zu führen. Jeder Hinweis auf moralische Bedenken hätte den gegenteiligen Effekt gehabt, der Sache geschadet und die Verfasser gefährdet. Lediglich vom Wortlaut des Textes auf eine opportunistische Einstellung der Verfasser zu schließen führt daher leicht zu falschen Schlußfolgerungen. Vielen, die die damalige Situation erlebten und erkannten, war die politische Einstellung Wlassows und hunderttausender seiner Landsleute weit mehr als eine militärische oder politische Episode. Sie sahen darin echte Möglichkeiten einer Zukunft Europas, die nichts gemein hatte mit dem politischen Analphabetentum des Nationalsozialismus. Nach einem Sturz Stalins erschien ihnen der Sturz Hitlers als logische Konsequenz.

Oberländer versandte die Denkschrift an alle wichtigen Dienststellen, auch an Keitel, Rosenberg und Himmler. Er ahnte nicht, welche Folgen er für sich heraufbeschwor.

Schon acht Tage später wurde er aus der Wehrmacht ausgestoßen, und nur dem Staatsminister K. H. Frank in Prag hatte er es zu verdanken, daß er nicht in ein Konzentrationslager eingeliefert wurde, sondern in Prag verwundete SS-Offiziere zum juristischen Staatsexamen vorbereiten durfte[26]. Keitel und Himmler bezeichneten die Denkschrift als „hinterhältigen Versuch, an der offiziellen Marschrichtung zu bohren, die der Führer am 8. Juni eindeutig und unwiderruflich festgelegt habe".

Während die Gegner der Ostpolitik innerhalb der Wehrmacht erkennen mußten, daß ihre Pläne durch das Verdikt Hitlers vorerst gescheitert waren, wirkte sich die Veröffentlichung der Smolensker Proklamation und das Auftreten Wlassows nun erst in vollem Umfange aus. Mit Ungeduld warteten Bevölkerung und Freiwilligenverbände auf weitere Schritte.

Nur die Führungsspitze der Wehrmacht kannte Hitlers negative Entscheidung. Auch Wlassow war sie verschwiegen worden, so daß er auf weitere Fortschritte hoffte. Der Journalistin Melitta Wiedemann, die seine Pläne unterstützte, sagte er, er habe nun endgültig ein gutes Gewissen, da er wisse, daß die Mehrheit des Volkes denke und fühle wie er. Der Weg sei richtig und müsse zu Ende gegangen werden[27].

Durch viele geheime Kanäle war der Aufenthalt Wlassows am Kiebitzweg bekannt geworden. Immer häufiger fanden sich Urlauber, Ostarbeiter, alte Emigranten und Deutsche als Besucher ein. Immer zahleicher wurden die Briefe, die Wlassow erreichten, so daß Strikfeldt eine eigene Feldpostnummer vermitteln und eine private Kanzlei für Wlassow einrichten mußte, die von einem Major Kalugin betreut wurde.

Im übrigen normalisierte sich das Leben am Kiebitzweg, und es begann die Zeit des Wartens auf Entscheidungen, die nicht getroffen wurden; eine Zeit, die Wlassow nur durchhielt, weil Strikfeldt und gleichgesinnte Offiziere sich unablässig bemühten, neue Ver-

26 Th. Oberländer, I Nr. 25; H. Raschhofer, Brief an den Autor.
27 Melitta Wiedemann, Brief an den Autor.

bindungen anzuknüpfen, die der Sache dienlich sein konnten, Kontakte zu vermitteln, die bei Wlassow den Glauben an einen Sieg der Vernunft wachzuhalten vermochten.

Dabendorf – Zentrum der Befreiungsbewegung

Gleichzeitig wurde ohne Wissen des Führerhauptquartiers der Ausbau der russischen Befreiungsbewegung weiter vorangetrieben. Das wichtigste Instrument hierfür wurde in immer stärkerem Maße die Propagandaabteilung in Dabendorf.

Ohne Bevormundung durch amtliche deutsche Stellen und gedeckt durch das deutsche Rahmenpersonal entwickelte sich dort überraschend schnell ein politisches und ideologisches Zentrum der russischen Befreiungsbewegung.

War der erste Kursus noch mehr oder weniger improvisiert gewesen, so begann am 23. März 1943 mit dem zweiten Kursus eine systematische Schulung nach festgelegtem Plan. Die Teilnehmerzahl betrug bereits rund 1 000.

Wesentlichen Anteil an dieser Entwicklung hatte jene Gruppe, die unter Führung Truchins aus dem Lager Wustrau nach Dabendorf gebracht worden war.

Truchin löste Blagoweschtschenski in der Führung ab. Mit ihm zog ein neuer Geist in Dabendorf ein; seine Dynamik übertrug sich auf alle Mitarbeiter.

Die profilierteste Persönlichkeit neben ihm war Alexander Nikolajewitsch Saizew, der als Cheflektor die ideologische Schulung übernahm und den Teilnehmern klare und fundierte Vorstellungen von der Struktur eines künftigen Rußland vermittelte. Saizew, ein junger begabter Wissenschaftler, war 1941 in Gefangenschaft geraten und im Lager Wustrau mit Vertretern des NTS in Berührung gekommen. Er wußte, daß politische Ziele ohne eine Organisation nicht zu erreichen waren, und war deshalb Mitglied des NTS geworden.

Seine Vorlesungen waren von beachtlichem Niveau und überzeugten die Teilnehmer vor allem durch die betont nationalen Gesichtspunkte und die offene, gelegentlich ironisch-scharfe Kritik an der deutschen Ostpolitik.

107

Der Lehrstoff wurde in drei Abschnitte gegliedert:

1. Geschichte und Struktur Deutschlands,
2. Kritik am Sowjetregime,
3. Ideologie der Befreiungsbewegung und Konturen eines künftigen Rußland.

Für die Themen zwei und drei gab es keine ausgearbeiteten Texte, nur eine Zusammenfassung in Stichworten.

Die Vorlesungen über Deutschland waren vom Propagandaministerium ausgearbeitet und in der Broschüre „Germania"[28] zusammengefaßt worden, dazu kamen die Broschüren „Was ist Nationalsozialismus?" und „Bolschewismus und Judentum".

Scheinbar füllte die Behandlung des Nationalsozialismus und Deutschlands den größten Teil des Programms, tatsächlich aber wurden nur zehn Prozent der Zeit darauf verwendet. Auch der vorgeschriebene Text diente keineswegs immer als Grundlage.

Der Nationalsozialismus wurde für ein künftiges Rußland abgelehnt. Das war um so leichter, als Hitler selber erklärt hatte, der Nationalsozialismus sei keine Exportware und für die Ostvölker „zu schade".

So pflegte Saizew darauf hinzuweisen, daß es notwendig sei, sich mit Deutschland bekannt zu machen, weil nun einmal Deutschland gegen das Sowjetregime kämpfe; wäre Äthiopien in dieser Rolle, dann müßte man sich mit Äthiopien befassen.

Die scharfe Kritik am Kommunismus stürzte viele Kursusteilnehmer zunächst in eine Krise. Bis dahin hatten sie eine Ideologie, auf die sie ihren Glauben, ihre Hoffnung und ihre Aktivität konzentrierten, wenn sie auch durch Stalin verfälscht worden war. Nun aber standen sie vor einem Vakuum. Erst nach dem dritten Teil des Programms begriffen sie, was ihnen geboten wurde. Fast ausnahmslos waren sie überzeugt und wurden Anhänger der Befreiungsbewegung. In einigen Fällen offenbarten sich sowjetische Agenten und gingen zu Wlassow über.

Ein nationales, freies und demokratisches, aber nicht unbedingt kapitalistisches Rußland war das propagierte Ziel. Auch eine ehrliche Freundschaft mit dem deutschen Volk, das keineswegs mit dem Nationalsozialismus identifiziert wurde, schien nur logisch,

28 Im Archiv des Autors.

zumal die russische Kultur mit der deutschen im Laufe des 19. Jahrhunderts besonders eng verbunden gewesen war und viele Deutsche, mit denen diese Russen in Verbindung standen, Gegner der amtlichen deutschen Ostpolitik und Freunde des russischen Volkes waren. Es war ihr und der Russen Unglück, daß sie ihre Ansichten unter der Diktatur Hitlers nicht durchsetzen konnten.

Als die deutsche Kriegsflagge auf dem höchsten Berg des Kaukasus, dem Elbrus, gehißt wurde, meinte Saizew, dieser Erfolg sei weit bemerkenswerter auf dem Gebiet des Alpinismus als auf dem der militärischen Strategie. In einer Vorlesung über einen künftigen russischen Staat verkündete er: „Die Freiheit des Wortes und der Schrift ist eine der Grundlagen eines Rechtsstaates. Sie gibt die Möglichkeit zur Kontrolle dessen, was im Lande geschieht. Sie ist die Garantie, daß keine dunklen Machenschaften, sei es der Machthaber, sei es der Bürger, ohne Anprangerung und Bestrafung bleiben. Bei tatsächlicher Freiheit des Wortes und der Schrift ist ein totalitäres Regime undenkbar, in dem irgendwelche Abenteurer an die Macht kommen und ein gescheiterter Seminarist oder ein Gefreiter an der Spitze des Staates erscheint[29]."

Zweimal wollte die Gestapo Saizew verhaften. Nur mit Mühe gelang es, das zu verhindern.

Zunächst wurde ihm vorgeworfen, er habe die Vernichtung der Juden verurteilt, den Marxismus gelobt und die Ansicht geäußert, die Deutschen könnten den Krieg nicht ohne die nationalen Russen gewinnen. Beim Verhör verteidigte sich Saizew geschickt, er habe lediglich festgestellt, daß die Liquidierung von Juden auf die orthodoxen Russen einen negativen Eindruck mache, was den Tatsachen entspreche. Erfolge des Marxismus in Rußland müsse er erwähnen, weil er seine Hörer nicht überzeugen könne, wenn er auch das Gute negiere, und was den dritten Punkt angehe, so sei das nun einmal seine Überzeugung. Man beließ es in diesem Fall bei der Belehrung, die Deutschen brauchten die Russen nicht, um den Sieg zu erringen, gestatteten ihnen jedoch mitzukämpfen.

Die Judenfrage bedeutete den meisten Russen kein Problem. Sie waren einen Vielvölkerstaat gewohnt. Wo Antisemitismus spürbar

---

29 A. Kasanzew, a.a.O., S. 219; A. Saizew, I Nr. 33; G. v. d. Ropp, I Nr. 22.

war, wurde er zumeist damit begründet, daß ein hoher Prozentsatz der führenden Kommunisten Juden seien.

Zum zweiten Male drohte Saizew Gestapohaft wegen antideutscher Äußerungen und seiner Mitgliedschaft beim NTS. Aufgrund einer sehr geschickten Stellungnahme v. d. Ropps[30], die über den Abwehroffizier von Kleist weitergeleitet wurde, gelang es auch dieses Mal, das Schlimmste abzuwenden.

Daß im Dritten Reich Gedanken, wie die von Saizew vertretenen, ohne ernste Folgen propagiert werden konnten, war nur möglich, weil die deutschen Verbindungsoffiziere die amtliche deutsche Ostpolitik ablehnten und ein ehrliches Bündnis mit einem künftigen nationalen und freien Rußland anstrebten. Das galt für Baron v. d. Ropp, den deutschen Schulungsleiter, ebenso wie für seine Stellvertreter Ragoshin und Kerkovius, den Lagerkommandanten Hauptmann Peterson, den Stellvertreter Strikfeldts, Baron Dellingshausen, und den Abwehroffizier Baron Kleist. Sie alle hatten mehr damit zu tun, die Russen vor dem SD und der Gestapo zu schützen, als die subversive Tätigkeit kommunistischer Agenten zu entlarven, wozu sie im Grunde bestellt waren. Als v. d. Ropp einmal unerwartet während einer Diskussion erschien, in der deutsche Maßnahmen kritisiert wurden, rief einer der Russen: „Achtung! Ein deutscher Offizier!" v. d. Ropp bedeckte seine Schulterstücke mit den Händen und sagte: „Hier ist kein deutscher Offizier! Sie können offen sprechen!"

Er wie auch die anderen Offiziere wußten, daß es sich bei solchen Diskussionen nicht um Verrat oder Kommunistenfreundlichkeit handelte, sondern daß die Russen sich in zunehmendem Maße von den Deutschen enttäuscht und verraten fühlten. Die im Frühjahr 1943 im Auftrag Himmlers herausgegebene Broschüre „Der Untermensch" spielte dabei keine geringe Rolle. In dieser Broschüre heißt es u.a.: „Der Untermensch, eine biologisch scheinbar völlig gleichgeartete Naturschöpfung ... ist doch eine ganz andere, eine furchtbare Kreatur, ist ein Wurf zum Menschen hin, mit menschenähnlichen Gesichtszügen – geistig, seelisch jedoch tiefer stehend als jedes Tier[31]."

---

30 Der Text der Stellungnahme v. d. Ropps liegt dem Autor vor.
31 Diese Broschüre war im Auftrag Himmlers von der Buchstelle des SS-Hauptamtes 1943 herausgegeben worden. Verfasser war SS-Hauptsturmführer König.

Die verständliche Empörung der Russen äußerte sich gelegentlich recht drastisch. So meldete sich der russische Graf Lamsdorff bei einem hohen deutschen Stabe des Mittelabschnittes: „Untermensch Hauptmann Graf Lamsdorff zur Stelle!"[32].

Als eine Ordonnanz Wlassows eine Tür laut ins Schloß fallen ließ, wandte Wlassow sich an die anwesenden deutschen Offiziere mit den Worten: „Entschuldigen, Untermensch!"

Dabendorf entwickelte sich zu einem Zentrum von Ideen und Vorstellungen, die dem Nationalsozialismus und den Plänen Hitlers entgegengesetzt waren.

Es ergab sich die Situation, daß unter dem Schutze der deutschen Wehrmacht Ziele verfolgt wurden, die zur sofortigen Verhaftung nicht nur der Russen, sondern auch der beteiligten Deutschen geführt hätten, wenn sie offen dargelegt worden wären.

Zwar versuchten Gestapo und SD wiederholt eine Handhabe gegen Wlassow und seine Mitarbeiter zu erhalten, und der Gestapo-Chef Müller verheimlichte nicht, daß er sie am liebsten liquidiert hätte, aber der Wehrmacht gelang es immer wieder, diese Gefahr zu bannen. Ab 1944 wurde sie auch von jener Gruppe im SD unterstützt, die inzwischen die Gefahr der Ostpolitik Hitlers erkannt hatte.

Dabendorf wurde aber auch zur Geburtsstätte eines neuen russischen Offizierskorps, das dort seine Prägung erhielt. Diese Offiziere waren, auch wenn sie wieder in ihre Einheiten zurückkehrten, Mitglieder einer straffen politischen Organisation. Allmählich entstand eine Art Geheimdienst, der Wlassow und seine Mitarbeiter ständig unterrichtete.

Dabendorf war zwar nicht die Keimzelle der russischen Befreiungsbewegung, die seit Beginn des Ostfeldzuges spontan und in verschiedenen Formen aufgetreten war, wohl aber die organisatorische Spitze. Ihr hätten die bereits bestehenden Freiwilligeneinheiten der russische Ordnungsdienst und die russische Selbstverwaltung jederzeit unterstellt werden können.

Die Freiheit, mit der über alles geredet werden konnte, veranlaßte die Russen, Dabendorf die „freie Republik" zu nennen. Viele Teilnehmer der Kurse waren zunächst mißtrauisch. Die Ehrlichkeit

32 G. Graf Lamsdorff, I Nr. 15.

und Kameradschaft, mit der alle Fragen diskutiert wurden, überzeugte jedoch auch sie.

Wlassow war über die Entwicklung in Dabendorf genau informiert. Truchin und Saizew erörterten alle Probleme mit ihm.

Die ersten 33 Nummern der „Sarja" und des „Dobrowolez" waren praktisch ohne deutsche Zensur geschrieben worden. Sykow hatte diese Möglichkeit genutzt und das nationale Moment betont in den Vordergrund gestellt. Er hob hervor, daß die Russen Verbündete, nicht Untergebene der Deutschen seien. Das waren nicht mehr Zeitungen der Deutschen für Russen, sondern Zeitungen der Russen.

Dieser Zustand währte jedoch nur kurze Zeit. Nach der 33. Nummer wurden alle Redakteure zu Oberst Martin zitiert. Martin warf ihnen vor, sie hätten ihre Kompetenzen überschritten. Sykow erwiderte: „Sie können uns natürlich für Provokateure und Sowjetagenten halten und uns nicht glauben, aber vielleicht denken Sie daran, warum wir eigentlich mit Ihnen immer wieder um verschiedene Fragen kämpfen, obgleich wir uns dadurch unbeliebt machen. Wenn wir Agenten wären, wäre es einfacher, jawohl zu sagen und im stillen unsere finsteren Absichten zu verfolgen[33]."

Martin erklärte, er müsse seinen Befehlen folgen, der Arrestbefehl liege bereits vor, und er habe Mühe, ihn abzuwenden.

Sykow hatte offensichtlich noch nicht begriffen, daß einen russischen Nationalismus und eine russische Gleichberechtigung zu vertreten in den Augen der Nazis ein Verbrechen war, das der Tätigkeit eines Sowjetagenten vergleichbar sein konnte.

Nun wurde die Zensur verstärkt. Antisemitische und antiwestliche Ausführungen wurden verlangt. Die Kontrolle wurde dem Sonderführer Werner Bormann übertragen.

Nach der Auseinandersetzung bei Martin berieten die Russen, ob sie unter den gegebenen Umständen weiterarbeiten sollten. Sykow, der sonst schnell Entscheidungen traf, schien dieses Mal unschlüssig. Schließlich riet er doch, weiter mitzuarbeiten. Es gab

33 M. Kitajew, a.a.O., S. 6.

keine andere Chance als die Hoffnung auf eine Auswirkung der Kriegsereignisse[34].

Nur diese Hoffnung hielt auch Wlassow aufrecht. Aber je mehr Zeit verstrich, um so deprimierter wurde der Kreis um Wlassow, um so stärker wurde die Abneigung gegen die deutsche Führung. Wie pessimistisch die Aussichten von den Russen beurteilt wurden, drückte Sykow sehr klar aus: „Unsere persönlichen Chancen beurteile ich nicht hoch, wenn ich auch an einen Sturz des Stalin-Regimes glaube: 30 Prozent, daß die Deutschen uns liquidieren, 30 Prozent, daß wir in die Hände Stalins fallen, 30 Prozent, daß die Amerikaner und Engländer uns aufhängen, trotz unserer Verehrung für sie, und nur 10 Prozent gebe ich, daß wir heil herauskommen[35]."

In diesen Tagen erfuhr Wlassow von der Verhaftung und dem Tod seiner Frau. Auf welchem Wege er diese Nachricht erhalten hatte, blieb unbekannt.

Der herrschenden Stimmung bei den Freunden der Befreiungsbewegung gab Herre in seinem Tagebuch vom 28. Juni Ausdruck: „Die Hoffnung aufzugeben, daß die miltärische Lage die oberste Führung doch noch zur Vernunft zwingen wird, hieße an der Existenz der Vernunft überhaupt zweifeln. Es ist jetzt unsere Aufgabe, Mittel zu finden, um die Freiwilligen aus dem Osten nicht in ein Nichts zurückfallen zu lassen und Wlassow und seinen Kreis so zu stützen, daß er nicht zerfällt."

Zeit des Wartens

Zwar verbot das Verdikt Hitlers jede grundsätzliche Abänderung der politischen Ziele, aber einige Maßnahmen konnten getroffen werden, die die Ostfreiwilligen organisatorisch stärkten.

34 Über den Komplex Dabendorf berichten: G. v. d. Ropp, I Nr. 22 und Briefe an den Autor; E. Peterson, I Nr. 20; W. Bormann, I Nr. 28; H. v. Kleist, I Nr. 23; E. v. Dellingshausen UM; N. v. Grote, I Nr. 24; A. Saizew, I Nr. 33; A. Kasanzew, a.a.O., S. 219; Schkola polititscheskich boizow (Schule der politischen Kämpfer), Sarja, Nr. 89, 5.11.1944; R. Antonow: Wulheide-Dabendorf, in: S narodom sa narod, Nr. 5, 1965.

35 M. Kitajew, a.a.O., S. 6.

So gelang es Stauffenberg, bei Zeitzler eine von Freytag-Loring-hoven ausgearbeitete Dienstanweisung Nr. 5000 für die Hilfswilligen durchzusetzen. Einige Zeit später konnte auch den Angehörigen der Freiwilligenverbände mit der Dienstanweisung Nr. 8000 ein einheitlicher Status gegeben werden. General Hellmich, der im Dezember zum General der Osttruppen ernannt worden war, setzte „Kommandeure der Osttruppen" als Berater bei den Armeeoberbefehlshabern ein. In Mariampol wurde eine „Schule für landeseigene Offiziere, Offiziersanwärter und Dolmetscher" geschaffen, deren Kommandeur ein Russe, der Generalmajor Assberg, war.

In mühseliger statistischer Arbeit — die Einheiten verschwiegen verständlicherweise einen Teil ihrer Hilfswilligen — wurde festgestellt, daß es im Juni 1943 mehr als 600 000 Hilfswillige und rund 200 000 Angehörige der Freiwilligenverbände gab, ein Reservoir, aus dem jederzeit eine Befreiungsarmee aufgeboten werden konnte, wenn die Genehmigung vorlag[36].

Strikfeldt, der sich mit der Entscheidung Hitlers nicht abfinden konnte, bemühte sich unermüdlich, Personen ausfindig zu machen, von denen er meinte, sie könnten dazu beitragen, die weitere Entwicklung in seinem Sinn zu beeinflussen.

Da war der Schriftsteller Edwin E. Dwinger, der den Vormarsch im Osten als Kriegsberichter mitgemacht hatte und dabei zu einem Gegner der offiziellen Ostpolitik geworden war.

Und da war Günter Kaufmann, der Hauptschriftleiter der Hitlerjugend-Zeitschrift „Wille und Macht", der, beeinflußt von ehemaligen HJ-Führern, die an der Ostfront Dienst taten, ein Sonder-

---

36 General Zeitzler gab in der Lagebesprechung vom 8. 6. 1943 220 000 Hilfswillige an (vgl. H. Heiber: Lagebesprechungen im Führerhauptquartier, dtv-Dokumente, 1963, S. 109), dürfte aber daran interessiert gewesen sein, Hitler eine möglichst niedrige Zahl zu nennen. Die Erhebungen der Abteilung Fremde Heere Ost lagen ihm zu diesem Zeitpunkt noch nicht vor.
Allein zur Sicherung der Bahnlinien im Gebiet der Heeresgruppe Nord waren 47 000 Hilfswillige eingesetzt — Heiber, S. 121. Nach einer unvollständigen Aufstellung des Ostministeriums vom 24. Januar 1945 — zitiert bei Heiber, S. 118 Fn. — dienten 600 000 Angehörige der „Ostvölker" in bewaffneten Einheiten. Darin sind nicht enthalten die „Hilfswilligen", die Kosakenverbände und die russischen, ukrainischen und weißruthenischen SS-Verbände. So dürfte die Schätzung, daß rund 1 Million Angehörige der Völker Rußlands gegen das Stalin-Regime unter Waffen standen, korrekt sein.

heft über die russische Frage herausgebracht hatte, in dem unter anderem die Smolensker Proklamation und ein Aufsatz von Dwinger: „Der russische Mensch – der Weg zur Überwindung des Bolschewismus" veröffentlicht worden waren. Ein Einfluß auf die amtliche Ostpolitik blieb jedoch aus. Himmler und Rosenberg verboten jeden Abdruck in anderen Zeitungen.

Kaufmann gelang es jedoch, den einstigen Reichsjugendführer und damaligen Reichsstatthalter in Wien, Baldur von Schirach, für die Ostprobleme zu interessieren und einen Besuch Wlassows in Wien zu vermitteln.

In Wien wurde Wlassow mit allen Ehren empfangen. Ein Wachkommando erwies ihm die Ehrenbezeigungen. Er war Gast Baldur von Schirachs im Hotel Bristol. Der Wagen des Gauleiters und Reichsstatthalters stand ihm für Besichtigungsfahrten zur Verfügung.

Schirach war kein Verfechter der amtlichen Ostpolitik und der Theorie vom slawischen Untermenschen. Als ihm ein von Keitel unterzeichneter Befehl vorgelegt worden war, daß russische Kriegsgefangene nur eine Mahlzeit am Tage erhalten und auf dem Fußboden schlafen sollten, hatte er den Befehl zerrissen und für seinen Gau ausreichende Verpflegung, Unterbringung und korrekte Behandlung angeordnet.

Er hatte den Angriff auf die Sowjetunion nicht gebilligt und sah in ihm nicht nur ein Unrecht, sondern auch die Ursache der zu erwartenden Niederlage. Schirach hielt einen Sonderfrieden mit Stalin immer noch für möglich und wünschenswert, wenngleich die Auslieferung aller Freiwilligen damit verbunden gewesen wäre.

Da er die psychologische Situation in der Sowjetunion und den besetzten Ostgebieten nicht kannte, war er von Wlassows These eines möglichen Sturzes des Stalin-Regimes durch Mitwirkung des russischen Volkes nicht überzeugt. Im Grunde hielt er Wlassow doch für einen Verräter, dem er bei aller Höflichkeit mit innerem Vorbehalt gegenübertrat.

Wenn er sich dennoch im Führerhauptquartier für die Genehmigung einer Wlassow-Armee einsetzte, dann nur, weil er sich davon angesichts der kritischen Kriegslage eine Entlastung versprach[37].

37 Baldur von Schirach, I Nr. 26, Brief an den Autor.

Wlassow und Strikfeldt erkannten die Vorbehalte Schirachs nicht. Sie glaubten, ihn von der Richtigkeit ihrer Argumente überzeugt zu haben. Die zuvorkommende Behandlung hatte Wlassow beeindruckt und seine Hoffnung auf einen endlichen Erfolg seiner Bemühungen erneut gestärkt[38].

Zu den Wlassow Wohlgesinnten gehörte auch die Journalistin Melitta Wiedemann. Sie verfügte über gute Beziehungen zu hohen SS-Führern und war bemüht, für Wlassow und eine Änderung der amtlichen Ostpolitik Interesse zu wecken.

In der SS hatte sich eine einflußreiche Gruppe gebildet, die die Parteibonzen mit Bormann und Koch an der Spitze verachtete. Die verbrecherischen Auswüchse der Politik Hitlers erregten ihre Besorgnis.

Mit einigen dieser SS-Führer brachte Melitta Wiedemann Wlassow und Strikfeldt zusammen. Zunächst fand eine Begegnung mit dem SS-Obergruppenführer von Herff, dem Leiter des SS-Personalamtes, statt. Anwesend waren Strikfeldt, Wlassow und Frau von Herff. Herff gehörte zu jener Gruppe SS-Führer, die von der Wehrmacht zur SS gekommen waren. Er war Stabschef Generalfeldmarschall Rommels gewesen. Die Begegnung ergab völlige Übereinstimmung in allem, was die russische Befreiungsbewegung betraf.

Zwei Wochen später fand bei Frau Wiedemann eine Begegnung in größerem Rahmen statt. Außer Herff waren nun dessen Stellvertreter Franke-Grieksch, SS-Obergruppenführer Hildebrand, der Leiter des Rasse- und Siedlungshauptamtes, SS-Oberführer Ellersiek und Botschaftsrat Gustav Hilger vom Auswärtigen Amt anwesend. Auch hier erwies sich, daß Wlassows Argumente überzeugten.

Herff faßte die gewonnenen Erkenntnisse in einem Schreiben an Himmler zusammen, was jedoch nur zur Folge hatte, daß Himmler jeden Kontakt seiner SS-Führer mit Wlassow verbot. Er wünsche nicht, daß seine SS-Führer „bewundernd zu Füßen eines bolschewistischen Massenmörders sitzen“.

Kontakte zu falschen Stellen konnten also mehr schaden als nützen. Alle Bemühungen Frau Wiedemanns und auch Strikfeldts

---

38 W. Strik-Strikfeldt, I Nr. 35.

scheiterten letzten Endes daran, daß ihnen fehlte, was damals „Reichsroutine" genannt wurde. Nur bei genauer Kenntnis der einzelnen Machtcliquen, ihrer Beziehungen zueinander und ihrer Machtkämpfe ließen sich taktische Mißgriffe vermeiden. Weder Frau Wiedemann noch Strikfeldt wußten, daß Herff bei Himmler unbeliebt war und von Berger gehaßt wurde und daß daher sein Vorstoß das Gegenteil des erwünschten Erfolges bringen mußte.

Wenig später fand noch eine Begegnung zwischen Wlassow und dem Gouverneur von Galizien, Dr. Wächter, statt, dessen Versuche, Himmler für eine neue Ostkonzeption zu gewinnen, ebenfalls vergeblich sein mußten, da Himmler die „zu weiche" Haltung Wächters seit langem mit Mißtrauen beobachtete[39].

Obwohl Wlassow auf Befehl Keitels unter Bewachung gehalten werden sollte, hatten Grote und Strikfeldt seine Bewegungsfreiheit nicht unterbunden. Das Haus am Kiebitzweg wurde zwar bewacht, aber von Russen, die eventuelle Attentatsversuche abwehren sollten. Fröhlich, der „Majordomus", hatte dafür gesorgt, daß jeder im Hause eine Waffe erhielt. Diese Waffen hatte er illegal, durch persönliche Beziehungen, zum Teil aus Riga von Dr. Werner Kapp, einem Offizier der militärischen Abwehr, zum Teil in Berlin durch den SS-Sturmbannführer beim SD, Hans Kleinert, beschaffen müssen. Kleinerts Sympathie für die russische Befreiungsbewegung ging so weit, daß er ein Maschinengewehr aus der Waffenkammer des SD entwendete[40].

Selbst die primitivsten Dinge konnten nicht legal beschafft werden. Der „Hauptorganisator" wurde Sonderführer Werner Bormann. Er fand im Ostministerium einen Mann, der ihm Textilbeschaffungsscheine und Mittel für Wäsche besorgte; von einem Oberverwaltungsrat der Luftwaffe namens Tannenbaum erhielt er drei Uhren für Wlassow, Malyschkin und Sykow und von der Firma Aschinger Lebensmittel, um die mehr als kärgliche Verpflegung aufzubessern[41].

39 Melitta Wiedemann: Die SS soll bekehrt werden. Dieses unveröffentlichte Manuskript liegt dem Autor vor.
40 Der unveröffentlichte Bericht von S. Fröhlich liegt dem Autor vor.
41 W. Bormann, I Nr. 28.

Wlassow erfuhr nur am Rande von diesen Details. Die Ungewißheit, in der er leben mußte, war eine härtere Last.

Als Folgen der Reisen ins Frontgebiet trafen täglich Briefe, Berichte und Beschwerden von Mitgliedern russischer Selbstverwaltungen und von Angehörigen der Freiwilligenverbände ein. Sie alle wollten wissen, wann nun endlich die Befreiungsbewegung und die Armee verwirklicht würden.

Viele fanden auch persönlich den Weg zu ihm. Einer von ihnen, Hauptmann Starizky, Emigrant nach dem ersten Weltkrieg und Offizier einer Freiwilligeneinheit, schildert anschaulich die Reaktion Wlassows auf die Lage[42]:

Wlassow sagte, er werde die Führung nicht behalten. Das Entscheidende würden später andere auf der anderen Seite tun. Das Schicksal habe ihn dort herausgerissen und ihm Möglichkeiten geboten, die er nutzen müsse. Die Deutschen wären nun einmal, ob sie einem gefielen oder nicht, die einzigen, die Waffen und Unterstützung geben könnten. Entscheidend wäre, daß sie ihm bald freie Hand ließen. Er fragte Starizky, der die Deutschen und den Nationalsozialismus als alter Emigrant besser kenne als er, nach seiner Meinung.

Als Starizky erwiderte, er glaube nicht an eine baldige Änderung der deutschen Ostpolitik, und wenn sie durch Rückschläge erzwungen würde, werde es zu spät sein, verlor Wlassow für einen Moment die Selbstbeherrschung: Er schlug auf den Tisch und stieß hervor: „Das ist es, woran ich nächtelang denke!"

Dann faßte er sich wieder und schloß: „Vielleicht wird Stalin tatsächlich dank der deutschen Blindheit siegen. Ich muß trotzdem den Weg weitergehen ... Unsere Gedanken werden weiterwirken, die Saat wird eines Tages aufgehen. Was wir tun, ist nicht umsonst getan."

42 Barba, Nr. 2, 1952.

Die „Drushina" des Gilj-Radionow

In diese Zeit der Unruhe und Erwartung brachte Iwanow eine neue Hoffnung: Nach dem Scheitern des Experimentes in Ossintorf hatte er seine Pläne dem Reichssicherheitshauptamt unterbreitet, weil er glaubte, daß der SD größere Machtmittel und politische Möglichkeiten hätte als das Heer. Tatsächlich war ihm angeboten worden, mit geeigneten Leuten eine dem SD unterstellte russische Brigade zu übernehmen und als erste ROA-Einheit auszubauen.

Sofort hatte er seine alten Mitarbeiter, Kromiadi, Sacharow und Lamsdorff geholt und sich mit Einwilligung des SD zu Wlassow begeben, um die Aktion in seinem Namen aufzuziehen.

Wlassow stimmte nach einigen Bedenken zu. Ihm ging es darum, auf diesem Wege zu testen, ob der SD tatsächlich neue Vollmachten von Himmler oder dem Führerhauptquartier erhalten hatte. Er machte jedoch zur Bedingung, daß Shilenkow die Führung der Einheit übernahm.

Die SD-Brigade befand sich in der Nähe von Pskow und nannte sich „Drushina". Geführt wurde sie von dem Oberstleutnant i. G. Radionow, der den Decknamen Gilj angenommen hatte.

Sie war die einzige größere Einheit unter russischer Führung, die vom SD aufgestellt worden war, und die einzige Einheit, die von ihrem Kommandeur den Partisanen geschlossen in die Hände gespielt wurde.

Schon vor dem Kriege hatte der SD einen eigenen Nachrichtendienst aufgebaut, der dem militärischen unter Admiral Canaris Konkurrenz machen sollte[43]. Während des Ostfeldzuges wurde vom SD eine besondere Organisation geschaffen, die die Bezeichnung „Unternehmen Zeppelin" erhielt und unabhängig vom militärischen Nachrichtendienst, der sogenannten Abwehr I, Agenten in das sowjetische Hinterland schleusen sollte.

Als Reservoir für solche Agenten wurde die „Drushina" geschaffen und zur Bewährung auch gegen Partisanen eingesetzt.

Sie war aus einer schon im Winter 1941/42 im Lager Suwalki

---

43 Vgl. George H. Stein: Geschichte der Waffen-SS, Droste Verlag, Düsseldorf 1967, und Heinz Höhne: Der Orden unter dem Totenkopf, Sigbert Mohn Verlag, Gütersloh 1967.

von Kriegsgefangenen gegründeten Organisation für den Kampf gegen den Bolschewismus hervorgegangen, die sich „Russische Nationale Union" nannte. Die Gruppe — etwa in Stärke eines Bataillons — wurde vom SD übernommen und unter der Bezeichnung „Drushina" im Sommer 1942 nach Stary Bychow in Marsch gesetzt. Eine Reihe höherer russischer Stabsoffiziere, unter anderen Generalmajor Bogdanow, früher Kommandeur der 47. Schützendivision, Oberstleutnant Radionow, Oberstleutnant Orlow, Major Juchnow und Major Andrussenko, führte diese Einheit. Die Devise lautete: „Für Rußland".

Etwas später entstand eine zweite „Drushina". Ihr Kern, bestehend aus 135 Mann, wurde am 11. Dezember 1942 im Stalag 319 A von einem Major Blashewitsch und den Hauptleuten Alelekow und Makarenko angeworben und nach Gaidow bei Lublin geführt.

Im März 1943 wurden beide Einheiten in den Raum Glubokoje in Weißrußland verlegt und unter der Bezeichnung „SS-Brigade Drushina" vereinigt. Mit der SS hatten sie nichts zu tun.

Schon damals trugen verschiedene Vorfälle dazu bei, die Einheit politisch zu zersetzen.

Im Februar 1943 wurde einer Gruppe von 50 Mann eine Reise nach Berlin ermöglicht. Zwar beeindruckten Lebensstandard und Organisation, aber Kontakte zu Insassen des Konzentrationslagers Oranienburg und zu Ostarbeiterinnen ließen die unwürdige Behandlung durch die Deutschen bekannt werden.

Hinzu kam, daß Gilj-Radionow unter dem Einfluß von Blashewitsch eine Führungsgruppe bildete, die die Einheit zu terrorisieren begann. Alle ihr nicht genehmen Elemente wurden unterdrückt und schikaniert. Blashewitsch hatte zu dieser Zeit bereits bei verschiedenen Reisen nach Lettland Kontakt mit dem sowjetischen Nachrichtendienst aufgenommen. Er legte es offensichtlich darauf an, die Einheit allmählich zu zersetzen. Der persönlich feige und opportunistische Gilj geriet in immer stärkere Abhängigkeit von ihm.

Offiziere, die sich gegen diesen Kurs wandten, wurden degradiert oder erschossen. Der SD ließ Gilj völlig freie Hand. Der Verbindungsoffizier des SD, SS-Sturmbannführer Appel, ein früherer SA-Führer, beschränkte sich darauf, den russischen Offizieren Kasinositten beizubringen.

120

Im Mai 1943 nahm die „Drushina" gemeinsam mit deutschen Einheiten an einer großen Aktion gegen Partisanen teil. Ihr Verhalten bot keinen Anlaß zur Kritik. Überläufer gab es nicht.

Im Anschluß daran wurde eine intensive Propaganda im nationalen Sinne betrieben und die Einheit als Teil der russischen Befreiungsarmee ausgegeben. Durch Meldung von Freiwilligen vergrößerte sie sich auf rund 3 000 Mann.

Das Verhalten der Gruppe um Gilj ließ immer mehr zu wünschen übrig. Mit Schnaps, Frauen und Karten verbrachten sie die Zeit. Gilj kam seinen Pflichten als Einheitsführer immer weniger nach. Die Unzufriedenheit mit seiner Führung wuchs auch bei vielen Offizieren der Einheit.

Diese Zustände hatten das RSHA in Berlin veranlaßt, eine Ablösung der Führung dieser Einheit zu erwägen.

Es erwies sich jedoch, daß die örtlichen SD-Stellen darüber anders dachten. Gilj erklärte, er werde die Einheit nur als Ganzes Wlassow unterstellen, sobald eine Befreiungsarmee genehmigt sei. Shilenkow übergab er lediglich eine Ausbildungsabteilung von 300 Mann.

Die örtliche SD-Stelle ließ es dabei bewenden und verwies Shilenkow und seine Gruppe an den SS-Sturmbannführer Otto Kraus, der in Pskow das Hauptkommando Nord des „Unternehmens Zeppelin" eingerichtet hatte. Kraus, ein Balte, hatte ganz andere Aufgaben und gar nicht die Mittel, eine große russische Einheit organisatorisch zu betreuen. Außerdem stellte sich heraus, daß die Aktion politisch keineswegs abgesichert war.

Um die Russen nicht ganz zu enttäuschen und auch in der Hoffnung, daß in absehbarer Zeit eine grundsätzliche Änderung erreicht werden könne, erkärte er sich bereit, zunächst 500 Mann aufstellen zu lassen.

Die Einheit wurde „1. Garde-Brigade der ROA" benannt und in dem kleinen Ort Stremutka – ca. 15 km von Pskow entfernt – stationiert. Sie war der erste Verband, der ständigen Kontakt mit Wlassow hielt.

Die Brigade erregte großes Aufsehen. Von einer Befreiungsarmee hatte die Bevölkerung zwar gehört, aber an ihre Existenz wollte sie nicht recht glauben. Nun bestand tatsächlich eine Einheit. Sie erweckte die Vorstellung, daß auch an anderen Orten weitere Verbände aufgestellt würden, die später zu einer großen Armee vereinigt werden sollten.

Die Soldaten hielten sich musterhaft. Der Kontakt zur Bevölkerung war sofort hergestellt. Abteilungen wurden als Erntehelfer in die Dörfer geschickt. Zahlreiche Dankesbriefe erreichten den Stab[44].

Am 22. Juni 1943, anläßlich des zweiten Jahrestages des Kriegsbeginns, fand in Pskow eine deutsche Truppenparade statt. Zur Überraschung aller wurde sie von einer Kompanie der Gardcbrigade eröffnet. Das wirkte als Sensation. Die Überzeugung wuchs, daß wirklich eine Befreiungsarmee im Werden sei.

Indessen spitzte sich die Lage in der „Drushina" immer mehr zu. Offensichtlich hatte die Ankunft Shilenkows das Mißtrauen Giljs und seiner Gruppe bestärkt, der SD wolle sie wegen ihres Verhaltens ablösen. Blashewitsch stellte eine direkte Verbindung zu den Partisanen her. Anfang August wurde die Partisanenbrigade „Shelesniak" von der sowjetischen Führung beauftragt, Verhandlungen mit Gilj wegen des Übertritts der Brigade einzuleiten. Um nicht selbst in Verdacht zu geraten, entsandte Gilj den Chef seines Nachrichtendienstes, Generalmajor Bogdanow, der von den wahren Absichten Giljs nichts wußte. Bogdanow lehnte ein Überlaufen kategorisch ab und war nur bereit, Aktionen gegen die Partisanen einzustellen, solange diese ebenfalls gegen die Brigade, die deutschen Einheiten und die Bevölkerung nichts unternahmen. Die Verhandlung endete ergebnislos.

Nun schaltete sich Gilj persönlich ein. Ihm sicherten die Partisanen Amnestie zu, wenn die Brigade mit allen Waffen übergehen, sich am Kampf gegen die Deutschen beteiligen und Bogdanow sowie den Emigranten Hauptmann Graf Mirski ausliefern würde. Gilj nahm die Bedingungen an.

Am 13. August 1943 schlossen Partisanen die „Drushina" von allen Seiten ein. Gilj gab Alarm und erschoß zunächst mit seinen Kumpanen hinterrücks zahlreiche Offiziere und Soldaten, von denen er annahm, daß sie den Verrat nicht mitmachen würden.

So starben Generalmajor Bogdanow, Oberst Orlow, alle Regimentskommandeure außer einem, der sich Gilj anschloß, und alle

---

44 S narodom — sa narod, Nr. 5, S. 15.

Bataillonskommandeure. Auch das Verbindungskommando des SD wurde niedergemacht.

Anschließend wurde die Station Kruglewschtschina besetzt und die Bahnlinie nach Polotsk unterbrochen. Ein Angriff auf Glubokoje schlug fehl. Der Rest der „Drushina" ging mit den Partisanen in den Wald.

Bald begann ein Teil der überrumpelten Soldaten und Offiziere nach Glubokoje zurückzukehren. Allmählich kamen 30 überlebende Offiziere, darunter die Majore Alelekow, Juchnow und Andrussenko, sowie 500 Mann zurück.

Der bei den Partisanen verbliebene Teil der „Drushina" erhielt die Bezeichnung „1. antifaschistische Brigade". Gilj wurde von Stalin mit dem Orden „Roter Stern" ausgezeichnet. In der Folgezeit erlitt die Brigade in mehreren Unternehmen, an denen auch ihre früheren Kameraden auf der Gegenseite teilnahmen, schwere Verluste. Der Rest von 300 Mann wurde im Winter 1943/44 bei der Station Sjabki eingekesselt und vernichtet. Gilj wurde von einem seiner früheren Offiziere mit den Worten: „Dem Hund einen hündischen Tod" erschossen.

Die Sowjetführung kannte die Gefahr, die eine große Befreiungsbewegung bedeuten mußte, und versuchte jede Entwicklung in diese Richtung zu verhindern. In diesem Fall gelang es ihr.

Fast zwanzig Jahre später heißt es dazu im „Wojenno-istoritscheskij Shurnal: „Die weißruthenischen Partisanen vereitelten die Absicht des faschistischen Deutschland, die Brigade Gilj-Radionow zur Basis einer russischen Befreiungsarmee zu machen[45]."

Ende August wurde deutlich, daß auch der SD weder den Willen noch die Möglichkeit zum Aufbau einer großen Befreiungsarmee hatte. Alle Versprechungen hatten nur dazu gedient, geeignete Personen für das „Unternehmen Zeppelin" zu gewinnen.

---

45 Nr. 10, 1962, S. 37 unter dem Titel: Utschastije sowjetskich woinow w partisanskom dwishenii Bjelorussii (Die Beteiligung sowjetischer Kämpfer an der Partisanenbewegung Weißrußlands). Über Entstehung und Untergang der Drushina berichtet N. Klimenko: Prawda o Drushine, Suworowez, Buenos Aires, in den Nummern 17, 20, 21, 22 und 23, 1950; Sofia Warschawskaja: Otnositjelno Drushiny, S narodom — sa narod, heft 5, 1965; K. Kromiadi, I Nr. 3; G. Graf Lamsdorff, I Nr. 15.; O. Kraus, Brief an den Autor.

Kraus, der dieses Spiel nicht mitmachen wollte, bat um Ablösung der Gruppe Shilenkow.

So kehrte sie, um eine weitere Hoffnung ärmer, nach Berlin zurück. Nur Lamsdorff blieb zunächst bei der 1. Garde-Brigade, die in ihrem kleinen Rahmen weiter bestehenblieb.

Russische Tage in Paris

Inzwischen war Wlassow in Berlin mit dem Problem der russischen Emigration nach dem ersten Weltkrieg konfrontiert worden. Im Gegensatz zu Sykow und Shilenkow, die im Hinblick auf eventuelle negative Auswirkungen in der Heimat offizielle Kontakte ablehnten, war Wlassow zur Zusammenarbeit bereit, sofern nicht die Wiederherstellung vorrevolutionärer Zustände angestrebt wurde. Die Verbindungen der Pariser Emigration zu den Westmächten konnten einer Anerkennung der Befreiungsbewegung durch den Westen nützlich sein.

Zunächst war Wlassow von der Mehrheit der alten Emigranten, vornehmlich der älteren Generation, abgelehnt worden. Für sie war er ein Mitarbeiter Stalins und ein Emporkömmling der Revolution. Allmählich setzte sich jedoch die Einsicht durch, daß die ROA ein neues, demokratisches, wenn auch nicht zaristisches Rußland schaffen wollte, das auch die alten Emigranten bejahen konnten.

Die treibende Kraft hierbei war der junge Leiter der russischen Vertrauensstelle in Frankreich, Jurij Sergejewitsch Sherebkow, ein Enkel des früheren Generaladjutanten des Zaren, General Alexei Sherebkow.

Er hatte Wlassow schon im Februar 1943 anläßlich eines Besuches in Berlin kennengelernt und sofort erkannt, daß sich mit ihm völlig neue Perspektiven für die russische Sache eröffneten. Er begann Wlassows Aktion mit allen Mitteln zu unterstützen und propagierte die Befreiungsbewegung auch in der Emigrantenzeitung „Parishskij Westnik", deren Herausgeber er war.

Anfang Juni reiste er wieder nach Berlin, um Wlassow Bericht zu erstatten und ihm ein persönliches Auftreten in Paris vorzuschlagen. Wlassow war einverstanden, zweifelte aber daran, daß die Deutschen seinen Besuch in Paris genehmigen würden. Tatsächlich hätte eine Entsendung Wlassows nach dem nicht mißzuverstehenden Befehl Keitels ein Todesurteil nicht nur für Wlassow, sondern auch für die Befreiungsbewegung bedeutet. Bedrängt von Grote und Strikfeldt, gab Martin schließlich Malyschkin die Genehmigung, nachdem Sherebkow das Einverständnis der Propagandaabteilung des Militärbefehlshabers in Paris vorgelegt hatte.

So kam es am 24. Juli 1943 zu einer feierlichen Versammlung im Salle Wagram, im Zentrum von Paris.

4 000 Menschen drängten sich im Hauptsaal, 2 000 weitere hörten in einem Nebenraum die Übertragung. Vertreter der französischen und deutschen Behörden, der noch in Paris befindlichen diplomatischen Missionen, der internationalen Presse waren anwesend.

Als Malyschkin das Podium betrat, bereitete die Versammlung ihm minutenlange Ovationen. Er war der erste frühere sowjetische General, der nach Paris kam und die Verbindung zwischen der Heimat und der Emigration herstellte. Die schweren Jahre in der Fremde, die Sehnsucht nach der fernen Heimat, die Hoffnung auf eine Rückkehr, aber auch die Verbitterung über die Demütigungen durch die deutsche Führung, alles fand Ausdruck in einer nationalen Demonstration, die alles übertraf, was die Emigration bisher erlebt hatte.

Die Veranstaltung konnte eindrucksvoll dazu beitragen, den Westen über die Ziele der Befreiungsbewegung zu informieren und die Anerkennung als politische Bewegung vorzubereiten. Beeindruckt von den Ovationen ließ sich Malyschkin, der frei sprach, jedoch zu Äußerungen hinreißen, die nicht nur für ihn, sondern auch für die ganze Befreiungsbewegung lebensgefährlich sein mußten. Hitler hatte erst vor wenigen Wochen jede politische Betätigung Wlassows und seiner Mitarbeiter im nationalrussischen Sinne strikt untersagt.

Die Folgen ließen nicht lange auf sich warten. Schon am nächsten Tage wurde Sherebkow zum Militärbefehlshaber zitiert. Ihm wurde erklärt, daß Äußerungen gefallen wären, die für die deutsche Führung untragbar seien. Sherebkow habe mit ernsten Schwierigkeiten zu rechnen.

Um Wlassow und die Befreiungsbewegung nicht in Gefahr zu bringen, frisierten Sherebkow und Malyschkin daraufhin das Stenogramm. Alle antideutschen und national-russischen Äußerungen wurden gestrichen oder gemildert[46].

Es gelang Sherebkow, beim Chef der Propagandaabteilung des Militärbefehlshabers, Oberst Schmidtke, durchzusetzen, daß sein Text als Originaltext anerkannt wurde, obgleich inzwischen bereits von anderer Seite Meldungen über die deutschfeindlichen Äußerungen Malyschkins eingetroffen waren.

Auch der Befehlshaber der Sicherheitspolizei und des SD in Frankreich, Dr. Knochen, und der deutsche Generalkonsul, Dr. Quiring, die insgeheim Gegner der amtlichen Ostpolitik waren, gaben nach Rücksprache mit Sherebkow positive Berichte an ihre vorgesetzten Dienststellen in Berlin.

Da Malyschkin, der nach seiner Rückkehr nach Berlin vom SD vernommen wurde, ebenfalls bei der im Stenogramm vermerkten Version blieb, konnte die Gefahr abgewendet werden.

Sherebkow erhielt jedoch Anweisung, keinerlei Veranstaltungen[47] mehr zu organisieren und keine Reisen nach Berlin zu unternehmen.

---

46 Eine korrigierte Fassung des Textes der Rede wurde am 31.7.1943 im Parishskij Westnik, Nr. 59, veröffentlicht. In der Emigrantenpresse, so z.B. in S narodom – sa narod, Heft 3, vom November 1964 ist daran gezweifelt worden, ob die wiedergegebenen antijüdischen Äußerungen Malyschkins tatsächlich gefallen sind. Es wurde vermutet, daß sie nachträglich von Jurij Sergejewitsch Sherebkow eingefügt wurden, um die deutschen Dienststellen zu besänftigen. Nach Angaben J. Sherebkows in einem Brief an den Autor entspricht diese Vermutung nicht den Tatsachen. Es ist möglich, daß Malyschkin die antijüdischen Äußerungen zur Tarnung verwandte, aber ebenso, daß sie seine eigene Überzeugung wiedergaben. Die Vernichtung der Juden durch die Nationalsozialisten fand bei allen Mitarbeitern Wlassows einschließlich Malyschkin schärfste Ablehnung. Vgl. E. v. Dellingshausen, I Nr. 18; G. v. d. Ropp, Brief an den Autor; W. Strik-Strikfeldt, I Nr. 8; A. Saizew, I Nr. 33.
47 J. Sherebkow: Russische Tage in Paris, UM; N. v. Grote, I Nr. 24.

Tage, Wochen und Monate vergingen, ohne daß etwas Entscheidendes geschah. Immer quälender wurde die Einsicht, daß kostbare, unersetzliche Zeit ungenutzt verrann. Einmal, beim abendlichen Kartenspiel, empörte sich Wlassow: „Ich begreife das nicht! Ich kenne Stalin, kenne seine Methoden, weiß, wie ihm beizukommen ist, weiß genau, was zu tun ist – und ich sitze hier und spiele Préférence!"[48]

Wie sollte er auch begreifen, was vor sich ging, wenn nicht einmal seine deutschen Freunde den Dschungel der Machtkämpfe durchschauten. Er sah eine Diktatur, aber sie wirkte grotesk, verglichen mit der Stalins. Er sah einflußreiche Funktionäre, aber sie vertraten gegensätzliche Ansichten. Es gab keine einheitliche Linie, kein System. „Blut und Boden – das ist doch keine Ideologie", meinte Wlassow einmal abschätzig.

Der Sowjetstaat war auf anderen, unverrückbaren Grundlagen gebaut. Er selbst hatte, wie jeder Sowjetbürger, eine harte Schulung durchgemacht, die sein Denken auch dann noch beeinflußte, als er sich vom Kommunismus abgewandt hatte. So vermutete er, wie auch viele andere Russen, in Deutschland ein ideologisches Fundament, das stärker war als der Kommunismus. Daß es gar kein System gab, daß es nicht einmal einen gemeinsamen Plan der führenden Männer gab, daß zwar Hitlers Befehle befolgt wurden, im übrigen aber jede einigermaßen einflußreiche Dienststelle gegen die andere arbeitete, das war für ihn zunächst einfach unfaßlich.

Wlassow äußerte seine Kritik gelegentlich unverblümt: „Ein seltsames Land, in dem über die feindliche Doktrin nichts zu erfahren ist, weil die Gestapo mit ihrem dicken Hintern darauf sitzt. Bei uns gibt es alles zu lesen, aber mit zersetzenden Kommentaren." Ein anderes Mal meinte er: „Eure Ordnung, eure Disziplin gefallen mir, aber euch fehlt die Großzügigkeit. Ihr könnt mir nicht einmal Kleider beschaffen. Wie wollt ihr dann Stalin besiegen!"[49]

Nur langsam erschloß sich ihm die deutsche Wirklichkeit. Dazu trugen häufige Gespräche mit Theodor Krause bei, mit dem Strik-

48 Fröhlich, UB im IfZ, S. 2.
49 Th. Krause, UB im IfZ, S. 1 und Brief an den Autor.

feldt ihn bekannt gemacht hatte. Krause, ein Deutscher aus Petersburg und Referatsleiter in der Presseabteilung des OKW, war einer der Mittler zwischen russischer und deutscher Kultur.

Wlassow war der Ansicht, daß man der „perfekten Ideologie" der Sowjets keine andere Ideologie entgegenzusetzen brauchte. Es sei lediglich erforderlich, das Gegenteil von dem zu vertreten, was das Sowjetregime verkörpert: Gerechtigkeit, Privateigentum, Sicherheit der Person, keine Unterdrückung, kurz das, was das Volk ersehnt. Der Nationalsozialismus war weder erwünscht noch geeignet, zumal Wlassow erkannte, daß er im Grunde nur Machtstreben, Gewalt und Unterdrückung der anderen bedeutete.

So wandelte sich bei ihm wie auch bei den anderen Russen die ursprüngliche Hochachtung vor der deutschen Organisation, der deutschen Leistung, die Bereitschaft zu ehrlicher Freundschaft und zum gemeinsamen Kampf immer stärker in Abneigung, Enttäuschung, in ein unwilliges Benutzen der deutschen Mittel, weil niemand anderes den Kampf gegen Stalin führte. Hinzu kam, daß Wlassow einen manchmal wirklichkeitsfremden Gerechtigkeitsanspruch vertrat, der immer wieder schwer enttäuscht wurde.

Ostverbände an die Westfront

Im September 1943 trat ein Ereignis ein, das zunächst alles zu zerstören drohte, was bisher aufgebaut worden war.

Am 15. September wurde General Hellmich zu Zeitzler befohlen, der ihm eröffnete, einige Ostbataillone seien übergelaufen. Der Führer habe daraufhin befohlen, alle Freiwilligenverbände zu entwaffnen, als erste Rate 80 000 Mann, die in die Kohlengruben nach Frankreich gebracht werden sollten. Vollzugsmeldung sei innerhalb von 48 Stunden zu erstatten. Hellmichs Einwand, daß ihm nichts von einem solchen Fall bekannt sei, daß vielmehr die Unzuverlässigkeitsquote trotz der schweren Rückzugskämpfe nicht mehr als ein Prozent betrage, ließ Zeitzler nicht gelten. Ein Führerbefehl sei erteilt. Er habe es satt, sich wegen der verdammten Freiwilligen immer wieder abkanzeln zu lassen.

Vom Stabe Hellmich wurden nun in fieberhafter Eile Unterlagen über die tatsächlichen Vorgänge beschafft. Es stellte sich heraus, daß bei der Heeresgruppe Nord keinerlei Anzeichen von Unzuverlässigkeit der Ostfreiwilligen vorlagen. Das galt auch für die Heeresgruppe Süd. Dort hatten sich sogar einige Einheiten besonders bewährt. Nur am Südflügel der Heeresgruppe Mitte waren ein Kosakenbataillon und Teile eines Baubataillons übergelaufen. Beide Einheiten waren mangelhaft ausgerüstet vor kaum zu lösende Aufgaben gestellt worden. Von einer allgemeinen Unzuverlässigkeit konnte trotz der ungeheuren Belastungen des Rückzuges nicht die Rede sein. Offensichtlich hatte Hitler in seiner Wut über die schlechte Frontlage einen Sündenbock gesucht.

Hellmich bat Herre[50], mit einem detaillierten Bericht zu Zeitzler zu fahren. Die Ausführung des unsinnigen Befehls sollte nach Möglichkeit verhindert werden. Er selbst fühlte sich solchen Aufgaben nicht gewachsen. Er war Soldat, gewohnt, Befehlen zu gehorchen. Politische Verhandlungen, Widerspruch Vorgesetzten gegenüber, lagen ihm nicht.

Herre brachte Zeitzler die Beweise, daß insgesamt nicht mehr als 1 300 Freiwillige und Hiwis übergelaufen waren, also nur 0,17 Prozent der auf deutscher Seite erfaßten Freiwilligen. Er wies darauf hin, daß die Entwaffnung von 80 000 Mann katastrophale Folgen haben müßte, von denen man sich im Führerhauptquartier anscheinend keine Vorstellung machen könne. Die Entwaffnung wäre für die Russen eine Entehrung, der Einsatz in den Bergwerken eine demütigende Strafe. Sie hätten sich freiwillig zum Kampf gemeldet und tapfer und einwandfrei gehalten.

Die Entwaffnung werde gerade das zur Folge haben, was ihnen jetzt fälschlicherweise zur Last gelegt wurde: Unzuverlässigkeit. Außerdem wären unübersehbare Auswirkungen auf die Haltung der 6 Millionen Ostarbeiter unvermeidlich.

Zeitzler lenkte schließlich ein, erklärte aber, Hitlers Weisung müsse bis zur äußersten Grenze des Möglichen entsprochen werden. Als er von Herre hörte, daß die äußerste Grenze 3 000 – 5 000 Mann seien und auch da schon die Auswahl mehr als schwierig

---

50 Oberstleutnant i. G., von Fremde Heere Ost als Chef des Stabes zum Stabe Hellmich versetzt.

wäre, fuhr er auf: „Sind Sie wahnsinnig? Glauben Sie im Ernst, daß der Führer sich auf so etwas einlassen wird[51]?"

Herre erwiderte, der Führer *müsse* sich darauf einlassen. Alles andere werde zur Katastrophe führen.

Schließlich erklärte Zeitzler sich bereit, Hitler noch einmal Vortrag zu halten, verlangte jedoch zuvor eine Liste jener Verbände, deren Entwaffnung nach Ansicht des Generals der Osttruppen keinen grundsätzlichen Schaden anrichten werde.

Drei Tage später fiel die Entscheidung. Hitler erklärte sich widerstrebend damit einverstanden, daß nur die von Hellmich genannten Verbände entwaffnet werden sollten. Das schien ein Sieg der Vernunft zu sein. Aber kurz darauf wurde das Gegenteil bewiesen. Das Führerhauptquartier gab Befehl, alle Freiwilligenverbände an die Westfront zu verlegen.

Daß diese Freiwilligen um das Schicksal ihrer Heimat kämpfen wollten, daß sie keine Landsknechte waren, denen es gleichgültig war, gegen wen sie kämpften, wurde skrupellos ignoriert. Sollte es nicht zu Revolten kommen, mußte eine einigermaßen plausible Motivierung gefunden werden, aber auch daran war im Führerhauptquartier kein Gedanke verschwendet worden.

Zur gleichen Zeit bewies ein Zwischenfall, wie fragwürdig selbst die Auswahl der 5 000 angeblich unzuverlässigen Freiwilligen gewesen war:

Strugi Krasnye, ein kleines Städtchen an der Bahnlinie Luga – Gatschina, in dem 70 Deutsche stationiert waren, wurde von 600 – 700 Partisanen angegriffen. Die Lage war hoffnungslos, die Hälfte der deutschen Besatzung war schon gefallen. Da gelang es dem Einheitsführer, sich zu dem einige Kilometer von der Stadt entfernten Bahnhof durchzuschlagen, wo ein Transportzug mit einem kurz zuvor wegen „Unzuverlässigkeit" entwaffneten Turkbataillon stand. Der Einheitsführer bewaffnete das Bataillon aus einem in der Nähe des Bahnhofs befindlichen Waffenlager, führte es in den Rücken der Partisanen und kämpfte sie nieder. Mehr als 100 Partisanen fielen[52].

51 H. Herre, Tagebuch.
52 G. Klein, Dolmetscher bei der Abt. VII des rückwärtigen Heeresgebietes Nord, I Nr. 29.

Nur wenige Verbände, die der SS unterstellt waren, wurden von der Verlegung ausgenommen. So die Brigade Kaminski, die nach dem Rückzug aus Lokotj im Raume Lepel gegen Partisanen eingesetzt worden war.

Kaminski hatte auch dort wieder versucht, ein Selbstverwaltungsgebiet zu organisieren, aber es war nicht mehr die engere Heimat, und die Versicherung der deutschen Stellen, sie würden bald zurückkehren, verlor von Tag zu Tag an Glaubwürdigkeit. So begann langsam die Demoralisierung.

Auch eine Kosakendivision, deren Aufstellung Stauffenberg schon Ende April durchgesetzt hatte, wurde nicht an die Westfront, sondern nach Jugoslawien verlegt, wo sie gegen Titos Partisanen kämpfen sollte. Den Kern der Division bildete das Regiment Kononow aus Mogilew, ein Regiment des Oberstleutnants Jungschulz, das im Sommer 1942 mehrfach im Raume Mosdok-Atschikulak an vorderster Front eingesetzt worden war, sowie eine Abteilung unter Führung des Oberstleutnants von Wolff aus der Gegend von Poltawa.

Kommandeur wurde der Oberst und spätere Generalleutnant von Pannwitz, ein Mann von hervorragenden militärischen und menschlichen Qualitäten, dem es bald gelang, das Vertrauen der Kosaken zu gewinnen.

Im September war die Ausbildung beendet. Zwei Wochen später wurde die Division bereits in Kroatien eingesetzt.

In Jugoslawien befand sich schon eine andere russische Einheit, das „Russische Schutzkorps" unter dem General Steifon, in Stärke von 15 000 Mann. Das Korps setzte sich ausschließlich aus russischen Emigranten aus der Zeit des ersten Weltkrieges zusammen, die sich freiwillig gemeldet hatten, um an der Ostfront eingesetzt zu werden. Genehmigt wurde jedoch nur der Einsatz in Serbien gegen Tito.

Die Kosaken genossen eine gewisse Ausnahmestellung, weil Rosenberg für sie ein autonomes Gebiet, „Kasakien", vorgesehen und eine Kosakenverwaltung unter dem greisen zaristischen General Krassnow genehmigt hatte. Daher waren an vielen Orten Kosakeneinheiten gebildet worden, zumal Zehntausende von Kosaken den deutschen Rückzug mitgemacht hatten und mit ihren Familien in riesigen Trecks nach Westen gezogen waren. Der größte Treck wurde von Ataman Sergei Pawlow geführt, der nach dem Abzug der Roten Armee aus eigener Initiative eine Kosakeneinheit aufgestellt und eine Versammlung von Vertretern der einzelnen Kosakendörfer, der „Stanitzen", in Nowotscherkassk einberufen hatte. Sie hatte beschlossen, den Deutschen die Aufstellung einer großen Kosakenarmee anzubieten.

Diesem Treck, der nach Pawlows Tod von General Domanow geführt wurde, gehörten 15 000 Personen an, davon waren die Hälfte Waffenträger. Er wurde nach monatelangen Märschen schließlich in den Raum Tolmezzo in Norditalien gelenkt.

Ein Lehr- und Ersatzregiment für die Kosakendivison Pannwitz wurde in Mochowo in Stärke von 10 000 – 15 000 Mann gebildet. Kommandeur war der frühere zaristische General Schkuro, ein legendärer Held des Bürgerkrieges, dem der englische König den „Order of the Bath" verliehen hatte.

Ende September fand eine Begegnung zwischen Krassnow und Wlassow statt, die jedoch, da Wlassow die Hände immer noch gebunden waren, ohne praktische Ergebnisse bleiben mußte. Krassnow erklärte sich bereit, mit Wlassow zusammenzuarbeiten, lehnte jedoch eine Unterstellung ab. Auf diesem Standpunkt verharrte er bis zuletzt, obgleich die Masse der Kosaken den Wunsch hatte, in eine große Befreiungsarmee eingegliedert zu werden[53].

War der Einsatz der Kosaken auch so geregelt, daß es keine Meutereien gegen eine Verlegung von der Ostfront gab, so stellte sich doch schnell heraus, daß die russischen Freiwilligeneinheiten keineswegs gewillt waren, den deutschen Befehlen ohne weiteres Folge zu leisten. In immer dringenderer Form verlangten sie, Wlassow zu sehen. Mit Widersetzlichkeiten und Meutereien mußte gerechnet werden.

In dieser Situation entsann sich auch Generaloberst Jodl Wlassows, der ja von der Wehrmacht „wie ein rohes Ei gehütet worden ist".

53 Über die Haltung der Kosaken während des Ostfeldzuges und das Kosakenkorps Pannwitz berichten: H. D. v. Kalben: Zur Geschichte des XV. Kosaken-Kavallerie-Korps, Deutsches Soldaten-Jahrbuch, 1963/64/65, E. Kern: General von Pannwitz und seine Kosaken, Plesseverlag, Göttingen 1964, K. Tscherkassow: a.a.O., H. Stöckl: Die Entstehung des Kosakentums, Historische Zeitschrift, 1953.

Jetzt könne Wlassow beweisen, ob er wirklich den Einfluß ausübe, von dem dauernd geredet werde. Er erwarte, daß Wlassow einen offenen Brief veröffentliche, in dem er den Verbänden erkläre, daß die Verlegung notwendig sei.

Strikfeldt weigerte sich zunächst, Wlassow auch dies noch zuzumuten. Ohnehin befand sich Wlassow in einem Zustand der Empörung und Verzweiflung. Jetzt war endgültig klar, daß die deutsche Führung nie etwas anderes gewünscht hatte als Landsknechte. Er erklärte, er werde Wege finden, dieses Vorgehen öffentlich zu brandmarken. Er wünsche als Gefangener in ein Lager zurückgebracht zu werden.

Strikfeldt hatte Tage gebraucht, um Wlassow zu beruhigen. Er wies darauf hin, daß jeder neue Zwischenfall bei der Mentalität Hitlers die Entwaffnung der Freiwilligenverbände zur Folge haben könnte. So aber werde wenigstens die Substanz gerettet. Inzwischen werde die verschlechterte Frontlage vielleicht doch eine Änderung der Einstellung Hitlers erzwingen.

Von Grote entwarf schließlich einen offenen Brief, in dem die Verlegung als eine durch die Frontlage bedingte temporäre Maßnahme bezeichnet wurde, um in Ruhe die Aufstellung einer Befreiungsarmee vorzubereiten. Ob Jodl mit dieser Fassung einverstanden sein würde, war äußerst fraglich. Aber das Unerwartete geschah — Jodl gab seine Zustimmung.

Das bewirkte eine überraschende Besserung der Stimmung Wlassows. Er war der Auffassung, wenn Jodl den offenen Brief genehmigt habe, dann habe er damit auch die darin angekündigte Aufstellung einer Befreiungsarmee genehmigt. Daß einer der höchsten deutschen Offiziere sich bewußt einer Unredlichkeit schuldig machen würde, das hielt Wlassow trotz aller bösen Erfahrungen nicht für möglich. Die deutschen Offiziere um Wlassow ließen ihn in diesem Glauben[54]. Sie waren der Meinung, alles tun zu müssen, um Wlassow und das Potential der Osttruppen für den vielleicht doch eines Tages möglichen Einsatz zu bewahren.

Strikfeldt beantragte, Wlassow den Besuch der Einheiten zu genehmigen. Aber Jodl lehnte ab, und die Begründung offenbarte seine Einstellung. Er schrieb an den Rand des Antrages: „Nein.

54 W. Strik-Strikfeldt, Brief an den Autor.

Zweck mit ‚Offenem Brief' erfüllt. Habe nicht die Absicht, den Irrtum mit den Dabendorf-Propagandisten hundertfach potenziert zu wiederholen. Dabendorf ein deutschfeindliches Nest. Es sollte aufgelöst werden."

Deutschfeindlich war die Einstellung in Dabendorf nicht, wohl aber war der Gegensatz zum Nationalsozialismus offenkundig. Nach allem was geschehen war, wäre eine andere Haltung kaum verständlich gewesen. Sie war die Reaktion auf die Einstellung der deutschen Führung.

Wie anmaßend und verblendet diese Einstellung noch immer war, ergab eine Ansprache Himmlers am 14. Oktober 1943 in Bad Schachen vor höheren Offizieren der Waffen-SS und des Heeres. Himmler sagte unter anderem: „Man hat sehr große Hoffnungen auf diesen General Wlassow gesetzt. Die Hoffnung war nicht so begründet, wie manche das annahmen. Ich glaube, wir sind hier von einer falschen Beurteilung des Slawen ausgegangen. Jeder Slawe, jeder russische General wird, wenn wir ihn zum Reden bringen, indem wir an seine Eitelkeit appellieren, in einer für uns Deutsche geradezu sagenhaften Form zu plaudern beginnen ...

Herr Wlassow hat dann — und das hat mich so ungeheuer erstaunt — in Deutschland selbst Propaganda gemacht und hat in einer, wie ich schon sagen muß, manchmal geradezu grotesken Form uns Deutschen Vorträge gehalten. Und hierin sah ich den großen Schaden. Wir können nach außen hin Propaganda machen und an Mitteln verwenden, was wir wollen ... Jedes Mittel, das diese wilden Völker uns zu Diensten bringt und dazu führt, daß ein Russe stirbt statt eines Deutschen, ist recht. Das ist vor Gott und vor den Menschen recht und zu verantworten. Es ist aber hier, ohne daß wir es wollten, eines geschehen: Herr Wlassow hat mit der Überheblichkeit, die dem Russen, dem Slawen eigen ist, zu erzählen begonnen. Er hat erzählt: Deutschland hat Rußland noch nie besiegen können, Rußland kann nur von Russen besiegt werden.

Sehen Sie, meine Herren, dieser Satz ist lebensgefährlich ...

Das Morgen-, Mittag- und Abendgebet der deutschen Armee muß sein: Wir sind jedem Feind auf dieser Welt überlegen. Wenn dann so ein Russe kommt, so ein hergelaufener — vorgestern vielleicht noch Schlächtergeselle und gestern von Herrn Stalin zum General gemacht —, der mit der Überheblichkeit des Slawen nun

Vorträge hält und dann den Satz einschiebt, daß Rußland nur von den Russen besiegt werden kann, dann muß ich schon etwas sagen: Allein mit diesem Satz zeigt ja der Mann, was für ein Schwein er ist ...

Alles, was wir jetzt während des kommenden Winters werden erleiden müssen, während dessen wir sicherlich weitere zwei oder drei Millionen Russen werden erschlagen und abschlachten müssen – alle diese Dinge sind nur vorübergehende Phasen ...

Für uns bedeutet das Ende dieses Krieges den freien Weg nach dem Osten, die Schaffung des Germanischen Reiches ... Das bedeutet, daß wir die deutschen Volkstumsgrenzen um 500 Kilometer nach Osten hinausschieben.

Das, meine Herren, bedeutet der Friede, das bedeutet das Ende dieses Krieges, diese wunderbare Zukunft, an die wir denken wollen[55]."

Drei Tage später war diese Rede Himmlers am Kiebitzweg bekannt. Im allgemeinen pflegte Strikfeldt offen alle Schwierigkeiten mit Wlassow zu besprechen. In diesem Fall hätte er es lieber gesehen, wenn dieses Erzeugnis nationalsozialistischer Anmaßung nicht den Weg zu ihm gefunden hätte.

Wlassow war in diesen Wochen der Enttäuschung und Verbitterung mehrmals nahe daran gewesen, alles aufzugeben. In langen Gesprächen mit Malyschkin, Truchin, Shilenkow und Sykow hatte sich jedoch schließlich die Auffassung durchgesetzt, daß sie um der Freiwilligen, Kriegsgefangenen und Ostarbeiter willen weiter mitmachen müßten. In zunehmendem Maße hatten sich Möglichkeiten ergeben, Mißstände zu beseitigen und Erleichterungen durchzusetzen. Hierbei spielte Dabendorf eine immer größere Rolle. Die Absolventen der Kurse meldeten aus den Gefangenen- und Arbeitslagern ihre Eindrücke, so daß Wlassow über die Vorgänge informiert war und Mißstände über Grote und Strikfeldt wenn auch nicht immer beseitigt, so doch gemindert werden konnten.

Ein eigener, halblegaler Nachrichtendienst hatte sich gebildet, der die Zentrale auch über Vorgänge in den russischen Freiwilligenverbänden und in den besetzten Ostgebieten unterrichtete.

---

55 Text zitiert bei J. Thorwald, a.a.O., S. 304.

Eine Aufkündigung der Zusammenarbeit mit dem unehrlichen deutschen Bundesgenossen hätte nicht nur alles bisher Erreichte in Frage gestellt, sondern auch das Ende der Befreiungsbewegung bedeutet. Erstaunlicherweise war eine russische Befreiungsbewegung mit politischem Eigengewicht gegen den Willen der deutschen Führung und trotz aller Behinderungen Tatsache geworden. Den Kern bildeten die Absolventen Dabendorfs, sieben ehemalige Sowjetgeneräle, 60 Obersten und mehrere tausend Offiziere, Wissenschaftler, Ingenieure und Angehörige anderer akademischer Berufe. Ihre politischen Ansichten waren unterschiedlich, aber alle wollten Rußland vom Stalin-Regime befreien.

In dieser Zeit wurde in Dabendorf ein Merkbuch für Angehörige der ROA gedruckt, das Sätze wie die folgenden enthielt:

„Die ROA ist in erster Linie eine russische Armee, das heißt eine nationale, der Art, dem Ziele und dem Geiste nach.

Hauptziel ihres Kampfes ist die Schaffung eines nationalen russischen Staates.

Sie ist eine Befreiungsarmee, die das Volk vom herrschenden Regime befreien will. Sie will jedoch nicht die vorrevolutionären Zustände wiederherstellen, sondern ein neues Rußland auf neuen Prinzipien aufbauen. Sie ist nicht nur Kampfinstrument, sondern auch eine politische Macht, ein Teil der Befreiungsbewegung der Völker Rußlands[56]."

Wlassow und seine Anhänger hofften, daß ihre Freunde in der Wehrmacht sich durchsetzen würden. Sie stellten auch einen Sturz Hitlers in Rechnung, und sie begannen an Kontakte mit den Westmächten zu denken.

Es wurde auch darüber diskutiert, was geschehen werde, wenn Hitler zwar unter dem Druck der Frontlage Wlassow freie Hand lassen, nach einem Sturz des Stalin-Regimes aber seine Expansionspläne weiterverfolgen würde. Man war sich im klaren darüber, daß dann ein Konflikt mit Deutschland unvermeidbar sein würde, aber man rechnete in einem solchen Fall mit der Unterstützung der Westmächte. Wenn diese ein kommunistisches Rußland gegen Hitler unterstützt hatten, würden sie ein nichtkommunisti-

56 Die Publikation: Woin ROA, Etika, Oblik, Powedenije, Verlag der Propagandaschule der ROA, 1944, liegt dem Autor vor.

sches erst recht unterstützen. Der Sturz Hitlers schien ihnen in jedem Fall unausweichlich.

Das Jahr 1943 und das Jahr 1944 bis zum Juni wurden eine Zeit vergeblichen Wartens auf Entscheidungen, die nicht fielen. Dennoch wurde einiges erreicht.

Zwanzig neue Kriegslazarette für die Freiwilligen wurden geschaffen. Eine russische Schwesternschaft mit eigener Schwesterntracht und eigenen Schulen entstand. Urlaubsheime, Invalidenheime, Umschulungslager, Bibliotheken wurden genehmigt, und das Recht auf Verleihung des Eisernen Kreuzes wurde zugestanden. Bei allen größeren Fronteinheiten gab es russische Propagandatrupps, die auch weibliche Propagandisten einsetzten[57].

General Köstring hatte zu diesen Erfolgen nicht wenig beigetragen. Er war am 1. Januar 1944 an Stelle Hellmichs General der Freiwilligenverbände geworden. Köstring war in Moskau aufgewachsen, sprach Russisch und hatte als Militärattaché in Moskau gewirkt. Er sah die Fehler der Ostpolitik, glaubte jedoch nicht mehr an eine mögliche Wende. Dennoch setzte er sich dafür ein, die nationalen Bestrebungen der Russen zu stärken.

Indessen wurde der Gedanke einer russischen Befreiungsbewegung auch bei zahlreichen Deutschen immer populärer. Viele fanden den Weg zu Wlassow, und es fehlte nicht an' — wenn auch vergeblichen — Bemühungen, in seinem Sinne etwas zu tun.

Ein stets willkommener Gast im Haus am Kiebitzweg war Oberst von Freytag-Loringhoven, Ic der Heeresgruppe B, der Wlassow neue Hoffnungen machte, indem er andeutete, daß sich in absehbarer Zeit einiges ändern werde. Er konnte sich ohne Dolmetscher mit Wlassow unterhalten und sprach daher offener mit ihm, als es sonst vielleicht der Fall gewesen wäre. Was er mit seinen Andeutungen gemeint hatte, wurde offenbar, als er sich unmittelbar nach der gescheiterten Verschwörung des 20. Juli das Leben nahm.

57 Ein zwar subjektives, aber doch instruktives Bild des Propagandaeinsatzes von Frauen gibt Maria de Semth: Roter Kaviar, Hauptmann Maria, Verlag Welsermühl, Wels 1965.

Alkohol und Verzweiflung

Trotz aller Besuche und Sympathiebeweise zehrte diese Zeit des sinnlosen Wartens an der Widerstandskraft Wlassows. Er trank, doch war er nie betrunken, er verbrachte die Abende beim Kartenspiel. Malyschkin und Kromiadi, der nach der Rückkehr aus Pskow an Stelle Kalugins Kanzleichef Wlassows geworden war, leisteten ihm Gesellschaft.

Vor Fremden verbarg er seine Unruhe. Immer noch vermochte er Ruhe und Überzeugungskraft auszustrahlen. Immer noch wirkte sein natürlicher Charme, den er bewußt einzusetzen verstand.

In Gesellschaft von Freunden war er fröhlich und heiter, aber neben dieser flüchtigen Heiterkeit des Augenblicks wuchs immer drohender und düsterer die Hoffnungslosigkeit, die Wahrscheinlichkeit des „Zu spät". Anläßlich eines Besuches bei Frau Wiedemann sagte er dem russischen Dienstmädchen: „Wenn du heimkommst, Nadja, vergiß mich nicht, erzähl deinen Freunden, daß wir es gut gemeint haben mit unserem Volk[58]."

Im Frühjahr 1944 erschien unerwartet Maria in Berlin. Wlassow hatte sich seit langem erfolglos bemüht, ihren Aufenthaltsort ausfindig zu machen. Nun hatte sie sich in Riga bei Fröhlich gemeldet, der seinen Urlaub dort verbrachte. Sie übernahm die Leitung des kleinen, frauenlosen Haushaltes. Über ihren Aufenthalt in der Zwischenzeit gab sie nur spärliche Auskünfte.

Einige Tage nach ihrer Ankunft gestand sie Wlassow, daß sie von Partisanen in Litauen den Auftrag erhalten habe, ihn zu vergiften.

In dieser Zeit lernte Wlassow zwei Männer kennen, die zu seinen treuesten Mitarbeitern wurden: Oberst Meandrow und Oberst Malzew. Meandrow war ein ruhiger, ernster Mann, ein fanatischer Nationalist; Malzew impulsiv, schnell, ein glänzender Redner. Er war im Jahre 1938 Befehlshaber der Luftflotte Mittelasien gewesen, hatte nach der Tuchatschewski-Affäre zwei Jahre im Gefängnis zugebracht und war als Direktor eines Luftwaffenlazaretts freiwillig in Jalta geblieben, als die deutschen Truppen die Krim eroberten. Mit Genehmigung der deutschen Luftwaffe hatte er mit

---

58 M. Wiedemann, Brief an den Autor.

138

russischen Fliegern eine Oststaffel aufgestellt, die Propagandamaterial und Agenten hinter den russischen Linien absetzte. Daneben besuchte er Arbeits- und Kriegsgefangenenlager und warb für die Befreiungsbewegung. Zumeist begleiteten ihn zwei seiner Offiziere, Antelewski und Bytschow, beide „Helden der Sowjetunion" und fanatische Gegner Stalins.

Die Kosaken

Im Frühjahr 1944 besuchte der Kosakengeneral Schkuro Wlassow. Sie erörterten die Unterstellung des Kosakenverbandes Pannwitz unter Wlassow, sobald die Aufstellung einer russischen Befreiungsarmee möglich sein würde.

Beide waren sich einig, daß die Führung der Kosakenverbände kein einstiger General des Zaren übernehmen dürfe, weil damit der Sowjetpropaganda die willkommene Parole geliefert würde, die Befreiungsarmee wolle die vorrevolutionären Zustände wiederherstellen.

Schkuro fühlte sich wie die meisten Kosaken als Russe und empfand das geplante „Kasakien" Rosenbergs als Witz. Über Schkuro stellte Wlassow die Verbindung zu Kononow wieder her, den er seit seinem Besuch in Mogilew nicht mehr gesehen hatte. Im Juni 1944 wurde die Division Pannwitz zu einem Korps, dem XV. Kosakenkorps, erweitert und erreichte eine Stärke von mehr als 20 000 Mann. Im Juli besuchte Pannwitz den SS-Obergruppenführer Berger, den Chef des SS-Hauptamts. Um mehr Waffen zu erhalten und sich besser gegen die ständigen Querelen der örtlichen Polizei- und Verwaltungsführer durchsetzen zu können, schlug er vor, das Kosakenkorps nominell der SS zu unterstellen. Berger war damit einverstanden. Die deutschen Offiziere blieben Angehörige der Wehrmacht. Die Uniformen der Einheit wurden nicht geändert.

Wlassow erfuhr auch von der Entwicklung in Weißrußland, wo Anfang 1944 die Konstituierung einer weißruthenischen Rada, eines Parlaments in Minsk, genehmigt worden war, Präsident der Rada war Professor Ostrowski.

Die Rada hatte einen Aufruf zur Bildung einer Landesarmee erlassen, und obgleich ein deutscher Sieg kaum noch zu erwarten war, hatten sich rund 30 000 Mann freiwillig gemeldet. Auch in Weißruthenien wurde auf eine Unterstützung durch die Westmächte nach dem Ende des Nationalsozialismus gehofft. Es wurde sogar für möglich gehalten, daß die Wehrmacht, die die Bevölkerung der besetzten Gebiete unterstützt hatte, Hitler stürzen und gemeinsam mit den Westmächten gegen Stalin vorgehen werde[59].

Im Januar 1944 hatten schließlich 72 Freiwilligenbataillone Frankreich erreicht. Da Wlassow ein Besuch der Einheiten nicht gestattet wurde, fuhr Shilenkow in Begleitung Fröhlichs nach Frankreich. Er stellte fest, daß die Lage der Ostverbände alles andere als gut war. Die meisten deutschen Verbindungsoffiziere ebenso wie die Regimentskommandeure, denen die Bataillone zugeteilt waren, hatten noch nie mit Ostfreiwilligen zu tun gehabt und waren nie im Osten eingesetzt gewesen. Dementsprechend war ihre Einstellung zu den Freiwilligenverbänden. Zudem waren diese Einheiten, die Hitler in Rußland für zu unsicher hielt, um sie im rückwärtigen Gebiet einzusetzen, hier am Atlantikwall zum Fronteinsatz bestimmt.

Dank den Bemühungen des Ia des Kommandeurs der Freiwilligenverbände beim Oberbefehlshaber West, Major Hansen, konnte einiges gebessert werden. Doch blieb die Lage weiterhin verworren. Allein die Hoffnung, daß es doch noch zur Aufstellung einer russischen Befreiungsarmee kommen werde, hielt die Leute zusammen[60].

Zur gleichen Zeit besuchte General Truchin die Einheiten an der italienischen Front. Rittmeister von Dellingshausen und sein Adjutant Romaschkin begleiteten ihn. Die Reise wurde auf Wunsch des Generalfeldmarschalls Kesselring unternommen, weil einige Russen übergelaufen waren und ein Absinken der Kampfmoral beobachtet worden war.

Nach einem Essen bei Kesselring, an dem zwanzig hohe Offiziere teilnahmen, fuhr Truchin nachts im Wagen Kesselrings zu den

59 D. Kosmowitsch, I Nr. 36.
60 Einzelheiten über die Lage der Freiwilligenverbände in Frankreich geben Walther Hansen: Tagebuchaufzeichnungen, IfZ, und S. Fröhlich, I nr. 30.

russischen Bataillonen, die an der Front bei Monte Cassino und Nettuno eingesetzt waren. Es stellte sich heraus, daß die meisten deutschen Bataillonskommandeure kein Wort Russisch konnten. Sie verstanden nicht mit den Russen umzugehen und waren daher unbeliebt. Bewaffnung und Kleidung der russischen Soldaten waren schlechter als die der deutschen Einheiten. Die Russen wollten nicht als Menschen zweiter Klasse behandelt werden. Auch wirkte sich der Zwang, an einer ihnen gleichgültigen Front kämpfen zu müssen, negativ aus. Trotz allem waren insgesamt nicht mehr als 20 Mann übergelaufen.

Das einzige Bataillon, das einen russischsprechenden Kommandeur hatte und wo auch die Kompanie- und Zugführer Russen waren, hatte sich besonders ausgezeichnet.

Truchin hielt Ansprachen, ging auch in die vorderste Linie, vertröstete auf eine baldige Eingliederung in eine große russische Befreiungsarmee und teilte mit, daß ab 1. Mai das diskriminierende Ostabzeichen für die russischen Arbeiter im Reich abgeschafft worden sei.

In einer abschließenden Aussprache sicherte Kesselring bessere Ausrüstung und Behandlung der Bataillone zu, betonte, daß das Hauptübel das Fehlen einer grundsätzlichen Entscheidung der russischen Frage sei, und versprach, sich in Berlin dafür einzusetzen, daß diese Entscheidung getroffen werde.

Vor der Rückreise wurde Truchin von General von Mackensen in Rom empfangen, der volles Verständnis für die russischen Probleme zeigte[61].

Im Juni erschien Kasanzew im Kiebitzweg. Über ihn erhielt Wlassow wichtige Nachrichten aus den besetzten Gebieten, aber auch über die Verhältnisse in verschiedenen deutschen Dienststellen, in denen NTS-Leute beschäftigt waren.

Die Lage des NTS war immer kritischer geworden. Seit dem Winter 1942/43 hatte er mit einer intensiven deutschfeindlichen Propaganda unter den Russen begonnen. Auch war der Gestapo die Zusammenarbeit des NTS mit den Gegner der amtlichen Ostpolitik in der Wehrmacht verdächtig.

61 E. v. Dellingshausen, Brief an den Autor.

Kasanzew brachte das Angebot Baidalakows, des Leiters des NTS, einen Kontakt zu den Westmächten zu benutzen, den der NTS über einen Schweizer hergestellt hatte.

Wlassow lehnte dieses Angebot ab. Solange die Westmächte Hitler als Feind Nummer Eins betrachteten und Stalin die Hauptlast des Krieges trage, würden sie kaum bereit sein, den Gegnern Stalins Zusicherungen für eine spätere Zeit zu machen, es sei denn, diese schlügen sofort gegen Hitler los, was die Vernichtung der Befreiungsbewegung zur Folge haben müßte. Er hoffe immer noch, daß die Deutschen durch die Entwicklung gezwungen sein würden, eine russische Armee zuzulassen. Dann gäbe es eine Macht, mit der die Deutschen und die Westmächte rechnen müßten. Dann könne man verhandeln, nicht früher[62].

Kurz nach diesem Gespräch gab es neue Alarmsignale für den NTS: Einige seiner Mitglieder wurden ohne plausible Begründung aus ihren Stellungen bei deutschen Dienststellen entlassen. Nur Dr. Poremski, einer der führenden Männer des NTS, erfuhr, worum es ging. Dr. Knüpffer, bei dem er im Ostministerium arbeitete, entließ ihn mit der Motivierung, über kurz oder lang sei mit einer Verhaftung Poremskis zu rechnen. Er wolle nicht, daß das bei ihm geschehe. Er werde jedoch die Entlassung nicht bekanntgeben.

Kurz darauf wurden Hunderte von NTS-Leuten in Gefängnisse und Konzentrationslager eingeliefert. Nur diejenigen blieben verschont, die ihre Mitgliedschaft geheimhalten konnten. Das gelang Saizew, Truchin und auch Kasanzew.

---

62 A. Kasanzew, a.a.O., S. 167 ff.

Zu spät und zu wenig

Die SS schaltet sich ein

Kasanzew bat Wlassow, sich für die Verhafteten einzusetzen, aber Wlassows Möglichkeiten waren gering. Auch durfte er die eigenen Pläne nicht gefährden, die zur Überraschung aller plötzlich von einer Seite unterstützt wurden, an die Wlassow und seine Freunde zuletzt gedacht hatten: von der Waffen-SS und Himmler.

Weder die Waffen-SS noch das ebenfalls Himmler unterstellte Reichssicherheitshauptamt (RSHA) waren die homogene Einheit, als die sie nach außen hin erschienen. Viele der Kommandeure der im Osten eingesetzten SS-Verbände hatten auf Grund ihrer Erfahrungen an der Front und im besetzten Gebiet die Unsinnigkeit der amtlichen Ostpolitik eingesehen, und auch im Reichssicherheitshauptamt, wo man am besten über die Auswirkungen informiert war, gab es Gegner der amtlichen Konzeption.

Der Chef der Geheimen Staatspolizei (Gestapo), Müller, vertrat bedingungslos die offizielle These vom slawischen Untermenschen, aber im Sicherheitsdienst (SD), wo eine Reihe junger Intellektueller Karriere gemacht hatte, gab es manche, die schon auf Grund ihrer umfassenden Kenntnis der tatsächlichen Verhältnisse die Unhaltbarkeit des amtlichen Kurses erkannten. Dazu gehörte der Leiter des Auslandsnachrichtendienstes, Schellenberg, ferner der Leiter des Inlandsnachrichtendienstes, Ohlendorf, der ein krasser Gegner der Methoden des Reichskommissars der Ukraine, Koch, war, die – wie er sagte – Gruppen des Widerstandes und der Empörung schufen, wie sie der Feind nicht besser organisieren könne. Ohlendorf war es auch, der schärfste Kritik an innenpolitischen Maßnahmen übte, vor allem an der Methode Hitlers, neue Aufgaben nicht bereits bestehenden Organisationen zu übertragen, sondern Sonderbeauftragte zu ernennen, was dazu führte, daß unzählige Dienststellen mit zum großen Teil ungeeigneten Leuten neben- und gegeneinander arbeiteten und die Funktionsfähigkeit des Staatsapparates lähmten. Im Grunde war das nur noch die Karikatur einer totalitären Herrschaft[1].

Auch unter SS-Sturmbann- und -Hauptsturmführern gab es schon seit Beginn des Krieges in allen Ämtern Gegner der Ostpolitik, die in ihrem Rahmen stetig auf die Entwicklung Einfluß zu gewinnen suchten. Wenn sie auch keine Entscheidungsgewalt besaßen, so wurden sie doch allmählich zu einem politischen Faktor, dessen Einfluß sich immer mehr auswirkte.

Es gab Idealisten unter ihnen, die keine Alternative zur Partei gefunden hatten und nun schwer unter der Entwicklung litten. Obgleich der SD offiziell gegen Parteiinstitutionen nachrichtendienstlich nicht arbeiten durfte — hier endete die Macht Himmlers —, war er doch sehr genau über Korruption, Unfähigkeit und Größenwahn der meisten Parteiführer informiert.

Alle diese Leute hatten ausreichend „Reichsroutine", um zu wissen, wo und in welcher Form angesetzt werden konnte. Es war ihnen durchaus bewußt, daß das Ziel, wenn überhaupt, nur auf Umwegen und unter Geheimhaltung der wahren Absicht erreicht werden konnte. Forderungen konnten nur als reine Zweckmäßigkeitserwägungen im Interesse der deutschen Kriegführung, des deutschen „Endsieges" vorgebracht werden. Jedes direkte Vorgehen mußte scheitern, weil es an Grundsatzfragen des Nationalsozialismus rührte und mit Hitlers Kriegszielen nicht vereinbar war. Außerdem war es lebensgefährlich.

Innerhalb des SD war besonders vom Amt III B, Abteilung III b des Inlandsnachrichtendienstes unter SS-Standartenführer Ehlich, zu dessen Aufgabenkreis Volkstumsfragen in den besetzten Gebieten und Probleme der ausländischen Arbeiter im Reich gehörten, wiederholt über die Fehlentwicklung der deutschen Ostpolitik berichtet worden. Diese Tätigkeit wurde intensiviert, als Ende 1943 SS-Sturmbannführer Dr. Buchardt zum Leiter des Referats III b 2 ernannt wurde, das für den politischen Nachrichtendienst in bezug auf die Ostvölker im damaligen deutschen Machtbereich zuständig war.

1 F. Kersten: Totenkopf und Treue, Mölich-Verlag, Hamburg 1953, S. 247.

Buchardt war Balte, sprach Russisch und hatte bei verschiedenen Einsätzen im Gebiet der Heeresgruppe Mitte Gelegenheit gehabt, Erfahrungen zu sammeln. Schon von dort aus hatte er darauf hingewiesen, daß ohne tragende Idee keine Erfolge zu erzielen seien und daß der Name Wlassow bei Überläufern, Kriegsgefangenen, aber auch bei der Zivilbevölkerung viel mehr bedeute, als man amtlich wahrhaben wolle.

Bei Übernahme des Amtes wurde Buchardt von Ohlendorf zugesichert, daß er sich, mit der gebotenen Vorsicht, auch für neue Wege auf dem Gebiet der Ostpolitik einsetzen dürfe. Auch durfte er baltische Landsleute als Mitarbeiter nachziehen.

Da in fast allen Dienststellen im Osten Balten wegen ihrer Sprachkenntnisse verwandt wurden, von denen viele Kontakt zu Buchardt hatten, bildete sich ein Kreis Gleichgesinnter, deren Anlauf- und Meldestelle das Amt Buchardts wurde.

Zur Untermauerung der eigenen Vorschläge dienten Berichte, die aus diesem Kreise kamen und die alle darauf hinwiesen, daß politische Entscheidungen unerläßlich waren. Es kam nun darauf an, eine Person mit genügend Macht und Einfluß zu gewinnen, die eine wie auch immer geartete Genehmigung Hitlers erreichen konnte. Waren Befreiungsbewegung und -armee, gleich unter welchem Motto, genehmigt, dann würde eine Dynamik ausgelöst, die ein „Zurück" unmöglich machen mußte.

Eindeutige Gegner aller nationalen Bestrebungen der Russen waren nach wie vor die Parteiführung mit dem Reichsleiter Bormann an der Spitze, die Geheime Staatspolizei, Rosenberg und die von ihm unterstützten Nationalitätengruppen, die jede Unterstützung Wlassows als „Verrat der Deutschen" bezeichneten, ferner diejenigen, die zwar dafür eintraten, die Russen besser zu behandeln, aber den Weg für eine Verständigung mit Stalin, wie 1939, freihalten wollten. Aus diesem Grunde waren auch die Japaner gegen eine Wlassow-Aktion und versuchten, sie mit allen Mitteln zu verhindern. Das ging so weit, daß sie Himmler Fotos zuspielten, die ihn gegen Wlassow einnehmen sollten[2].

2 Friedrich Buchardt: Die Behandlung des russischen Problems durch das nationalsozialistische Regime, UM, 1946, S. 231.

Schon im Februar 1944 hatte der japanische Botschafter Oshima einen Separatfrieden mit der Sowjetunion vorgeschlagen. Sein Vorschlag war jedoch von Himmler torpediert worden[3].

Auch Himmler war ein Feind Wlassows, aber dennoch schienen gerade bei ihm gewisse Ansatzpunkte gegeben zu sein. Obwohl er nach außen die Ostkonzeption Hitlers bedingungslos vertrat, hatte er sich doch auch mit Experimenten abgegeben – unter anderem Aufstellung estnischer, lettischer, kaukasischer und auch russischer SS-Verbände –, die auf einen gewissen Zweifel an der Wirksamkeit der amtlichen Ostpolitik hindeuteten. Es konnte versucht werden, ihm die Wlassow-Aktion als eine Art Rückversicherung im Falle einer deutschen Niederlage zu suggerieren. Sein zwielichtiger und schwankender Charakter, seine Neigung, absurden Ideen nachzugehen, ließ eine Einflußnahme nicht ganz aussichtslos erscheinen. So hatte er allen Ernstes verschiedene Ämter veranlaßt, die Frage zu prüfen, ob die Kosaken in Wehrdörfern als Schutzwall gegen Asien am Rande des europäischen Rußland angesiedelt werden könnten. Im Frühjahr 1943 äußerte er die Absicht, bei einem neuen deutschen Vormarsch in Rußland die griechisch-orthodoxe Kirche abzuschaffen, die nur den russischen Nationalismus stärke, und den Buddhismus einzuführen, um die Russen zu „pazifizieren"! Er ordnete an, entsprechende Gutachten auszuarbeiten.

Kurz darauf gab er der Gestapo Anweisung, in den Konzentrationslagern nach „Bibelforschern" zu suchen, die die Wehrkraft der Russen zersetzen und ihren Kampfwillen lähmen sollten[4].

Neue Möglichkeiten ergaben sich, als Himmler einen Russisch sprechenden SD-Offizier anforderte und Buchardt einen Landsmann, den Sturmbannführer von Radecky, namhaft machen konnte. Über ihn wurden Himmler nun laufend geeignete Berichte zugeleitet, aus denen er selbst schließen sollte, daß es so wie bisher nicht weitergehen könne. Aber auch die Gestapo spürte, daß etwas in der Luft lag. Sie stellte eine selbstbewußtere Haltung der Russen fest und erhielt Meldungen über deutschfeindliche Äußerungen. Da das nicht ausreichte, um den Schutz der Wehrmacht zu durchbrechen, wollte sie nun an Hand des politisch-ideologischen Mate-

3 Gottlob Berger, I Nr.37.
4 F. Buchardt, a.a.O., S. 212.

rials gegen Wlassow vorgehen und forderte vom Amt III des SD die Wlassow-Akte zur Auswertung an. Buchardt und Ehlich rieten Ohlendorf, die Akte nicht herauszugeben, weil sie keine polizeiliche, sondern eine nachrichtendienstliche Angelegenheit betreffe. Aber Ohlendorf, obgleich kein Freund des Gestapochefs Müller, kannte Himmlers Einstellung und wollte sich nicht in einen Machtkampf mit der Gestapo einlassen. Die Herausgabe der Akte wurde jedoch unter verschiedenen Vorwänden immer wieder hinausgezögert. Es war ein Wettlauf mit der Zeit, nur Himmler konnte ihn entscheiden.

Über Radecky wurde deshalb ein neuer, grundsätzlicher Bericht an ihn lanciert, in dem die Notwendigkeit einer baldigen politischen Aktion auf dem Gebiete der Ostpolitik folgendermaßen begründet wurde:

1. Rund 700 000 Angehörige der Ostvölker, die als Freiwillige auf deutscher Seite unter Waffen stehen, können auf die Dauer nur dann im Sinne des Reiches zuverlässig bleiben und ihre Kampfkraft nur dann erhalten werden, wenn sie politische Ziele erhalten, für die sie kämpfen wollen. Die nur negative Parole des Kampfes gegen den Bolschewismus allein genügt nicht mehr.

2. Auch Propagandaaktionen, die von Himmler selbst gewünscht werden, können nur dann Erfolg haben, wenn in ihnen solche Ziele genannt sind.

3. Auch die für die Rüstungsindustrie wichtigen Ostarbeiter müssen Ziele haben, damit sie im eigenen Interesse arbeiten. Die bisherigen Zwangsmethoden wirken sich in zunehmendem Maße negativ aus. Die Millionen von Ostarbeitern können leicht zu einem Störungsfaktor in der Wirtschaft werden.

Es wurde empfohlen, Wlassow unverbindlich zu empfangen und seine Vorschläge anzuhören.

Es entbehrt nicht der Tragikomik, daß es ausgerechnet Balten waren, die Himmlers Entscheidung wenn auch nicht herbeiführten, so doch mit vorbereiteten, hatte er doch noch am 4. Oktober 1943 in einer geheimen Rede vor SS-Gruppenführern in Breslau gegen die „Abstämmlinge aus baltischen Provinzen und kleinen Politikaster, die sich mit den Uniformen unserer ehrlichen Wehrmacht tarnen und überall die unehrliche Meinung verbreiten, man könne

Rußland nicht anders als mit Hilfe der Russen selbst besiegen", gewettert[5].

Von seinem Standpunkt aus hatte er recht. Im Gegensatz zu der weit verbreiteten Ansicht, die Balten haßten die Russen, lehnten gerade sie fast ausnahmslos die amtliche Ostpolitik ab und befürworteten ein ehrliches Bündnis mit dem russischen Volk und einem nationalen Rußland. Sie waren Gegner des Kommunismus, aber nicht des russischen Volkes, mit dem sie vieles verband. Das gilt für die Widerstandskämpfer v. Freytag-Loringhoven und v. Roenne ebenso wie für die Nationalsozialisten Kroeger und Buchardt und für die Masse der baltischen Dolmetscher im Offiziersrang, deren Einfluß in den besetzten Gebieten nicht unwesentlich dazu beigetragen hat, die Auswirkungen der nationalsozialistischen Politik zu mildern oder zu paralysieren. Rosenberg und der kleine Kreis um ihn waren Ausnahmen. Die Behauptung, die Balten hätten die Ostkonzeption des Nationalsozialismus wesentlich beeinflußt[6], ist daher eine unzutreffende Verallgemeinerung.

Einzelgänger und politische Amateure

Die entscheidende Wende zugunsten Wlassows erreichte schließlich nicht der SD, sondern ein einzelner im Alleingang, der Standartenführer der Waffen-SS Gunter d'Alquen.

D'Alquen gehörte zu jener Gruppe junger Intellektueller, die schon vor 1933 als einzige Alternative zum aufkommenden Kommunismus den Nationalsozialismus sahen, wobei die Betonung auf dem Wort Sozialismus lag, als Reaktion auf die „Sündenlast des Bürgertums".

5 F. Buchardt, a.a.O., S. 97.
6 Walter Z. Laqueur: Deutschland und Rußland, Propyläen Verlag, Berlin 1965. Vgl. dazu auch H. v. Rimscha: An allem sind die Balten schuld!, Baltische Hefte, 1966, Max. H. Boehm: Alfred Rosenberg − Person und Problem, Baltische Briefe Nr. 12, 1966 und Baltische Einflüsse auf die Anfänge des Nationalsozialismus, Jahrbuch für das baltische Deutschtum, 1967; D. Karow: Der baltische Sonderführer, Baltische Briefe, Nr. 5, 1967.

Mit 23 Jahren hatte er die nationalsozialistische Machtergreifung erlebt, wenige Jahre später war er bereits Chefredakteur der SS-Zeitschrift „Das Schwarze Korps".

Zu Beginn des Ostfeldzuges war er Kommandeur eines Kriegsberichter-Bataillons und erhielt von Himmler jede Unterstützung. Später wurden dieser Einheit auch Propagandaaufgaben übertragen. Sie wurde auf Regimentsstärke aufgefüllt und erhielt die Bezeichnung SS-Standarte „Kurt Eggers". Journalisten und Propagandisten verschiedener Nationalität arbeiteten im Sinne der SS-Idee eines neuen Europa zusammen.

Mit 34 Jahren wurde d'Alquen einer der jüngsten Standartenführer der Waffen-SS.

Er und seine Mitarbeiter arbeiteten unorthodox. Sie waren keine Berufssoldaten. Die Grenzen Himmlerscher Ambitionen wurden ihnen viel früher klar als manchen anderen, und sie fühlten sich berechtigt, Korruption und Unfähigkeit der Parteibonzen zu kritisieren. Als v. Grote einmal dienstlich die Standarte besuchte, erlebte er, wie heftig und rücksichtslos gegen die „Goldfasane"[7] Stellung genommen wurde, so daß v. Grote zunächst annahm, er solle provoziert werden. Sie wünschten einen „besseren" Nationalsozialismus. Es entwickelte sich die Anschauung: Laßt uns nur nach Hause kommen!

Von den Verhältnissen im Osten hatte d'Alquen als Rheinländer zu Beginn des Krieges wenig konkrete Vorstellungen. Für ihn verband sich Kommunismus mit dem, was er in der Kampfzeit in der „Kommune" kennengelernt hatte. Die ersten von den Sowjets verstümmelten Toten, die er als Kriegsberichter sah, trugen nicht dazu bei, diese Ansicht zu korrigieren.

Die von Deutschen begangenen Verbrechen sah er nicht oder wollte sie nicht sehen. Zahlreiche Vernehmungen sowjetischer Kriegsgefangener, Kontakte mit der russischen Bevölkerung und Gespräche mit Kommandeuren der Waffen-SS, die das Verbrecherische und Verhängnisvolle der amtlichen Ostkonzeption in der Begegnung mit den tatsächlichen Verhältnissen begriffen, trugen dazu bei, ihm in dieser Beziehung neue Perspektiven zu eröffnen.

---

7 Diesen Spitznamen erhielten die NS-Parteifunktionäre wegen ihrer goldbraunen Uniform.

Schon 1941 hatte der Führer eines Waffen-SS-Korps, Bittrich, erklärt: „Was der Heinrich da faselt, ist alles Unfug! Wenn wir hier nicht kräftig umlernen, geht es schlecht."

Die SS-Generäle Krüger, Hausser und Steiner nahmen ebensowenig ein Blatt vor den Mund. Steiner nannte Himmler vor fünfzehn hohen Offizieren einen Narren[8].

Im Juni 1943 ließ sich Steiner von seinem Freunde Graf von der Schulenburg, dem ehemaligen Vizepolizeipräsidenten von Berlin, sagen: „Wir werden Hitler totschlagen müssen, bevor er Deutschland völlig zugrunde richtet", ohne zu widersprechen oder ihn anzuzeigen[9].

Diese SS-Offiziere hatten keinerlei Respekt vor Himmler, aber auch keinerlei politischen Einfluß. So wurde d'Alquen, von dem bekannt war, daß er ein offenes Wort vertrug, und der zudem Himmler direkt unterstand, der Mann, bei dem sie ihre Sorgen und Bedenken abluden. Alles das ließ in d'Alquen allmählich die Erkenntnis wachsen, daß die gesamte Ostkonzeption des Nationalsozialismus falsch war. Schon am ersten Jahrestag des Ostfeldzuges, als er im Rundfunk sprechen mußte, empfand er die Diskrepanz zwischen dem, was er sagte, und dem, was er dachte.

Er begann, Himmler Berichte zuzuleiten, die immer wieder anklingen ließen, daß vieles ganz anders sei, als sich die Führung vorstelle. Er konnte sich in dieser Beziehung mehr als andere erlauben, weil Himmler ihm außergewöhnliche Sympathie entgegenbrachte und mit seinen Berichten bei Hitler renommierte. Das nutzte d'Alquen aus.

Im Juni 1944, etwa zur gleichen Zeit, als Hitler der Wehrmacht endgültig jede politische Verwendung Wlassows und der Befreiungsbewegung untersagte, wagte d'Alquen, der von dem Verdikt Hitlers nichts wußte, zum ersten Male Himmler in einem grundsätzlichen Bericht zu sagen, was SS-Führer dachten, was er selbst aus eigenen Erfahrungen gelernt hatte und in die Quintessenz mündete, daß die bisherige Ostpolitik falsch gewesen ist, die Russen in die Arme des Bolschewismus zurücktreibt und nur eine grundsätzliche Änderung Erfolge bringen kann.

---

8 Gunter d'Alquen, I Nr. 38.
9 H. Höhne, a.a.O., S. 475.

Himmler verbat sich jedoch brüsk alles, was an den Zielen und der Weltanschauung des Nationalsozialismus rütteln könnte.

Im November begann d'Alquen im Bereich des Gruppenführers Steiner ein Propagandaunternehmen mit der Bezeichnung „Wintermärchen". Er ließ Tausende von Vernehmungen durchführen, wertete sie aus und betonte immer wieder, wie negativ sich das Fehlen positiver politischer Ziele auf die Russen auswirke.

Nach einem Zwischenspiel an der Italienfront, wo er das Propagandaunternehmen „Südstern" gegen polnische Verbände des Generals Anders aufzog, wurde er wiederum an die Ostfront beordert. Himmler verlangte ein neues Propagandaunternehmen größten Stils.

D'Alquen betonte aufs neue, daß entscheidende Erfolge nur bei einer radikalen Änderung der Ostpolitik und bei Einsatz Wlassows und der russischen Befreiungsarmee zu erzielen seien. Einen anderen Weg sehe er nicht.

Himmler verhielt sich im ganzen nicht mehr so ablehnend wie früher, aber den Namen Wlassow wollte er nicht mehr hören. Im übrigen ließ er d'Alquen überraschend freie Hand. Er solle sich andere Generäle suchen.

D'Alquen fuhr sofort zu v. Grote nach Berlin, berichtete vom Stand der Dinge und bat, an Stelle Wlassows andere Persönlichkeiten zu benennen. Mehr sei im Moment nicht zu erreichen.

Grote schlug Sykow und Shilenkow vor. Sykow sei ein hervorragender Mann, aber er stehe unter Beobachtung der Gestapo, die ihn für einen Juden und Marxisten halte.

D'Alquen störte das nicht. Für ihn war allein die Qualität der Leute entscheidend. Schon am nächsten Tag fand in der Wohnung d'Alquens in Wannsee eine Besprechung statt, an der Sykow, Shilenkow, Strikfeldt und v. Dellingshausen teilnahmen.

Sykow betonte sofort, er sei russischer Nationalist, kritisierte scharf die bisherigen Fehler und machte völlige Selbständigkeit bei der Gestaltung der Propagandaaktion zur Vorbedingung.

D'Alquen erwiderte, er wisse, was bisher versäumt worden sei, er wisse auch, wie man die Russen behandelt habe. Er könne nicht versprechen, ob es ihm gelingen werde, eine grundlegende Änderung herbeizuführen, aber er verpfände sein Wort, daß er es ehrlich versuchen werde, und er glaube, daß das bevorstehende Unternehmen eine Chance für sie sei.

Die Russen, beeindruckt von der Offenheit d'Alquens, stimmten nach Rücksprache mit Wlassow zu. Der Versuch mußte gemacht werden. Vielleicht erreichte die SS, was die Wehrmacht nicht erreichen konnte.

Am übernächsten Tage sollte die Aktion beginnen. Da geschah etwas, das schlagartig zeigte, wie rechtlos selbst diejenigen Russen waren, die unter dem Schutz der Wehrmacht standen, und mit welchen Mitteln eine nationalsozialistische Dienststelle gegen die andere arbeitete: Als d'Alquen mit seiner Gruppe abreisen wollten, fehlte Sykow; er war am Abend vorher spurlos verschwunden.

Sykow war nicht nur der Gestapo verdächtig, er hatte auch Feinde in Dabendorf. Man fürchtete, daß seine politische Einstellung – er war zwar Gegner Stalins, aber doch Marxist – der Bewegung schaden könnte. Eine Gruppe von Russen hatte deshalb Wlassow um seine Entfernung gebeten. Wlassow hatte abgelehnt. Er teilte zwar nicht immer die politischen Ansichten Sykows, aber er schätzte ihn als überragenden Geist und Patrioten.

Sykow war verbittert und maßlos enttäuscht von den Deutschen und machte daraus kein Hehl. Immer wieder kam es zu Auseinandersetzungen. Besonders erbitterte ihn, daß der Begriff eines nationalen Rußland verboten war. Diese „Sprachregelung" ging so weit, daß beispielsweise in einem Artikel anläßlich des Todestages Puschkins das Wort Rußland nicht erwähnt werden durfte.

Sykow lebte mit einer früheren Schauspielerin, der Tochter eines Zarengenerals, Sinaida Petrowna Andritsch, die er in Belgrad kennengelernt hatte, zusammen. Sie war eine grazile, gutaussehende Frau, die mit großer Liebe an ihm hing. Sie wohnten in Kalkberge, etwa 30 km nördlich von Berlin. Ihre kleine Wohnung war eine Insel der Geistigkeit. Oft erschienen Gäste. Wissenschaftliche, politische und literarische Diskussionen fanden statt. Es wurde vorgelesen und rezitiert – Jessenin, Majakowski, Block. Sykow konnte vollendet Balladen vortragen.

Am Abend vor der Abreise war sein Adjutant und engster Mitarbeiter, Noshin, bei ihm. Als sie beim Abendessen saßen, wurde Sykow ans Telefon gebeten, das sich einige hundert Meter entfernt in einer Bäckerei befand. Noshin begleitete ihn. Von diesem Gang kehrten die beiden nicht mehr zurück.

Um 5 Uhr morgens alarmierte Frau Andritsch Rittmeister v. Dellingshausen, der sofort die Gestapo anrief. Dort war man offensichtlich nicht sehr interessiert. Da kein Benzin vorhanden sei, werde im Laufe des Tages ein Mann per Bahn hingeschickt werden. Daraufhin holte v. Dellingshausen den Beamten mit seinem Wagen ab und nahm an der Untersuchung teil, die jedoch wenig ergab. Einwohner hatten Sykow und Noshin in erregtem Gespräch mit drei Männern gesehen, dann wären sie gemeinsam in einem Auto abgefahren.

Auch eine Durchsuchung des angrenzenden Waldes blieb ergebnislos. Monate später deutete ein Gestapobeamter v. Dellingshausen gegenüber an, die Gestapo habe ihre Hand im Spiele gehabt. Wohin Sykow und Noshin gebracht wurden, wo und wie sie endeten, ist nie geklärt worden[10].

Wlassow nahm Frau Andritsch in dem Haus am Kiebitzweg auf. Als alle Nachforschungen ergebnislos blieben, kehrte sie nach Belgrad zurück.

D'Alquen aber mußte ohne Sykow an die Front fahren. Auch seine Nachforschungen blieben ergebnislos. Shilenkow übernahm die Führung der russischen Gruppe.

Das Unternehmen wurde Ende Juni unter dem Decknamen „Skorpion-Ost" gestartet. D'Alquen verteilte seine Mitarbeiter auf die Divisionen. Sein Hauptquartier richtete er in Symna Woda, unweit Lemberg, ein. Die Richtlinien der Propaganda wurden im wesentlichen von Shilenkow erarbeitet. Aber es erwies sich immer mehr, daß der Name Wlassow durch nichts ersetzt werden konnte. D'Alquen, dem durch das Verbot Himmlers die Hände gebunden waren, schlug vor, Shilenkow solle sich an die Spitze der Befreiungsbewegung stellen. Aber Shilenkow lehnte mit dem Hinweis ab, als einstiger hoher Parteifunktionär der KPdSU hätte er nicht die Anziehungskraft wie Wlassow. Als am 11. Juli die sowjetische Sommeroffensive bei der Heeresgruppe Süd begann, erschien nachts der Mitarbeiter d'Alquens, Krötz, unter dem Eindruck eines Gespräches mit Shilenkow bei ihm und beschwor ihn, zu

10 E. v. Dellingsdhausen, I Nr. 18; K. Kromiadi, I Nr. 31; S. Fröhlich, I Nr. 21.

Himmler zu fliegen und ihm mit Nachdruck klarzumachen, daß jetzt nur noch ein ehrlicher Pakt mit Wlassow und eine radikale Änderung der gesamten Ostpolitik Erfolg haben könne, alles andere sei sinnlos und müsse ins Verderben führen[11].

D'Alquen, den die gleichen Gedanken bedrückten, beschloß kurzerhand, ohne vorherige Anmeldung zu Himmler zu fliegen, der sich gerade in Salzburg aufhielt.

Himmler empfing ihn ungnädig. Erst am nächsten Tage, auf der Fahrt nach Ostpreußen, hatte er Zeit für d'Alquen, der nun mit rückhaltloser Offenheit die Lage schilderte. Als Himmler zu bedenken gab, welche Konsequenzen das alles für die nationalsozialistische Weltanschauung haben müsse, entgegnete er, daß es jetzt um Sieg oder Niederlage gehe und daß in einer solchen Situation die Konsequenzen erst später interessieren sollten.

Länger als eine Stunde versuchte d'Alquen Himmler zu überzeugen. Es war offensichtlich, daß der Reichsführer SS eine Herausstellung Wlassows wegen der Stellungnahme Hitlers und wegen seiner eigenen abfälligen Äußerungen vermeiden wollte. Endlich gab er nach. „Ich kenne Sie seit langem", sagte er d'Alquen zum Abschluß der Unterredung. „Sie sind immer Realist gewesen. Ich habe Sie nicht im Verdacht, russoman zu sein wie diese Balten und einige Heeresfritzen. Nehmen Sie also in Gottes Namen Kontakt mit Wlassow auf und berichten Sie[12]."

Noch am selben Abend flog d'Alquen zurück an die Front, holte Shilenkow ab und war am 15. Juli in Berlin.

Vierundzwanzig Stunden später standen er und Wlassow einander gegenüber. Wlassow war zurückhaltend, aber er sprach offen und mit einem Selbstbewußtsein, das d'Alquen imponierte. Er habe alle Hoffnung aufgegeben, noch einen vernünftigen Deutschen in führender Position zu treffen, wenn aber Himmler tatsächlich in der Lage und willens sei, die längst erforderlichen Voraussetzungen zu schaffen, dann könne noch jetzt Entscheidendes geschehen.

Er verlangte die Zusammenfassung aller verstreuten Freiwilligeneinheiten unter seinem Oberbefehl, die Unterstellung der Na-

11 Robert Krötz, Brief an den Autor.
12 G. d'Alquen, I Nr. 38

154

tionalitätenkomitees, Einflußmöglichkeiten auf die Kriegsgefangenen und russischen Arbeiter im Reich, Übertragung der gesamten Propaganda gegen die Sowjetunion und die Schaffung eines politischen und geistigen russischen Zentrums, das die Ziele der russischen Befreiungsbewegung in einer feierlichen Proklamation der Weltöffentlichkeit bekanntgeben könne.

D'Alquen war beeindruckt. Er versprach, sein möglichstes zu tun. Am 17. Juli erstattete er Himmler fast überschwenglich Bericht.

Himmler erklärte, er habe inzwischen mit dem Führer gesprochen und erwarte Wlassow am 21. Juli in seinem Hauptquartier. Er erwäge seine Ernennung zum Marschall.

D'Alquen gab zu bedenken, daß es propagandistisch ungünstig wäre, Wlassow von deutscher Seite zu befördern. Der Einwand überzeugte Himmler. Er ließ diesen Gedanken fallen. Der Vorschlag bewies jedoch, wie wenig er mit der Problematik der ganzen Angelegenheit vertraut war.

In Berlin setzte d'Alquen Wlassow von seinem Gespräch mit Himmler in Kenntnis, bat ihn, alles für die Begegnung vorzubereiten, und flog dann an die Front zurück[13].

Wlassow erkannte, daß d'Alquen es ehrlich meinte. Trotz aller Demütigungen war er bereit, mit Himmler zu sprechen. Wenn nur Himmler geben konnte, was er brauchte, dann mußte es eben von Himmler genommen werden.

Nur eine Zusammenfassung aller Kräfte konnte auch der Welt klarmachen, daß nicht Vaterlandsverräter am Werk waren, sondern politische Kämpfer gegen ein vom russischen Volke nie bestätigtes Regime.

In fieberhafter Arbeit wurden nun die Unterlagen für das Gespräch mit Himmler vorbereitet, doch kurz bevor Wlassow und Strikfeldt abfahren wollten, teilte Himmler durch Fernschreiben mit, die Unterredung müsse aus unvorhergesehenen Gründen verschoben werden, er werde einen neuen Termin angeben.

13 Über die Rolle d'Alquens berichten: A. Dallin, a.a.O., S. 618; F. Buchardt, a.a.O., S. 254 ff., G. d'Alquen, I Nr. 38; R. Krötz, I Nr. 39; W. Strik-Strikfeldt, I Nr. 8; Erhard Kroeger, Briefe an den Autor.

Am selben Abend erfuhr die Propagandaabteilung vom gescheiterten Aufstandsversuch gegen Hitler. Dann wurde bekannt, daß General Wagner, v. Stauffenberg, Schmidt von Altenstadt, v. Roenne, v. Tresckow und v. Freytag-Loringhoven an diesem Aufstandsversuch beteiligt waren. Befürchtungen wurden geäußert, die Gestapo werde die Gelegenheit benutzen, um auch Wlassow und seine Anhänger auszuschalten. Sie bestätigten sich nicht. Ein Anruf des Leiters des SS-Hauptamtes, Obergruppenführer Berger, der Wlassow und seine Begleitung zum Abendessen einlud, ließ eher auf eine Aufwertung Wlassows schließen.

Mit dem Scheitern des 20. Juli waren die eindringlichsten Befürworter der russischen Befreiungsbewegung in der Wehrmacht ausgeschaltet worden. Die Hoffnung auf einen Sturz Hitlers hatte getrogen. Nun blieb nur noch Himmler, der unter dem Druck der Verhältnisse bereit schien, das zu geben, was die Wehrmacht nicht hatte geben können. Wieweit er es ehrlich meinte, würde sich zeigen. Mit solchen Überlegungen begab sich Wlassow zu Berger.

Am selben Tag hatte sich zufällig der aus Dänemark eingetroffene SS-Oberführer Dr. Erhard Kroeger bei Berger in dienstlicher Angelegenheit gemeldet. Nach Beendigung des Gespräches fragte Berger, ob Kroeger am Abend dolmetschen wolle. Auf Wunsch Himmlers habe er den General Wlassow eingeladen, traue aber den Wehrmachtdolmetschern nicht recht.

Kroeger erklärte sich sofort bereit, zumal er seit Beginn des Ostfeldzuges die Ansicht vertreten hatte, daß es bei einer Auseinandersetzung mit der Sowjetunion nur einen Weg des Zusammengehens mit dem russischen Volk gegen Stalin geben könne. Nachdem Alfred Rosenberg Reichsminister für die besetzten Ostgebiete geworden war, hatte er ihm diese Ansicht in einem ausführlichen Schreiben dargelegt und um Verwendung im Ostministerium gebeten. Obgleich Kroeger – selbst Balte – Rosenberg persönlich kannte, hatte er nie eine Antwort erhalten. Der Grund war offenkundig, als die völlig anders gearteten Pläne Rosenbergs bekannt wurden.

Am Abend überreichte Berger seinem Gast Wlassow als Gastgeschenk das Buch „Tsushima" von Frank Thiess, ohne sich der Taktlosigkeit gerade dieses Geschenkes bewußt zu sein. Wlassow bedankte sich und sagte hintergründig, Tsushima sei eine unglückliche Schlacht für Rußland gewesen, er trinke darauf, daß die nächste Schlacht für Rußland glücklich verlaufen möge.

Er erklärte Berger, daß er zu jeder ernsthaften Aktion gegen das Stalin-Regime bereit sei, er werde sich jedoch keinesfalls mehr lediglich als Propagandafigur ausnutzen lassen.

Berger war ein Mann, der nicht immer die richtigen Worte fand. Politisch wenig begabt und innerlich unsicher, ließ er sich leicht beeinflussen. Aber er hatte persönlichen Mut und vertrat seine Ansichten ohne Vorbehalt auch Himmler gegenüber. Den ersten Weltkrieg hatte er als aktiver Soldat mitgemacht und war ausgezeichnet und als Hauptmann heimgekehrt. Dann hatte er sich als Gymnastiklehrer durchgeschlagen. Über den Stahlhelm war er zur SS gekommen, die er zur Fronttruppe entwickelt hatte[14].

Diesem Umstand und weil er es verstand, sich mit Himmler gut zu stellen, verdankte er seine Karriere. In wenigen Jahren hatte er es bis zum SS-General und Chef des SS-Hauptamtes gebracht.

Berger war von Wlassow sichtlich beeindruckt. Kroeger riet ihm dringend, positiv zu berichten und mit Himmler eine Wlassow-Aktion aufzubauen. Für den Fall, daß Himmler einverstanden sei, bat er, ihm die organisatorische und politische Durchführung zu übertragen.

Berger berichtete Himmler am nächsten Morgen und erhielt die Genehmigung, die Aktion unter Leitung von Kroeger zu beginnen. Kroeger kehrte nicht mehr nach Kopenhagen zurück, sondern ging sogleich daran, seinen Stab zusammenzustellen[15].

Damit blieb Kroeger Berger unterstellt[16]. Vor seiner Kommandierung zur Waffen-SS hatte er dem SD angehört, was vieles erleichterte, zumal der Chef des RSHA, Kaltenbrunner, nicht viel

---

14 Die Waffen-SS wuchs von 100 000 Mann Mitte des Jahres 1940 auf rund 900 000 Mann Ende des Jahres 1944. Vgl. H. Höhne, a.a.O., S. 140.

15 E. Kroeger, Brief an den Autor; G. Berger, I Nr. 37.

16 Die Angaben A. Dallins (a.a.O., S. 626) und J. Thorwalds (a.a.O., S. 336 ff.), daß E. Kroeger dem Leiter der Leitstelle Ost im SS-Hauptamt, Dr. Arlt, unterstellt wurde, entsprechen nicht den Tatsachen. Kroeger ist auch nicht auf Empfehlung Arlts zu Berger gekommen. Sie kannten sich gar nicht. Dr. Arlt, der die ostpolitische Konzeption Rosenbergs vertrat, strebte allerdings eine Unterstellung Kroegers an. Vgl. F. Buchardt, I Nr. 40; E. Kroeger, Brief an den Autor; G. Berger, I Nr. 37.

von Berger hielt und meinte, wenn Berger die Wlassow-Aktion leite, werde sie schon schiefgehen.

Zum SD hatte Berger nie ein gutes Verhältnis gehabt. Heydrich, den Vorgänger Kaltenbrunners, bezeichnete er als machtgierig, kalt und völlig skrupellos.

Kroeger drängte Berger, sich bei Himmler für einen baldigen Empfang Wlassows und eine bindende Vereinbarung einzusetzen. In der gleichen Richtung bemühte sich Schellenberg. Aber Himmler war angeblich anderweitig zu beschäftigt.

Die Aufwertung Wlassows hatte sich erstaunlich schnell herumgesprochen, und nun suchten auch Vertreter slawischer Völker, vor allem der Bulgaren, Slowaken, Tschechen und Serben, Kontakt zu ihm. Sie waren zwar Gegner des Nationalsozialismus, aber zugleich an einem Sturz des Stalin-Regimes interessiert, von dem sie ebenfalls nichts Gutes zu erwarten hatten.

Zur gleichen Zeit ließ auch der finnische Marschall Mannerheim durch einen seiner Generäle halboffiziell mitteilen, der geplante Separatfrieden mit der Sowjetunion sei eine Folge seiner Enttäuschung über die deutsche Ostpolitik. Er sei zwar finnischer Patriot, aber als früherer russischer Gardeoffizier dem russischen Volk verbunden. Seine endgültige Entscheidung mache er davon abhängig, ob die deutsche Regierung wenigstens jetzt noch eine grundlegende Änderung ihrer Ostpolitik vornehmen wolle. Eine Rückfrage des SD bei Himmler, welche Antwort gegeben werden solle, blieb unbeantwortet[17].

Um Wlassow aus dem Hin und Her der Vorbereitungszeit herauszuhalten, wurde ihm nahegelegt, sich in ein Erholungsheim zu begeben. Dort könne er in Ruhe alles für die bevorstehende Begegnung mit Himmler vorbereiten.

Obgleich er erklärte, er brauche keine Erholung und sei vom Nichtstun müde, willigte er schließlich ein und fuhr Mitte August mit Strikfeldt und Fröhlich nach Ruhpolding.

In dem alten Stift Zell bei Ruhpolding hatte Adeleide Bielenberg, die junge Witwe eines Arztes, ein Erholungsheim für mittellose Angehörige gefallener Soldaten eingerichtet. Nun wurde sie gebeten, Wlassow und seine Begleitung aufzunehmen.

17 F. Buchardt, a.a.O., S. 230.

Da Frau Bielenberg auch im Stift wohnte, ergaben sich private Kontakte. Man diskutierte und musizierte, und Wlassow genoß zum erstenmal seit seiner Gefangennahme die kultivierte Atmosphäre eines gepflegten Hauses. Es war nicht verwunderlich, daß die gutaussehende Frau mehr als nur ein flüchtiges Interesse in ihm weckte. Und auch auf sie übte der geheimnisvolle russische General mit seinen Plänen und Möglichkeiten eine immer stärkere Faszination aus. Wlassow sang russische Lieder zur Gitarre, erzählte aus seinem Leben und war aufgeschlossen wie seit langem nicht. Die Spannung, in der er in Berlin gelebt hatte, löste sich.

So begann eine Liebe, die die Wochen vor dem letzten Einsatz verklärte und die Wlassow um so intensiver empfand, als die Drohung der immer näher rückenden Entscheidung nie ganz aus seinem Bewußtsein schwand[18].

Anfang September 1944 kehrte Malyschkin aus Frankreich zurück, wo er vergeblich versucht hatte, das Schicksal der in den Strudel des deutschen Rückzugs nach der Invasion geratenen Freiwilligenverbände zu klären. Es war noch nicht zu übersehen, wie viele den Rückzug überlebt hatten und wie hoch die Verluste waren. Die Amerikaner hatten 20 000 Gefangene gemeldet. Überläufer hatte es kaum gegeben. Dazu hatte die immer noch bestehende Hoffnung auf Eingliederung in eine Befreiungsarmee, vor allem aber auch die ungeschickte Propaganda der Alliierten beigetragen, die den russischen Überläufern die sofortige Rückführung in ihre Heimat versprach, also gerade das, was sie am meisten fürchteten[19].

18 Adelaide Bielenberg, I Nr. 41; E. v. Dellingshausen, I Nr. 18; S. Fröhlich, I Nr. 30.
19 Über die Auswirkungen der alliierten Invasion auf die Freiwilligenverbände in Frankreich berichtet W. Hansen, a.a.O.

Der Pakt mit dem Teufel

Am 9. September kam dann der lange erwartete Anruf, daß Himmler Wlassow am 16. September empfangen wolle.

Am 15. September um 20 Uhr fuhr Wlassow vom Stettiner Bahnhof mit dem regulären Kurierzug ab. D'Alquen, Strikfeldt und als Vertreter des SD der Leiter der Abteilung III b des Amtes III, Inlandsnachrichtendienst, SS-Standartenführer Ehlich, begleiteten ihn. In Posen schloß sich Kroeger an, der während eines Wochenendurlaubes benachrichtigt worden war.

Unterwegs besprach d'Alquen mit Wlassow noch einmal die Hauptpunkte, die Wlassow Himmler vortragen sollte. Er wies darauf hin, daß Himmler nach dem 20. Juli Oberbefehlshaber des Ersatzheeres geworden war und damit durchaus die Macht hatte, die Neuaufstellung von Truppen in großem Maßstab zu veranlassen, und daß er nun auch über ausreichende Autorität verfüge, um eine radikale Wende in der Ostpolitik durchzusetzen. D'Alquen riet Wlassow, mit rückhaltloser Offenheit auf die bisherigen Fehler, auf die verpaßten Möglichkeiten hinzuweisen und konkrete Vorschläge für die nächste Zukunft zu machen. Ihm lag daran, daß Wlassow, den er Himmler als bedeutende Persönlichkeit geschildert hatte, auch entsprechend auftrat und den Eindruck machte, den er erhoffte. Er war überzeugt, daß der Erfolg dieser Begegnung eine historische Wende einleiten würde, die den Verlauf des Krieges entscheidend beeinflussen müßte.

Wlassow spürte offenbar, daß d'Alquen aufrichtig war, und bezeichnete ihn als Bundesgenossen im künftigen Kampf.

Um 9 Uhr morgens trafen sie im Hauptquartier Himmlers ein. Um 10 Uhr begannen die Besprechungen in Himmlers Arbeitsraum. Strikfeldt nahm auf Wunsch Himmlers nicht teil. Er galt als russophil und im nationalsozialistischen Sinne unzuverlässig.

Anwesend waren: Wlassow, d'Alquen, Ehlich und Kroeger, der zugleich als Dolmetscher fungierte[20].

---

20 Entgegen der Angabe J. Thorwalds (a.a.O., S. 379) und A. Dallins (a.a.O., S. 632) hat Berger an dieser Besprechung nicht teilgenommen. Vgl. G. Berger, Brief an den Autor; E. Kroeger, I Nr. 42.

D'Alquen, als Initiator dieser Zusammenkunft, stellte Wlassow förmlich vor. Himmler begrüßte ihn mit einem Händedruck. Die Anwesenden nahmen um einen großen runden Tisch Platz.

Himmler eröffnete das Gespräch mit einer Erklärung. Er sei über Wlassows Vergangenheit, Tätigkeit und Pläne unterichtet. Er bedaure, daß es erst so spät zu dieser Konferenz komme, glaube aber, daß es noch nicht zu spät sei. Entscheidungen wie diese bedürften einer Zeit der Prüfung. Er selbst pflege lange zu zögern, träfe er aber eine Vereinbarung, dann fühle er sich fest an sie gebunden. Er kenne die Fehler, die auf deutscher Seite begangen worden seien, und bäte Wlassow daher um ungeschminkte Offenheit. Wlassow möge die Verschiebung des Treffens nicht als einen Akt des Mißtrauens auffassen. Er bäte um Verständnis für die Schwierigkeiten, die nach dem 20. Juli entstanden seien.

Wlassow dankte für die Einladung. Er nannte Himmler „Herr Minister". Wie stets wirkte er offen, klar und überzeugend. Er wies darauf hin, daß die Begegnung zwischen Himmler, dem stärksten Mann in der deutschen militärischen Führung, und ihm, dem ersten General, der in diesem Kriege eine deutsche Armee geschlagen hätte, bereits ein Programm sei.

Er erklärte mit einem gewissen Pathos, er sei der Sohn eines Bauern, der seine Heimat liebe, und gerade deshalb sei er ein Gegner des Stalin-Regimes. Trotz aller Erfolge der letzten Zeit sei das bolschewistische System zum Untergang verurteilt, wenn es an seiner empfindlichsten Stelle getroffen würde. Dazu sei eine Zusammenarbeit der russischen Befreiungsbewegung und der Deutschen auf der Grundlage absoluter Gleichberechtigung die Voraussetzung. Er würde sich freuen, Himmlers grundsätzliche Einstellung dazu zu erfahren, insbesondere seine Beurteilung der Schrift „Der Untermensch".

Himmler wich geschickt aus. Beide Teile müßten sich vor einer Generalisierung hüten. Die Broschüre habe den Menschentyp des kommunistischen Systems dargestellt, der Rußland ebenso bedrohe wie Deutschland. Daß damit nicht das russische Volk gemeint sei, beweise diese Konferenz. Untermenschen gebe es in jedem Volk, nur hätten sie in der Sowjetunion die Macht, während er sie in Deutschland in Konzentrationslager gesteckt hätte. Er wolle Wlassow helfen, diese Umkehrung auch in Rußland zu vollziehen.

Er bäte, ihm zu sagen, ob Wlassow glaube, daß das russische Volk ihn dabei als Befreier begrüßen werde.

Wlassow holte weit aus. Er erklärte, unter anderem, der sogenannte Vaterländische Krieg Stalins, mit dem dieser das System retten wolle, sei vorher alles andere als national gewesen. Stalin habe für Anfang 1942 einen Vorstoß in den europäischen Südosten geplant, in Richtung Rumänien, Bulgarien, Dardanellen. Grundlage dieser Planung sei die Leninsche Doktrin vom kapitalistischen Krieg gewesen. Danach müßte die Sowjetunion in einem Kriege zwischen kapitalistischen Mächten diejenige angreifen, die das Übergewicht erlange. Das sei Deutschland gewesen. Der deutsche Angriff sei noch nicht erwartet worden. Er sei in einen noch unvollendeten Aufmarsch gestoßen. Daraus seien zum Teil auch die großen deutschen Anfangserfolge zu erklären. Bei aller Anerkennung der großartigen Leistungen der deutschen Soldaten müsse er doch sagen, daß der Krieg, so wie er von den Deutschen geführt worden sei, nicht zu gewinnen war. Die Sowjetunion sei nicht militärisch, sondern nur mit politischen Kampfmitteln zu besiegen. Die Deutschen aber hätten nach den alten imperialistischen Gesetzen den Krieg als nackten Eroberungskrieg geführt. Stalin habe das Gegenteil erwartet und befürchtet. Er habe sein Erstaunen und seine Befriedigung darüber sehr deutlich zum Ausdruck gebracht und seinerseits den Vaterländischen Krieg propagiert. Wären die Deutschen nicht als Eroberer, sondern als Befreier gekommen, wäre das Stalin-Regime längst gestürzt. Aber er sei überzeugt, daß es auch heute noch gelingen werde, die Masse des russischen Volkes gegen das Stalin-Regime zu mobilisieren, wenn statt der Deutschen, denen die Befreiungsparole nicht mehr geglaubt würde, eine große russische Befreiungsarmee vorstoßen würde. Deshalb sei die unverzügliche Aufstellung einer solchen Armee seine dringlichste Forderung. Er habe die Autorität, sie zu führen, denn er sei kein unbekannter Emigrant, der nichts hinter sich habe, sondern einer der bekanntesten Generäle der Roten Armee, einer der Retter Moskaus, den jeder Soldat und jeder Offizier kenne.

Er sei nicht zu den Deutschen übergelaufen, sondern in auswegloser Lage in Gefangenschaft geraten. In der Einsamkeit der Wälder des Wolchow-Kessels und in Gesprächen mit Mitgefangenen habe er erkannt, daß das Stalin-Regime für Rußland ein Unglück bedeute und daß man es mit Hilfe des russischen Volkes stürzen könne.

Deshalb habe er sich zu einer Zusammenarbeit mit den Deutschen bereit erklärt, zumal er viele Deutsche kennengelernt hätte, die seine Pläne billigten. Er wolle die zahllosen Enttäuschungen, die er seither erlebt habe, nicht aufzählen. Da es nicht um seine Person gehe, habe er an dem Gedanken festgehalten, daß eine Befreiung seines Vaterlandes nur in Zusammenarbeit mit den Deutschen möglich sei. Er komme auch nicht mit leeren Händen, denn die Rettung Rußlands könne auch die Rettung Deutschlands bedeuten.

Himmler hatte, ohne eine Miene zu verziehen, Dinge angehört, die ihn früher zu empörten Ausbrüchen hingerissen hätten. Die Hinweise Wlassows auf seinen Sieg bei Moskau, auf die These vom slawischen Untermenschen, auf die politischen Fehler der Deutschen, auf die Unmöglichkeit, Rußland militärisch zu besiegen, und schließlich die Behauptung, nur die Befreiung Rußlands vom Stalin-Regime könne Deutschland jetzt noch retten, waren Behauptungen, die bisher noch keiner in dieser Schärfe Himmler gegenüber zu vertreten gewagt hatte. Daß Wlassow sie in dieser Stunde äußerte, kann als Beweis seines Selbstbewußtseins und seiner inneren Unabhängigkeit gelten. Wie pessimistisch mußte Himmler zu diesem Zeitpunkt die Lage Deutschlands ansehen, wenn er diese Thesen widerspruchslos anhörte.

Er fragte Wlassow, wie dieser die militärische Lage beurteile.

Wlassow führte aus, das Sowjetsystem habe, wie jedes starre System, auch seine Schwächen, es sei empfindlich gegenüber unvorhergesehenen Ereignissen. Das Auftreten starker nationaler russischer Kräfte zu diesem Zeitpunkt hätte Stalin nicht einkalkuliert. In Deutschland sei das Menschenmaterial für eine Armee von mehr als einer Million Mann vorhanden, zum größten Teil bereits in Form bewaffneter kleiner Einheiten. Wenn man sie zusamenfassen würde und zugleich ein Bündnis auf der Basis der Gleichberechtigung zwischen der deutschen und einer nationalen russischen provisorischen Regierung abgeschlossen werde, könne das die Wende bedeuten.

Himmler wies auf die Schwierigkeit der Ausrüstung, namentlich mit schweren Waffen, hin und auf die Folgen einer sofortigen Herausziehung der schon kämpfenden russischen Verbände, da es an deutschen Kräften fehle. Er versprach jedoch die Aufstellung eines Armeekorps und weiterer Einheiten. Er habe mit Hitler und Jodl gesprochen. Wlassow könne sich als Oberbefehlshaber einer russischen Befreiungsarmee im Range eines Generalobersten betrachten, er habe Disziplinarbefugnis und das Recht, Offiziere bis zum Obersten nach eigenem Ermessen zu ernennen. Für die höheren Kommandostellen solle er seine Vorschläge dem Heerespersonalamt vorlegen.

Wlassow verfügte über sehr genaues Zahlenmaterial und bestand noch einmal auf Herauslösung aller russischen Einheiten aus deutschen Verbänden und Unterstellung unter seinen Befehl. Nur so könne ein Erfolg erzielt werden. Auch forderte er Aufhebung des Verhandlungsverbots mit den separatistischen Minoritätenvertretungen Rosenbergs und Unterstellung aller dieser Gruppierungen unter seinen Befehl. Er erklärte sich bereit, eine föderative Gliederung Rußlands als Verhandlungsbasis zu akzeptieren. Über die endgültige Gestaltung Rußlands solle die Bevölkerung später abstimmen. Separatistische Tendenzen lieferten den Sowjets die besten Propagandaparolen im politischen Kampf. Für alle Fragen dürfe es auch nur eine deutsche autoritative Stelle geben, die schnell und endgültig entscheiden könne.

Dann wandte das Gespräch sich den russischen Arbeitern in Deutschland zu, in denen Wlassow ein großes Reservoir sah. Himmler gab zu bedenken, daß sie nicht aus den bestehenden Arbeitsverhältnissen gelöst werden könnten, ohne die Rüstungsindustrie zu beeinträchtigen. Er erkenne aber an – und er habe genaue Daten darüber – , daß es im Verhältnis zu der schlechten Lage, in der sie sich leider noch befänden, kaum Sabotageakte gegeben habe. Er würde die politische Aktivierung dieser Kräfte durch Wlassow begrüßen.

Wlassow schlug vor, sie einer russischen Regierung zu unterstellen. Sie würden dann, unter russischer Regie und Disziplinargewalt, sicherlich mehr und williger arbeiten.

Himmler meinte, er sei ohnedies nicht beliebt, Wlassow solle sich lieber auf die positiven Maßnahmen beschränken, wie Erhöhung der Rationen, Verbesserung der Lebensbedingungen usw. Damit werde er noch populärer werden.

Wlassow erklärte sich damit einverstanden.

Himmler schloß mit der Zusicherung, er sehe keine Schwierigkeiten, die erörterten Punkte bald zu realisieren. Nach Aufstellung der Befreiungsarmee und Bildung einer russischen Gegenregierung sollte Wlassow Hitler im Rahmen eines offiziellen Staatsaktes vorgestellt werden.

Himmler bestätigte Kroeger als politischen Beauftragten, der auch für alle Fragen der praktischen Koordinierung zuständig sein sollte. Im Hinblick auf alle wirtschaftlichen Fragen sollte Kroeger dem SS-Hauptamt angeschlossen sein. In allen Fragen der psychologischen Kriegführung sollte eng mit d'Alquen zusammengearbeitet werden.

Anschließend fand ein gemeinsames Essen statt, bei dem es zu zwanglosen Gesprächen kam.

Himmler fragte nach dem Werdegang Wlassows, nach seiner Tätigkeit in China und den Kämpfen um Moskau, wobei ihn besonders die Improvisationen interessierten.

Auf die Frage, warum die Verschwörung Tuchatschewskis mißlungen sei, antwortete Wlassow, Tuchatschewski habe den gleichen Fehler begangen wie die Gegner Hitlers am 20. Juli – er kannte das Gesetz der Masse nicht.

Um 15 Uhr verabschiedete sich Wlassow.

Himmler sprach anschließend noch kurz mit d'Alquen und Ehlich. Er war offensichtich beeindruckt und gab zu, daß Wlassow eine große Persönlichkeit sei. Er habe den besten Eindruck. Er wolle seine Zusagen halten. Aber Wlassow sei immerhin ein Russe, man müsse die Augen offenhalten. Er bäte d'Alquen, das zu tun und ihm unverzüglich über jede unerwartete Entwicklung zu berichten[21].

---

21 Über die Begegnung zwischen Himmler und Wlassow hat G. d'Alquen schon im Jahre 1947 eine Aufzeichnung angefertigt. Da er sich von dieser Begegnung eine entscheidende Wende des Krieges versprach, ist seine Erinnerung auch an Details dieser Begegnung mit großer Wahrscheinlichkeit sehr genau. Vgl. G. d'Alquen, I Nr. 38 und UM. Seine Angaben werden in allen Punkten von E. Kroeger in einem Brief an den Autor und H. Ehlich, ebenfalls in einem Brief an den Autor, bestätigt. Entgegen den Angaben J. Thorwalds (a.a.O., S. 380 ff.) und A. Dallins (a.a.O., S. 632 ff.) nahmen Berger und Sacharow an dieser Besprechung nicht teil.

Wlassow war zunächst optimistisch. Ihm und seinen Mitarbeitern schien der Aufbau einer großen Armee und einer verhandlungsfähigen Repräsentation der Befreiungsbewegung das vordringliche Ziel, das ihnen nach dem voraussehbaren Ende des Nationalsozialismus auch die Basis für Verhandlungen mit den Westmächten bieten sollte.

Die Deutschen, die sich mit der Aktion zu befassen hatten, handelten sofort und energisch.

D'Alquen besuchte auf Wunsch Himmlers den Gestapochef Müller, von dem er Obstruktion der neuen Richtung befürchtete, und setzte ihn von Himmlers Beschlüssen in Kenntnis. Das alles habe auch für die Gestapo Konsequenzen, sagte er, und Himmler bäte, entsprechende Vorbereitungen zu treffen.

Müller kannte die Sonderstellung d'Alquens. Er erklärte ihm, in Bausch und Bogen könne er das alles nicht bejahen, aber wenn Himmler das anordne, müsse er es tun. Es war offensichtlich, daß er ein Gegner der Wlassow-Aktion blieb.

Anschließend sprach d'Alquen auch mit Kaltenbrunner, der ihn zunächst skeptisch anhörte, dann aber sagte: „Jetzt sehe ich die Dinge anders; das hat aber immense Folgen!"

Und zum Abschluß: „Wenn ich Sie so höre, könnte ich fast Ihren Optimismus teilen[22]."

Anfang November erkrankte d'Alquen schwer und war bis zum Februar 1945 aktionsunfähig. So fiel eine treibende Kraft aus, ein Mann, der in dieser Sache einen nicht unerheblichen Einfluß auf Himmler hatte. Aber auch er hätte die allein wirksamen radikalen Maßnahmen nicht durchsetzen können.

Rückschauend ist der Optimismus d'Alquens schwer verständlich. Aber damals lief die deutsche Waffenproduktion immer noch

---

Übereinstimmend bestätigen auch d'Alquen, Kroeger und Ehlich, daß von einer Abtretung der Krim nicht gesprochen worden ist. Auch Berger kann sich an Äußerungen Himmlers hierüber nicht erinnern. Die von A. Dallin erwähnte, nicht unterzeichnete Notiz aus den Akten Bergers ohne Datum kann also nicht nach der Unterredung Himmler – Wlassow entstanden sein. Offensichtlich handelt es sich um einen früheren, später nicht verwandten Entwurf.

22 G. d'Alquen, I Nr. 38.

auf Hochtouren. Auf Grund seiner Kenntnis der psychologischen Situation auf der sowjetischen Seite meinte d'Alquen entscheidende Auswirkungen an der Front von dem Auftreten einer großen Armee unter Wlassows Führung erwarten zu dürfen.

Während d'Alquen bei Müller und Kaltenbrunner verhandelte und mit der Umstellung der Propaganda seiner Standarte begann, setzte Buchardt im RSHA durch, daß ein einheitlicher Verbindungsstab zu Wlassow unter Beteiligung aller Ämter mit der selbständigen Stellung eines Einsatzkommandos unter der Bezeichnung „Sonderkommando Ost" gebildet wurde, das nun neben den von Kroeger geführten Verbindungsstab der Waffen-SS trat. Um die Leitung des Kommandos kam es zwar zu einem Streit zwischen den besonders interessierten Amtschefs – Schellenberg (Ausland, Amt VI), Ohlendorf (Inland, Amt III) und Müller (Gestapo), aber schließlich wurde doch Buchardt als Initiator zum Leiter bestellt[23].

Das war für den Kreis um Wlassow von wesentlicher Bedeutung, denn je mehr die Russen zu erkennen glaubten, daß auch dieses Mal Himmler und Hitler ein unehrliches Spiel trieben, um so häufiger fielen deutschfeindliche Äußerungen. Wenn sie vom SD gemeldet worden wären, hätte die gesamte Aktion ein schnelles Ende gefunden.

Zum anderen aber war die Zusammenarbeit zwischen Buchardt und Kroeger, die seit Jahren befreundet waren und eine Ostpolitik des Dritten Reichs unter gleichartigen Aspekten sahen, so reibungslos, wie das bei den zwischen dem RSHA und Berger bestehenden Spannungen sonst undenkbar gewesen wäre.

Wie allergisch und unberechenbar Berger reagierte, zeigte sich, als ihm gemeldet wurde, ein Unteroffizier der ROA habe sich im Wartesaal eines Berliner Bahnhofs heftig über die Hinterhältigkeit der Deutschen geäußert und gedroht: „Laßt uns nur erst unsere Armee haben, dann werden wir sie schon zerhacken!" Berger wollte das sofort Himmler melden und den ganzen „Wlassow-Laden" schließen. Nur mit Mühe gelang es Kroeger, ihn mit dem Hinweis zu beruhigen, daß die Ansicht eines wildgewordenen Unteroffiziers nicht maßgebend sei.

---

23 F. Buchardt, Brief an den Autor.

Kroeger setzte sich zwar überzeugt für Wlassow ein, aber seine Position war schwierig. Lange Zeit war es unmöglich, grundsätzliche Entscheidungen zu erreichen, was die Russen nicht begreifen konnten. So wurde Kroeger manches zur Last gelegt, was er tatsächlich nicht verschuldet hatte. Sein vorwiegend vom Intellekt bestimmter Charakter erschwerte ihm den Zugang zur Mentalität der Russen. Wlassow, dem Kroeger die internen Schwierigkeiten nicht mitteilen konnte, blieb ihm gegenüber mißtrauisch. Erst in den letzten Tagen begriff er, daß Kroeger es ehrlich gemeint hatte.

Tatsächlich war trotz Himmlers Zusage noch immer nicht entschieden, ob wirklich eine grundsätzliche Änderung der Ostpolitik vorgenommen werden sollte und wieweit Hitler informiert war.

Die Folge war eine allgemeine Unsicherheit, die es Kroeger erschwerte, die notwendigen Maßnahmen durchzusetzen. Hinzu kam das zunehmende Chaos in der Führung. Einer hob oft die Anordnungen des anderen auf. Hinzu kam die unwahrscheinliche Trägheit der zivilen und militärischen Bürokratie, die unfähig war, Dinge zu bewältigen, die nicht in das übliche Schema paßten.

In Ostpreußen verbot Koch jede Erwähnung der Wlassow-Aktion und verlangte Entwaffnung aller auf ostpreußischem Boden befindlichen Osteinheiten, ohne daß Himmler eingriff.

Rosenberg, der immer noch an seiner Aufteilungspolitik festhielt und die Ansicht vertrat, nur er sei für eine Wlassow-Aktion zuständig, beschwerte sich bei Himmler und Bormann, nachdem er Kroeger zu sich zitiert und ihm Einmischung in sein Ressort vorgeworfen hatte.

Wie wenig es sich bei Himmler um einen grundsätzlichen Wandel seiner Einstellung handelte, zeigte seine ärgerliche Reaktion Berger gegenüber: Wenn die Wlassow-Sache ihm schon zu Beginn so viel Ärger bereite, werde er die ganze Angelegenheit fallenlassen[24].

Noch klarer wurde seine oberflächliche und opportunistische Einstellung, als er General Köstring zu sich kommen ließ, um die notwendigen Maßnahmen zu besprechen.

24 F. Buchardt, a.a.O., S. 245.

Kroeger hatte gegen den Willen Bergers bei Himmler erreicht, daß die zu bildende Wlassow-Armee von der Wehrmacht und nicht von der SS betreut werden sollte. Er war der Ansicht, daß die Wehrmacht bessere personelle und technische Möglichkeiten hatte und die SS politisch und propagandistisch eine Belastung für die Befreiungsbewegung sein werde[25].

Daß Himmler darauf einging, war um so erstaunlicher, als er, wie alle führenden Nationalsozialisten, der Wehrmacht nach dem 20. Juli mehr denn je mißtraute. „Das Heer war nicht guten Willens", hatte er am 3. August in einem „Lagebericht" auf einer Gauleitertagung in Posen festgestellt.

Himmler hatte keine Ahnung von der Zahl der Ostfreiwilligen. Als Köstring ihm sagte, es seien insgesamt 800 000 – 900 000, war er völlig konsterniert. Das habe ihm niemand gesagt, das sei ja beängstigend! Anstatt darin den Beweis zu sehen, wie groß die Bereitschaft der Russen gewesen war, mit den Deutschen zusammenzugehen, schreckte ihn diese Zahl, und er erklärte, man müsse zunächst zwei Divisionen aufstellen und dann weitere, aber darüber müsse er noch mit dem Führer sprechen. Das ganze Problem mit allen seinen Konsequenzen war demnach weder erörtert noch durchdacht.

Um festzustellen, wieweit Hitler überhaupt mit der ganzen Sache befaßt worden war, schlug Köstring dem OKW vor, alle verstreuten Freiwilligenverbände nominell Wlassow zu unterstellen.

Die Reaktion war aufschlußreich: Jodl erklärte, er dächte nicht daran, die Henker selber zu organisieren, und Keitel meinte, er sei in dieser Sache zu oft vom Führer beschimpft worden und werde für Wlassow keinen Finger rühren[26].

Daß Hitler zwar widerstrebend der Aufstellung einiger russischer Divisionen und der Proklamierung eines Befreiungskomitees zugestimmt, im übrigen aber nie an eine ehrliche Partnerschaft mit Wlassow gedacht hatte, beweist die Lagebesprechung im Hauptquartier am 27. Januar 1945.

Als Guderian daran erinnerte, daß Wlassow nach Zusammen-

25 E. Kroeger, Brief an den Autor.
26 H. Herre, I Nr. 27.

stößen von Russen mit Deutschen Vernehmungsprotokolle vorlegen wollte, sagte Hitler: „Wlassow ist gar nichts."

Und dann entspann sich folgender Dialog:

Göring: Die Wlassow-Leute sind doch sicherlich drüben so verfeindet, daß sie bestraft werden, wenn sie gefangen werden.

Hitler: Sagen Sie das nicht, die laufen doch über.

Göring: Das ist das einzige, was sie tun können: überlaufen; mehr können sie nicht.

Guderian: Soll die Division, die in Münsingen in Aufstellung ist, beschleunigt fertiggestellt werden?

Hitler: Jawohl, die soll man fertigmachen.

Fegelein: Der Reichsführer wollte, daß ihm der Oberbefehl über die beiden Divisionen gegeben wird.

Hitler: Wlassow geht nicht über.

Göring: Mehr als überlaufen können sie nicht. Dann fressen sie nichts mehr weg...[27].

Mit solch bestürzender Unkenntnis und Primitivität sprachen führende Männer des Dritten Reiches über ein Kardinalproblem des Krieges! Während des ganzen Ostfeldzuges gab es in Hitlers Führungsstab keinen einzigen Ostexperten. Die entscheidende politische Karte existierte für Hitler nicht.

In Dahlem und Dabendorf, wo nach der Begegnung zwischen Wlassow und Himmler noch an die Macht und den guten Willen Himmlers geglaubt wurde, begann der Aufbau der Organisation des „Komitees zur Befreiung der Völker Rußlands", den russischen Anfangsbuchstaben entsprechend KONR genannt.

Zunächst wurden vier Hauptabteilungen gebildet:

die Organisationsabteilung unter Leitung Malyschkins, der zugleich Stellvertreter Wlassows war, die Zivilabteilung, die für die Belange der Ostarbeiter und Kriegsgefangenen zuständig sein sollte, Leiter General Sakutny; die Propagandaabteilung unter Führung Shilenkows und der Hauptstab der Streitkräfte des KONR, Chef: Truchin, Stellvertreter: Bojarski.

Für die ersten beiden Divisionen und die Offiziersschule wurden die führenden Offiziere ausgewählt. Als politische Grundlage wurde der Text einer Proklamation entworfen, die die Ziele der Befrei-

---

27 H. Heiber, a.a.O., S. 318.

ungsbewegung bekanntgab und feierlich im Rahmen eines Staatsaktes in Prag verkündet werden sollte. Prag war gewählt worden, weil dieser Staatsakt in einer Stadt im slawischen Sprachraum stattfinden sollte.

Der Text wurde mit großer Sorgfalt zusammengestellt. Die Einführung entwarf ein früherer Mitarbeiter Sykows, Kowaltschuk, den Hauptteil Saizew und den Schlußteil Nareikis. Dann wurde der Text mit Wlassow und seinen engeren Mitarbeitern abgestimmt und den zuständigen deutschen Stellen zugeleitet. Rosenberg wurde dabei übergangen.

Die politische Tragweite war allen bewußt. Im Text sollte ausgesprochen werden, was gesagt werden mußte, aber in einer Form, die den Gegnern keine direkten Angriffsflächen bot.

Trotz der Diktatur Hitlers wurde diese Proklamation ein demokratisches Dokument. Es enthielt Forderungen, Feststellungen und Ziele. Dazu gehörten: Sturz des Sowjetregimes und Verwirklichung der Revolutionsziele vom Februar 1917, die von den Sowjets verraten worden waren. Abschluß eines ehrenvollen Friedens mit Deutschland, Kolonialpolitik und Oberherrschaft waren damit ausgeschlossen. Annahme der deutschen Waffenhilfe unter Bedingungen, die die russische Ehre und Selbständigkeit nicht verletzen. Verurteilung jeder Gewaltherrschaft und jeder Unterdrückung fremder Völker. Sie richtete sich nicht nur gegen das Sowjetregime. Der Nationalsozialismus wurde mit keinem Wort erwähnt.

Himmler schickte den Entwurf mit dem Vermerk zurück, daß er zu lang sei. Auch vermisse er eine eindeutige Stellungnahme in der Judenfrage und in bezug auf die Westmächte.

Kroeger bat Himmler, den Text so zu belassen, die Russen müßten wissen, wie ihre Landsleute psychologisch am wirksamsten anzusprechen seien. Wlassow lehnte einen antijüdischen Passus strikt ab. Um die Proklamation nicht zu gefährden, wurde jedoch eine Formulierung gewählt, die nicht nur den Kampf gegen Stalin, sondern auch gegen die mit ihm verbündeten Westmächte erwähnte. Diese Fassung wurde Hitler vom Vertreter des Auswärtigen Amtes, Sonnleithner, vorgelegt.

Hitler lehnte jedoch die Genehmigung ab. Himmler habe davon nichts gesagt. Er wünsche mit ihm darüber zu sprechen.

Damit war klar, daß von einem grundsätzlichen Wandel der Ostkonzeption gar nicht gesprochen worden war und Himmler die ganze Aktion nur als taktische Maßnahme geschildert hatte. Wieder blieb nur die Möglichkeit, nach außen hin alles als rein taktischen und propagandistischen Schachzug weiterzuführen, bis die angestrebten Konsequenzen sozusagen auf „kaltem Wege" automatisch eintraten. In diesem Sinne wirkten nun Kroeger und Buchardt weiter.

Die Proklamierung in Prag wurde schließlich von Hitler genehmigt, jedoch nur mit „kleiner Besetzung". Die Prominenz sagte aus diesem Grunde ab. Nur SS-Obergruppenführer Lorenz nahm als Vertreter der Reichsregierung an der Veranstaltung teil[28].

Inzwischen war Wlassows anfänglicher Optimismus wieder der Enttäuschung gewichen, da praktisch kaum eine der Zusagen Himmlers gehalten worden war. Statt der versprochenen zehn Divisionen war Mitte Oktober nur eine in der Aufstellung begriffen. Die Herauslösung der bereits bewährten Freiwilligenverbände aus der Wehrmacht konnte nicht durchgesetzt werden.

Auch eine Zusammenarbeit mit den Nationalitäten-Vertretern und die Unterstellung der 162. Turkdivision, der ukrainischen Division und des Kosakenkorps war nicht zu erreichen. Mit Rosenbergs Rückendeckung lehnten die Nationalitätenvertreter jede Unterstellung unter Wlassow ab. Ihre Haltung begründeten sie damit, daß sie für die Selbständigkeit und Unabhängigkeit ihrer Völker kämpften, Wlassow sei aber die Verkörperung des alten russischen Imperialismus.

Wlassow hielt diese Einstellung für egoistisch und kurzsichtig, zumal im Manifest „Gleichheit aller Völker Rußlands, Recht auf nationale Entwicklung, Selbstbestimmung bis zur staatlichen Selbständigkeit" garantiert wurden. Nur sollte diese Entscheidung von den Völkern selbst nach dem Sturz des Sowjetsystems gefällt werden.

„Man kann Stalin nicht mit gespreizten Fingern, sondern nur mit geballter Faust besiegen", pflegte Wlassow zu sagen.

Diese extreme und wirklichkeitsfremde Nationalitätenpolitik wurde von der Masse der Freiwilligen und der Ostarbeiter nicht ge-

28 F. Buchardt, a.a.O., S. 273.

teilt. Sie sahen im KONR ihre natürliche und wirkungsvollste Vertretung. Diese Einstellung fand in Sammelbriefen an das KONR ihren Ausdruck und wurde in Berichten des SD über die Stimmung unter den Ostarbeitern bestätigt.

Besondere Spannungen ergaben sich im Verhältnis zu den westukrainischen Vertretern aus dem früher polnischen Galizien, dessen Bevölkerung im Gegensatz zu den griechisch-orthodoxen Ostukrainern griechisch-katholisch ist. Dort lebten 5 – 6 Prozent der insgesamt 35 Millionen Ukrainer. Sie waren weit fanatischere Nationalisten als die zur Sowjetunion gehörenden Ostukrainer. Ihre These war: Die Russen sind für Stalin begeistert, weil er Rußland noch größer gemacht hat als die Zaren. Arbeiten wir mit Wlassow zusammen, gewinnen wir nicht die Sympathie des russischen Volkes und verlieren die der nichtrussischen Völker.

Das entsprach den Ansichten Rosenbergs. Mit seiner Unterstützung versuchten sie die Wlassow-Aktion auf jede Weise zu behindern. Der ukrainische Führer Bandera reiste nach seiner Freilassung sogar zum Kosakenkorps nach Jugoslawien und hielt dort Reden gegen Wlassow, bis Pannwitz ihm jedes Auftreten im Korpsgebiet untersagte und im Wiederholungsfalle mit Verhaftung drohte[29].

Ohlendorf und Schellenberg versuchten diese Gegensätze durch Druck auszugleichen. Auf ihre Veranlassung kam es schließich zu einer Zusammenkunft zwischen Wlassow und einem der aktivsten Vertreter der Kaukasier, Khedia. Eine Einigung wurde nicht erreicht. Im Gegenteil! Khedia erklärte: „Stalin im Gesicht ist mir lieber als Wlassow im Hintern"[30].

Wlassow schien eine erzwungene Zusammenarbeit sinnlos. Er verzichtete auf weitere Versuche[31].

Aber nicht nur in der Nationalitätenfrage wurden Himmlers Zusagen nicht eingehalten. Die Gleichstellung der russischen Kriegs-

---

29 G. Berger, I Nr. 37.
30 E. Kroeger, I Nr. 42.
31 Zum Nationalitätenproblem liegt eine reichhaltige Literatur vor. Quellenangaben bei M. Schatow: Bibliographia oswoboditeljnogo dwishenija narodow Rossii, All-Slavic Publishing House, New York 1961; A. Dallin, a.a.O., S. 620 ff. mit Quellenangaben; F. Buchardt, a.a.O., S. 270 ff.; G. Fischer; Soviet Opposition to Stalin, Harvard University Press 1952, S. 62 ff.

gefangenen mit denen der anderen Länder wurde nur teilweise erreicht, die Unterstellung der für die Ostpropaganda zuständigen Dienststelle „Vineta" des Propagandaministeriums abgelehnt. Lediglich die in Deutschland erscheinende russische Presse wurde dem KONR übergeben. Als Hauptorgan erschien nach der Proklamation in Prag „Wolja naroda" (Volkswille).

Mitte Oktober 1944 verabschiedete sich Strikfeldt von Wlassow. Seitdem der SS-Verbindungsstab unter Kroeger bestand, war Strikfeldt als Berater Wlassows nicht mehr erwünscht. Gehlen beauftragte ihn, die Geschichte der deutschen Ostpolitik und der Wlassow-Aktion niederzuschreiben.

Der Abschied fiel ihm nicht leicht. Zwei Jahre lang hatte er mit Wlassow zusammengearbeitet, und längst war aus dem dienstlichen Verhältnis ein freundschaftliches geworden. Nun mußte er Wlassow in einem Augenblick verlassen, als klargeworden war, daß ihre gemeinsamen Bemühungen gescheitert waren, daß das Ziel mit den Deutschen nicht mehr erreicht werden konnte. So riet er Wlassow, als Protest gegen die neuerliche Unehrlichkeit der deutschen Führung nach der Proklamation des Manifests zurückzutreten. Ein solcher Schritt sollte, für alle sichtbar, die nationalsozialistische Ostpolitik desavouieren. Was dann im Hinblick auf das „Nachher" noch getan werden mußte, sollte Truchin tun.

Wlassow erbat sich Bedenkzeit. Nachdem er sich mit seinen russischen Mitarbeitern beraten hatte, lehnte er Strikfeldts Vorschlag am nächsten Tag ab. Er wolle diejenigen nicht im Stich lassen, die mehr denn je auf ihn hofften. Und er befürchte negative Auswirkungen auf die Lage der russischen Arbeiter und auf die Aufstellung der Armee.

Die Prager Proklamation

Kurz darauf wurde der Termin für die Proklamation auf den 14. November 1944 festgelegt.

Von deutscher Seite wurde Dr. Kurz, der früher in der Organisation „Vineta" eine Rolle gespielt hatte, mit der Vorbereitung des Staatsaktes beauftragt.

Von russischer Seite begaben sich am 11. November Oberst Meandrow, Major Tschekalow und Sherebkow nach Prag, um das Programm in allen Einzelheiten festzulegen.

Der Sonderzug mit den Mitgliedern des KONR, den wichtigsten Mitarbeitern Wlassows, den Ehrengästen und der Presse traf am 13. November 1944 um 23.30 Uhr in Prag ein.

Wlassow und die Mitglieder des KONR übernachteten im Schlafwagen auf einem Nebengleis. Um 8 Uhr wurden die Wagen in den Bahnhof gefahren.

Und nun rollte ein Zeremoniell ab, wie es sonst nur Staatsgästen zuteil wurde. Die „Untermenschen" waren plötzlich geachtete Verbündete geworden. Am Bahnhof begrüßte der Befehlshaber des Wehrkreises, General Toussaint, Wlassow. Eine deutsche Ehrenkompanie präsentierte vor Wlassow. Der anschließende Empfang bei Staatsminister Frank im Czernin-Palais, das Essen, das Frank einem kleinen Kreis deutscher und russischer Offiziere gab — alles verlief gut organisiert und eindrucksvoll. Ein später Triumph für die Russen.

Zwischendurch fand um 9 Uhr im Hotel Alcron, wo Wlassow mit seiner Begleitung wohnte, die erste Begegnung zwischen Wlassow und General Köstring statt. Kroeger hatte Mühe gehabt, Wlassows Einverständnis für dieses Gespräch zu erhalten. Köstring hatte im Grunde nichts für Wlassow getan und ihn in der Zeit, als er offiziell nicht anerkannt war, nie empfangen. Außerdem war er ein Gegner der Unterstellung der Nationalitätenverbände unter Wlassow.

So verlief diese Begegnung unverbindlich und kühl.

Um 15 Uhr fand dann im berühmten Spanischen Saal des Hradschin die feierliche Proklamation des Manifestes statt.

Hohe Offiziere der Wehrmacht und der SS, Delegierte der Reichsbehörden, Verteter der mit dem Dritten Reich verbündeten Staaten, aber auch einiger neutraler Staaten waren anwesend, außerdem Vertreter der Protektoratsregierung Böhmen-Mähren und Vertreter der Presse. Viele, die noch vor Monaten den Verkehr mit den „Untermenschen" abgelehnt hatten, drängten sich nun zur Teilnahme.

Als Wlassow, flankiert vom Staatsminister Frank und dem Vertreter der Reichsregierung, SS-Obergruppenführer Lorenz, den Saal betrat, erhoben sich die Anwesenden.

Als ältestes Präsidiumsmitglied eröffnete Professor Rudnew mit einer kurzen Begrüßungsansprache den Festakt und übergab dann Wlassow den Vorsitz.

Nun begrüßte Frank im Namen der Stadt Prag und des Staatsministeriums Wlassow und die Mitglieder des Komitees. Anschließend sprach Lorenz im Namen der Reichsregierung und bezeichnete Wlassow als „Freund und Verbündeten im Kampfe gegen den Bolschewismus".

Wlassow dankte kurz und begann dann mit der Verlesung des Manifests.

Nachdem die Präambel mit der Kritik am Sowjetregime und dem Überblick über die Entwicklung der Freiheitsbestrebungen in der Sowjetunion verlesen war, hob er die Stimme, um das so schwer erkämpfte Programm der Befreiungsbewegung zu verkünden. „Von diesen Erkenntnissen ausgehend, haben die Vertreter der Völker Rußlands im vollen Bewußtsein ihrer Verantwortung vor ihren Völkern, vor der Geschichte und der Nachwelt das Befreiungskomitee der Völker Rußlands gegründet mit dem Ziel der Organisation des gemeinsamen Kampfes gegen den Bolschewismus. Das Befreiungskomitee der Völker Rußlands setzt sich folgende Ziele:

a) Sturz der Tyrannei Stalins, Befreiung der Völker Rußlands vom bolschewistischen System und Wiederherstellung der Rechte, die die Völker Rußlands sich in der Volksrevolution von 1917 erobert haben.

b) Beendigung des Krieges und Abschluß eines ehrenvollen Friedens.

c) Errichtung einer neuen, freien, nationalen Staatlichkeit ohne Bolschewismus und Ausbeuter.

Basis der neuen Staatlichkeit der Völker Rußlands sollen folgende Grundsätze sein:

1. Gleichheit aller Völker Rußlands und ihr Recht auf nationale Entwicklung, Selbstbestimmung und gegebenenfalls staatliche Selbständigkeit.

2. Ordnung der nationalen Arbeit, bei der alle Interessen des Staates den Aufgaben der Hebung des Wohlstandes und der Entwicklung der Nation untergeordnet sind.

3. Erhaltung des Friedens und Herstellung eines freundschaftli-

chen Verhältnisses zu allen Ländern sowie die Entwicklung der internationalen Zusammenarbeit.

4. Umfassende staatliche Maßnahmen zur Festigung der Familie und Ehe. Gleichberechtigung der Frau.

5. Abschaffung der Zwangsarbeit und Sicherstellung des Rechts auf freie Arbeit, das allen Werktätigen materiellen Wohlstand gewährt. Festlegung einer Vergütung, die einen angemessenen Lebensstandard sichert, für jede Art von Arbeit.

6. Abschaffung der Kolchosen, unentgeltliche Übergabe des Grund und Bodens in das Privateigentum der Bauern. Freiheit in der Form der Landbewirtschaftung. Freie Nutznießung der Erträge der eigenen Arbeit, Abschaffung der Zwangsablieferungen und der Schuldverpflichtungen, die der Sowjetmacht gegenüber eingegangen wurden.

7. Unantastbarkeit des durch Arbeit erworbenen Privateigentums. Wiederherstellung des Handels und des Handwerks und Gewährung des Rechts und der Möglichkeit, am Wirtschaftsleben des Landes teilzunehmen.

8. Schaffung der Möglichkeit für die Intelligenz, frei zum Wohle des Volkes zu arbeiten.

9. Sicherung der sozialen Gerechtigkeit und des Schutzes vor jeder Ausbeutung für alle Werktätigen, unabhängig von ihrer Herkunft und früheren Tätigkeit.

10. Gewährung des Rechts auf kostenlose Ausbildung, ärztliche Hilfe, Erholung und Altersversorgung für alle.

11. Vernichtung des Terror- und Gewaltregimes. Abschaffung der Zwangsumsiedlungen und Massendeportationen. Gewährung der Freiheit der Religion und des Gewissens, des Wortes, der Versammlung, der Presse. Garantie der Unantastbarkeit der Person, des Vermögens, des Heimes. Gleichheit aller vor dem Gesetz, Unabhängigkeit und Öffentlichkeit der Rechtsprechung.

12. Befreiung aller politischen Häftlinge und Rückführung in die Heimat aus den Gefängnissen und Lagern aller, die wegen ihres Kampfes gegen den Bolschewismus belangt wurden. Keine Vergeltung und Verfolgung jener, welche ihren Kampf für Stalin und den Bolschewismus einstellen, unabhängig davon, ob dieser Kampf aus Überzeugung oder unter Zwang geführt wurde.

13. Wiederherstellung des durch den Krieg vernichteten Volksver-
mögens — der Städte, Dörfer, Fabriken und Werke — auf
Kosten des Staates.
14. Versorgung der Kriegsinvaliden und ihrer Familien durch den
Staat."

Mit einem Aufruf zum Kampf gegen die Diktatur Stalins schloß das
Manifest[32].

Es war ein Dokument, das mit keinem Wort Hitler oder den Nationalsozialismus erwähnte.

Daß es ein demokratisches Dokument geworden war, war nicht
erstaunlich, denn es war das Glaubensbekenntnis von Menschen,
die die Diktatur Stalins nur zu gut kannten. Erstaunlich war nur,
daß seine Formulierung durchgesetzt werden konnte. Der Wunsch
einiger Größen der NS-Partei, sich eine Art Rückversicherung für
die erhoffte Auseinandersetzung zwischen den Westmächten und
der Sowjetunion zu schaffen, mag eine Erklärung dafür sein.

Noch eindeutiger waren die Bemühungen Wlassows und seiner
Anhänger auf das „Nachher" gerichtet. Bisher war es ihnen nicht
gestattet worden, Ziele, Ursachen und Umfang ihrer Bewegung offen zu proklamieren. Solange das nicht geschah, mußte das unin-
formierte Ausland sie für Verräter halten. Es war also ein histori-
scher Akt, der dazu dienen konnte, der Befreiungsbewegung ihre
historische Begründung zu geben und den Beweis zu führen, daß
sie eigene politische Ziele verfolgte, im Gegensatz zu den „Quis-
lings" anderer Länder, die die nationalsozialistische Ordnung
übernehmen wollten.

Nach dem Festakt gab Frank im Czernin-Palais ein Bankett für
50 geladene Gäste. Die Stimmung der Russen war gut. Sie hatten
eine wichtige Etappe erreicht. Toaste wurden ausgebracht, und
dann erhob sich Wlassow und gedachte mit warmen Worten des
Freundes und Betreuers Strik-Strikfeldt, der unauffällig in einer
der hinteren Reihen am Festakt teilgenommen hatte. Später sangen

---

32 Der Text des Manifestes wurde mit den faksimilierten Unterschriften in S narodom — sa narod Nr. 4 (Anlage), Dezember 1964 veröffentlicht. Über die Prager
Proklamation vgl. M. Schatow; Bibliographie ODNR w gody wtoroi mirowoi
woiny, New York 1961, Columbia University.

die Russen das Lied von Stenka Rasin, dem Kosakenführer, der die Freiheit in vollen Zügen genoß und dann sein Haupt auf den Richtblock legen mußte. Keiner der Sänger ahnte, daß auch ihr eigenes Schicksal sich wenige Monate später in dieser Stadt, in diesem Lande erfüllen würde.

Gegen 23 Uhr begaben sich alle in den Filmklub, wo den übrigen Gästen ein Essen gegeben worden war.

Um 2 Uhr nachts fuhr Wlassow mit den Mitgliedern des KONR zum Bahnhof, wo ein Sonderwagen an den Nachtzug nach Berlin angehängt wurde.

Die anderen Gäste verließen Prag am nächsten Morgen.

Am 16. November erschien die erste Nummer des neuen Organs des KONR, „Wolja naroda" (Volkswille), mit dem Wortlaut der Proklamation in hoher Auflage. Gleichzeitig wurden Flugblätter mit dem Text der Proklamation über sowjetischem Gebiet abgeworfen.

Am 17. November besuchte Wlassow die Propagandaschule Dabendorf, das Zentrum, das ihm trotz aller Behinderungen durch die nationalsozialistische Führung die Organisation der Befreiungsbewegung ermöglicht hatte.

Am 18. November fand im großen Saal des Europahauses in Berlin ein Festakt statt, an dem eintausendfünfhundert Personen teilnahmen, vornehmlich Delegationen aus Arbeits- und Kriegsgefangenenlagern.

In einer großen Rede erläuterte Wlassow die Ziele der Befreiungsbewegung.

Dann verlas er das Manifest.

Anschließend sprachen einige Teilnehmer. Besonderen Eindruck hinterließen die Rede des Priesters Kisiljow, der die demokratischen Prinzipien des Manifestes unterstrich, und die Ansprache des Leutnants Dimitrijew, der mit dem Ausruf schloß: „Wir sind keine Söldner der Deutschen und haben auch nicht vor, es je zu werden; wir kämpfen für ein unabhängiges Rußland ohne Bolschewismus und Unterdrücker!" Minutenlange Ovationen folgten diesen Worten. Viele der Anwesenden weinten. Ein lang unterdrücktes Bekenntnis für nationale Freiheit und gleichzeitig ein Protest gegen die Methoden der nationalsozialistischen Führung fanden hier Ausdruck. Es waren Minuten der Hoffnung und der echten Erschütterung.

Zum Abschluß wurde die Hymne „Kolj slawen" von allen Anwesenden gemeinsam gesungen.

Am 19. November fand ein feierlicher Bittgottesdienst für den Sieg der Befreiungskämpfer in der russischen Kathedrale in Berlin statt, der vom Haupt der russischen Kirche im Ausland, Metropolit Anastassij, und vom Metropoliten für Berlin und Deutschland, Seraphim, geleitet wurde.

Anschließend empfing Wlassow den Metropoliten Anastassij in Dahlem zu einer mehrstündigen Unterredung. Wlassow erbat, wie das üblich war, bei der Begrüßung den Segen. Sein Verhalten war der Ausdruck seiner politischen Einstellung. Er erkannte die Kirche und ihre Riten an, wenngleich er selbst nicht im kirchlichen Sinne gläubig war.

Am 20. November wurden die Kriegsgefangenen und Ostarbeiter durch Propagandisten der ROA in Versammlungen über die Organisation des KONR und das Manifest informiert.

In den Tagen darauf trafen 470 Sammeltelegramme verschiedener Arbeitsgruppen und Tausende von Einzelbriefen ein, in denen insgesamt mehr als 30 000 Mann um Aufnahme in die ROA baten. Gleichzeitig wurden Geldspenden, Schmuckstücke, selbst Eheringe als Beitrag zum Aufbau der Armee übersandt[33].

Hoffnungen und Ängste

Zehntausende bekannten sich zu diesem Zeitpunkt, als der Zusammenbruch des Dritten Reiches absehbar und nur noch eine Frage kurzer Zeit war, zur Befreiungsbewegung.

Die Prager Proklamation und die Kundgebungen für das KONR als „Farce, als Schall und Rauch" zu bezeichnen ist, ungeachtet der Unaufrichtigkeit der deutschen Führung, nicht zutreffend[34]. Für die Russen war die Befreiung vom Stalin-Regime ein Ziel, für das sie bereit waren, jedes Opfer zu bringen.

---

33 K. Kromiadi, I Nr. 13; E. v. Dellingshausen, I Nr. 18; N. Tensorow, I Nr. 43; J. Sherebkow, I Nr. 44; R. Antonow, I Nr. 3; G. Truchin: Woorushonnyje ssily oswoboditeljnogo Dwishenija, Wolja naroda, Nr. 2, 18. 11. 1944.

34 A. Dallin, a.a.O., S. 649.

Sie sahen sich erneut bedroht von dem immer näher rückenden Machtapparat Stalins. Sie hatten das Bedürfnis, sich enger zusammenzuschließen, sich in der Masse Gleichgesinnter zu bergen. Nun hatten sie eine Repräsentation, das KONR, und ein eigenes Machtinstrument, die ROA, die sie vor Willkürakten der Deutschen schützen sollte. Sie glaubten, daß die westlichen Demokratien den politischen Charakter ihres Freiheitskampfes verstehen würden. Sie hielten deren Bündnis mit Stalin für ein Zweckbündnis, das zerbrechen mußte, sobald das Ziel, der Zusammenbruch des Hitler-Reiches, erreicht war und die weltrevolutionären Ambitionen Stalins wieder klar zutage treten würden.

Dieses Vertrauen auf die Westmächte mag heute naiv erscheinen; aber auch der Glaube vieler weit besser informierter Vertreter der Westmächte an den „guten Onkel Joe Stalin" erscheint heute naiv.

Nach der Prager Proklamation ließ die quälende Spannung nach, in der Wlassow die letzten Wochen verbracht hatte. Bis zuletzt hatte er ein Verbot befürchtet. Melitta Wiedemann gegenüber äußerte er: „Jetzt ist es geschehen, und niemand kann es mehr ändern. Wenn uns das Schicksal den Tod bestimmt hat, werden wir sterben. Der Same der Wahrheit liegt in der Erde, er wird aufgehen und Früchte tragen[35]."

Für sich erwartete Wlassow nicht mehr viel. Er war müde von dem jahrelangen zermürbenden Kampf gegen Einsichtslosigkeit und Anmaßung der deutschen Führung. Was nun zu tun blieb, war die Aufstellung einer möglichst großen Armee als Machtpotential gegen weitere deutsche Übergriffe und als Beweis für das Bestehen einer politischen Befreiungsbewegung. Eine Chance zu überleben gab es nur, wenn ein politischer Machtfaktor entstand und von den Westmächten als solcher anerkannt wurde.

Für den Einsatz der ROA in der Schlußphase des Krieges, dessen Ende damals allgemein erst für den Herbst 1945 erwartet wurde, standen zwei Pläne zur Diskussion: Durchbruch durch die Front zur Ukrainischen Aufstands-Armee oder Vereinigung mit dem Kosakenkorps, dem Russischen Korps und den Verbänden Michailowitschs in Jugoslawien.

35 M. Wiedemann, Brief an den Autor.

Nachdem die ukrainischen Nationalistenführer Bandera und Melnik auf Intervention Rosenbergs Ende September 1944 aus der Haft entlassen worden waren, hatte Wlassow mit ihnen Kontakt aufgenommen und eine Zusammenarbeit mit der UPA (Ukrainskaja Powstanska Armija — Ukrainische Aufstands-Armee) vorgeschlagen. Bandera erklärte sich nach langer Haft inkompetent und wollte nur in Übereinstimmung mit dem „Obersten Befreiungsrat" handeln, der sich als politisches Gremium im Gebiet der UPA gebildet hatte.

Die UPA hatte als Folge der Unterdrückungspolitik des Reichskommissars Koch den Kampf gegen die Deutschen aufgenommen und kämpfte nun, nachdem die Rote Armee die Ukraine zurückerobert hatte, gegen die Sowjets weiter.

Verstärkt wurde sie durch Teile der im Juli 1944 bei Brody zerschlagenen Galizischen SS-Division.

Nun begann die deutsche Wehrmacht, sie mit Waffen zu unterstützen. Um die Lage zu klären, flog der Kommandeur des Frontaufklärungskommandos bei der Heeresgruppe A, Hauptmann Witzel, der unter dem Decknamen Kirn auftrat, über die Front zur UPA und stellte ihre beachtliche militärische Stärke fest.

Es gelang den Ukrainern, einen Vertreter des „Befreiungsrats" durch die Front zu schleusen. Unter dem Namen Orlow verhandelte er mit Bandera und mit deutschen Stellen. Orlow trat sehr selbstsicher auf und gab an, große Teile der Ukraine, mit Ausnahme der Städte und Hauptverbindungslinien, seien in der Hand der UPA, die im übrigen nach dem Zusammenbruch der Deutschen westalliierte Unterstützung erwarte.

Zu einer Zusammenarbeit mit Wlassow sei die UPA jedoch nur bereit, wenn dieser den „Befreiungsrat" als Vertretung einer freien und unabhängigen Ukraine anerkenne[36].

Wlassow lehnte die Anerkennung der Unabhängigkeit ab und verwies auf die im Manifest niedergelegten Thesen. Es wurde jedoch ernsthaft erwogen, nach Aufstellung der drei ersten Divisionen, zusammen mit dem Kosakenkorps, dem Korps Steifon, der 2. Ukrainischen Division und der Luftwaffengruppe Malzew — ins-

---

36 F. Buchardt, a.a.O., S. 277 ff.

gesamt rund 100 000 Mann —, die Front zu durchbrechen und gemeinsam mit der UPA, deren Stärke auf 50 000 Mann geschätzt wurde, den revolutionären Befreiungskampf aufzunehmen. Für diesen Fall wurde mit dem Überlaufen großer Teile der Roten Armee gerechnet und auf die Unterstützung durch die Westmächte gehofft.

Um festzustellen, ob auch der NTS bereit sein würde, sich diesem Unternehmen anzuschließen, sandte Wlassow Meandrow zu Verhandlungen in das Gefängnis am Alexanderplatz.

Wlassows Bemühungen um Entlassung der NTS-Leute waren bisher zwar ohne Erfolg geblieben, aber von Erschießung war nicht mehr die Rede, und die Gestapo genehmigte sogar unkontrollierte Verhandlungen Meandrows mit den inhaftierten NTS-Führern, die zu diesem Zweck aus anderen Gefängnissen zusammengeholt wurden. Die NTS-Führung hielt ein Gelingen des Planes zu diesem späten Zeitpunkt für fraglich, war jedoch bereit mitzumachen, da sie keine andere Chance mehr sah[37].

Als jedoch die Rote Armee Mitte Januar bis an die Oder vorstieß, wurde der Plan fallengelassen und nun der Einsatz aller Kräfte in Jugoslawien diskutiert. Gemeinsam mit dem Kosakenkorps, dem Korps Steifon und den Verbänden Dragza Michailowitschs sollte verhindert werden, daß der Kommunismus mit Tito an die Macht gelangte.

Nach dem Zusammenbruch des Dritten Reiches wurde eine Unterstützung durch die Westalliierten erhofft. Es schien nicht vorstellbar, daß England, wo König Peter im Exil lebte, Jugoslawien dem Kommunismus preisgeben würde.

Die sich in rascher Folge überstürzenden Ereignisse in der Schlußphase des Krieges verhinderten jedoch die Verwirklichung auch dieses Planes.

In Dabendorf und Berlin herrschte nach der Prager Proklamation eine hektische Betriebsamkeit. Über Nacht war Wlassows Hauptquartier zu einem neuen politischen Mittelpunkt geworden, wo, unabhängig von der Politik des Dritten Reiches, zum Teil schon gegen sie, geplant und gehandelt wurde.

37 W. Poremski, I Nr. 14.

Der Besucherstrom riß nicht ab. Es kamen Deutsche, Russen, Ausländer, aus Neugier, Sympathie oder in der Erwartung, es handele sich um etwas Neues, das politische Bedeutung erlangen könnte. Es kamen Journalisten des In- und Auslandes, spanische Diplomaten, Vertreter der Apostolischen Nuntiatur. Es kam der Generaldirektor der Dresdner Bank, Professor Meyer, der Wlassow einen Millionenkredit anbot. Es kamen inoffizielle Vertreter der Bulgaren, der Serben, der Slowaken, der Ungarn, der Rumänen, der baltischen Staaten. Sie alle ließen erkennen, daß das Prager Manifest ein politisches Programm enthalte, das auch sie bejahen konnten.

Es wurde offenbar, welche Resonanz ein nichtbolschewistisches Rußland bei diesen Völkern haben würde.

Um die außenpolitische Bedeutung Wlassows zu betonen, veranlaßte Kroeger eine Reise Shilenkows als Vertreter Wlassows nach Preßburg, wo er vor der Deutsch-Slowakischen Gesellschaft einen Vortrag über die ROA halten sollte. Der Besuch wurde zur Sensation des Tages. In feierlicher Audienz wurde er vom Staatspräsidenten Tiso empfangen. Minister luden ihn ein, überhäuften ihn mit Geschenken und tauschten slawische Bruderküsse aus.

Offiziell war die Slowakei souveränes Ausland, tatsächlich aber war sie seit dem mißglückten Aufstandsversuch vom August 1944 völlig abhängig vom Dritten Reich. Um so bemerkenswerter waren die Fragen, die Shilenkow gestellt wurden, und die Offenheit, mit der er sie beantwortete.

Auf einem Empfang für die in Preßburg tätigen ausländischen Journalisten wurden unter anderem folgende Fragen gestellt:

Wie ist die Einstellung des KONR zu den Westmächten?

Antwort: Die ROA werde nur gegen das Sowjetregime kämpfen. Den Westmächten gegenüber bestehe keine Gegnerschaft. Die im Westen eingesetzten Verbände seien Wlassow noch nicht unterstellt.

Wie ist die Einstellung des KONR zur Judenfrage?

Antwort: Das KONR werde ausschließlich nach den Erfordernissen der russischen Verhältnisse handeln. In Rußland gäbe es keine spezielle „Judenfrage", die der Lösung bedürfe.

Welchen Preis hat das KONR den Deutschen für ihre Hilfe zugesagt?

Antwort: Über einen Preis sei nicht verhandelt worden. Im übrigen sei es selbstverständlich, daß man sich in einer die Ehre Rußlands nicht verletzenden Weise einigen werde.

Aus welchen Gründen habe sich Shilenkow als prominenter Kommunist auf die Seite der Deutschen gestellt?

Antwort: Er habe sich niemals auf die Seite der Deutschen gestellt, sondern mit vielen anderen Gleichgesinnten den Kampf gegen ein Regime der Unfreiheit in Rußland aufgenommen. Als ehemaliger hoher Funktionär kenne er besser als andere die Fehler des Stalin-Regimes[38].

Nach dieser Reise wurde Kroeger von Himmler angewiesen, Wlassows außenpolitische Kontakte zu unterbinden. Ein für Februar 1945 geplanter panslawistischer Kongreß in Preßburg, der unter dem Vorsitz Wlassows stattfinden sollte, wurde nicht genehmigt.

Während Wlassow sich bemühte, die Aufstellung der Divisionen voranzutreiben und die Unterstellung des Kosakenkorps und anderer kampffähiger Verbände durchzusetzen, dauerte der Kampf zwischen den Ämtern an. Rosenberg versuchte ständig, die Wlassow-Aktion zu torpedieren.

Die Gestapo warnte vor der Gefahr eines Umschwenkens des KONR zu den Westmächten, und Taubert, der Leiter der Ostabteilung im Propagandaministerium, faßte in einem Bericht die Bedenken aller KONR-Gegner zusammen: „Die Wlassow-Bewegung fühlt sich innerlich nicht auf Gedeih und Verderb mit Deutschland verbunden. Sie hat starke anglophile Sympathien und spielt mit dem Gedanken eines etwaigen Kurswechsels. Die Wlassow-Bewegung ist nicht nationalsozialistisch. Wichtig ist, daß eine Bekämpfung des Judentums nicht erfolgt, die Judenfrage überhaupt nicht als solche anerkannt wird[39]."

Diese Feststellungen waren zutreffend. Anstoß an einer solchen Haltung konnten jedoch nur die Vertreter jener nationalsozialistischen Ostkonzeption nehmen, die deutsche Herrschaft und Unterdrückung Rußlands meinten. Die Deutschen, die Wlassow aus

---

38 F. Buchardt, a.a.O., S. 294 ff., der Shilenkow begleitete.
39 W. Taubert: Tätigkeit im deutsch-sowjetischen Krieg, Dezember 1944, zitiert bei A. Dallin, a.a.O., S. 665 ff.

Überzeugung und nicht aus Opportunismus unterstützten, taten es, weil er kein Verräter und kein Söldner war.

Im Kampf um eine neue Ostkonzeption siegten schließlich die Anhänger Wlassows und der großrussischen Linie. Rosenberg wurde überspielt und vor vollendete Tatsachen gestellt. Dennoch versuchte er immer noch — wenige Monate vor dem Zusammenbruch — seine alten Thesen durchzusetzen. Er bezichtigte Wlassow „umstürzlerischer Bestrebungen" und „der Vorbereitung einer großrussischen Diktatur mit Hilfe unbekannter Strohmänner"; wenn das KONR angebe, der Kampf gegen den Stalinismus müsse unter einheitlichem Kommando geführt werden, dann „übersieht das Wlassow-Komitee die Tatsache, daß solche Einheit nur durch das deutsche Oberkommando sichergestellt werden kann"; die Bildung nationaler Abteilungen im KONR bezeichnete er schlicht als „vorsätzliche Provokation"; der SS warf er vor, einen verhängnisvollen Kurs sanktioniert zu haben, ohne ihn zu informieren. Er selbst habe keine Möglichkeit mehr, zum Führer durchzudringen; wenn keiner den Führer ins Bild setze, dann könnten nach dem deutschen Sieg und Wlassows Einsetzung als großrussischen Herrscher „unsere Kinder in dreißig Jahren einer zentralisierten Macht gegenüberstehen", und das nur, „weil einige Stellen die Entwicklung der Dinge nicht begriffen hatten"[40].

Als Hilger Sachbearbeiter des Auswärtigen Amtes für das KONR wurde, verdächtigte ihn Rosenberg „probolschewistischer" Sympathien und scheute sich nicht, auf das Niveau übler Denunziation hinabzusteigen, indem er behauptete, Hilger sei mit einem der schlimmsten Deutschenhasser, Emil Ludwig-Cohn, befreundet, den er sogar in der Schweiz besucht habe. „Ich glaube nicht", schloß er, „daß gerade Hilger der Mann ist, der Ostprobleme im nationalsozialistischen Staat behandeln kann[41]."

Wlassow erfuhr nur Bruchteile solcher Auseinandersetzungen zwischen den einzelnen Machtgruppen. Mit Rosenberg und seinem „Kolonialministerium", wie er es nannte, wollte er nichts zu tun haben.

---

40 Zitiert bei A. Dallin, a.a.O., S. 655 f.
41 Rosenberg an Ribbentrop, 20. Januar 1945, A. Dallin, a.a.O., S. 667 Fn.

Da es zu keiner Einigung mit den von Rosenberg unterstützten Nationalitätengruppen kam, wurden im KONR eigene Abteilungen für die einzelnen Nationalitäten gebildet.

Die erste Division

Wenn es schließlich in verhältnismäßig kurzer Zeit gelang, doch zwei Divisionen aufzustellen, so verdankte Wlassow das zu einem wesentlichen Teil der Energie des Obersten i. G. Herre, den Köstring aus Italien angefordert hatte, wo er die 232. Infanteriedivision führte.

Herre traf am 8. November in Berlin ein und meldete sich in Potsdam bei Köstring. Er fand ihn gealtert und pessimistisch. Das „Zu spät" stand auch vor ihm, aber er wollte noch soviel wie möglich für die Aufstellung der russischen Armee tun, und sei es nur, wie er sagte, „um diese Kräfte auf irgendeine Weise für die Zukunft zu retten, die jenseits unseres Sieges liegt"[42].

Herre stellte in Berlin den kleinen Stab zusammen, den er brauchte, und griff dabei auf Offiziere zurück, die bereits mit den russischen Problemen vertraut waren. Zu seinem Ia machte er den Major Keiling, der kurz zuvor als Kommandeur der russischen Artillerieabteilung 621 das Ritterkreuz erhalten hatte.

Sehr schnell sah er, daß die Schwierigkeiten weit größer waren, als er sie sich ohnehin vorgestellt hatte. Verständnislosigkeit, Unwille, Obstruktion waren die Regel. Trotz der Befehle Himmlers mußte er um jede Zuteilung kämpfen[43].

Die erste und zweite Division – offizielle Benennung: 600. und 650. Infanteriedivision (russisch) – sollten auf den Truppenübungsplätzen Münsingen und Heuberg auf der Rauhen Alb in Württemberg aufgestellt werden.

42 H. Herre, Tagebuch.
43 Über die Aufstellung der Divisionen vgl. H. Herre, Kriegstagebuch; W. Artjemjew, Kommandeur des 2. Regiments der ersten Division: Die erste Wlassow-Division. Dieses 1946 geschriebene und unveröffentlichte Manuskript liegt dem Autor vor.

Von der Wehrmacht wurden jedoch nur Reste verschiedenster mehr oder weniger angeschlagener Verbände überstellt. Die intakten und bewährten Einheiten waren angeblich unentbehrlich. Den Kern der I. Division bildeten schließlich zwei größere Verbände, die der Waffen-SS unterstellt gewesen waren: Reste der in Frankreich angeschlagenen weißruthenischen SS-Division Sigling und 5000 Mann der Brigade Kaminski.

Bei der Eingliederung der Weißruthenen gab es keinerlei Schwierigkeiten. Größere Probleme bildete die Eingliederung der Kaminski-Leute. Die RONA war seinerzeit im Raume Lokotj aus Bauern zusammengestellt worden, die keine oder nur eine geringe militärische Ausbildung erhalten hatten, aus Soldaten und Offizieren der Roten Armee, die nach der Kesselschlacht bei Briansk statt in die Gefangenschaft in die Brigade Kaminski gegangen waren. Dem Mangel an höheren Offizieren hatte man durch Beförderung abgeholfen.

Im Kampf gegen Partisanen hatten ihre militärischen Kenntnisse genügt. Nun aber stellte eine Prüfungskommission fest, daß nur wenige eine ihrem Rang entsprechende Ausbildung erhalten hatten. Der Nachfolger Kaminskis, „Oberst" Belaj, war in der Roten Armee nur Oberleutnant gewesen. Aus diesen Gründen wurde nur ein Teil der Offiziere übernommen.

Die Stimmung der Kaminski-Leute war gedrückt. Nach der Erschießung Kaminskis fühlten sie sich von allen verraten und hofften nun, in der ROA eine neue Aufgabe zu erhalten.

Seit dem Rückzug aus Lokotj hatte die Brigade einen langen Weg der Ernüchterung und Enttäuschung zurücklegen müssen. War die RONA im heimatlichen autonomen Gebiet Lokotj mehr oder weniger unabhängig und isoliert gewesen, so lernte sie in Lepel die tatsächliche Einstellung der deutschen Führung kennen. Sie erfuhr von der entwürdigenden Behandlung durch deutsche Verwaltungsbeamte, von der Untermenschtheorie, von den Zuständen in den Arbeits- und Kriegsgefangenenlagern. Zweifel und Demoralisierung nahmen zu. Ein rußlanddeutscher Lehrer, der als Dolmetscher tätig war, erschoß sich, nachdem er erklärt hatte, es sei alles ganz anders, als er erwartet habe, und er schäme sich, Deutscher zu sein. Ein Hauptmann Turlakow erschoß sich ebenfalls, nachdem er in Deutschland die Verhältnisse in den Kriegsgefangenenlagern und Arbeitslagern kennengelernt hatte.

Die Lage der RONA war besonders kompliziert, weil die im Gebiet Lokotj Beheimateten ihre Familien mitgenommen hatten. So mußte für mehr als 50 000 Menschen gesorgt werden.

Unter diesen Umständen hatte Kaminski den Vorschlag des Höheren SS- und Polizeiführers von Gottberg angenommen, sich der SS zu unterstellen. Er hoffte auf bessere Versorgung der Familien und bessere Ausrüstung, zumal die sowjetischen Uniformen völlig verschlissen waren und auch die Bewaffnung zu wünschen übrig ließ.

Himmler hatte Kaminski empfangen, ihm das deutsche EK I verliehen und ihn zum SS-Standartenführer ernannt. Die Einheit wurde nun unter der Bezeichnung 29. Division der Waffen-SS, RONA (russisch), geführt. Nur ein kleiner Teil erhielt jedoch neue Uniformen. Wer sie erhalten hatte, trennte sofort das deutsche Hoheitszeichen ab und heftete das RONA-Schild an.

Als im Sommer 1944 auch Lepel aufgegeben werden mußte, weigerte sich ein Teil der Familienmitglieder, weiter mit den Deutschen zurückzugehen. Immerhin wurde der Rückzug noch mit 15 000 Soldaten und rund 20 000 Zivilisten angetreten.

Der Plan, die Zivilisten in Ungarn unterzubringen, scheiterte, und die Brigade blieb in Oberschlesien liegen. Dort erreichte Kaminski der Befehl, an der Niederschlagung des Warschauer Aufstandes teilzunehmen. Er weigerte sich zunächst, wie er sich schon zuvor Gottberg gegenüber strikt geweigert hatte, gegen polnische Partisanen zu kämpfen. Er kämpfe gegen den Bolschewismus, aber nicht gegen die Polen, hatte er erklärt[44]. War er bei Gottberg durchgedrungen, so mußte er hier schließlich nachgeben, nachdem Himmler persönlich überraschend höflich telegrafiert hatte: Erwarte in dieser Angelegenheit Ihre Hilfe.

Um die Familien seiner Leute nicht wieder zu trennen, wurden Junggesellen ausgesucht, meist junge Leute, und als verstärktes Regiment in Stärke von 1700 Mann unter Befehl des Majors Frolow in Marsch gesetzt. Da sie noch immer Sowjetuniformen trugen, wurden sie mit gelben Armbinden ausgestattet. Das Recht

44 R. Redlich, I Nr. 9.

zum Plündern wurde ausdrücklich gewährt, da Warschau auf Befehl Hitlers dem Erdboden gleichgemacht werden sollte.

Das Regiment wurde vom 5. August bis zum 26. August in Warschau eingesetzt. Der Luxus der von ihren Bewohnern verlassenen Wohnungen im vornehmen Stadtteil Ochota blendete die einfachen Bauernburschen. Sie machten von der Genehmigung zum Plündern ausgiebig Gebrauch. Kaminski selbst war 10 Tage in Warschau und wollte einen Teil der Beute, vor allem Juwelen, als Reserve für seine Einheit und ihre Angehörigen sichern. Das wurde ihm zum Verhängnis. Das Regiment wurde aus dem Einsatz gezogen. Kaminski selbst wurde nach einem scharfen Wortwechsel auf Befehl des Obergruppenführers Bach-Zelewski in Lodz verhaftet, vor ein SS-Standgericht gestellt und kurzerhand erschossen. Die Erschießung wurde als „Geheime Reichssache" behandelt und nur wenigen Personen mitgeteilt.

Die Wahrheit wagte keiner der Brigade mitzuteilen. Das Gerücht, Kaminski sei auf der Fahrt nach Ungarn von polnischen Partisanen erschossen worden, wurde verbreitet. Weil die Offiziere Kaminskis sich mit dieser Erklärung nicht zufriedengaben und den Ort des Überfalls untersuchen wollten, wurde sein Wagen in einen Graben gefahren, mit Schüssen durchlöchert und mit Gänseblut beschmiert. Das Verlangen der Offiziere Kaminskis, gegen die Bevölkerung vorzugehen, um die Leiche ihres Kommandeurs sicherzustellen, wurde abgelehnt. Bach-Zelewski sprach den Offizieren der Brigade sein Beileid aus.

Der Zivilanhang und der größte Teil der Verheirateten wurde nun in Pommern auf Güter zum Arbeitseinsatz verteilt.

Rund 5000 Mann meldeten sich zur ersten Wlassow-Division[45].

Der Stab der ersten Division traf am 12. November in Münsingen ein. Auf Empfehlung Köstrings hatte Wlassow Oberst Sergej Kusmitsch Bunjatschenko unter Beförderung zum Generalmajor als Kommandeur bestimmt. Bunjatschenko, Anfang 40, Bauernsohn aus der Ukraine, hatte eine steile Karriere hinter sich. Seit 1919 Parteimitglied der KPdSU, war er schon 1939 Kommandeur

---

45 Über die Brigade Kaminski siehe auch S. 84 ff. Ferner F. Buchardt, a.a.O., S. 113 ff.; E. v. Krannhals: Der Warschauer Aufstand, Verlag für Wehrwesen, Frankfurt 1962.

einer Fernostdivision in Wladiwostok und zuletzt im Stabe Timoschenkos gewesen. Zu Beginn des Krieges war er zu den Deutschen übergegangen und hatte das Kommando einer Freiwilligeneinheit zunächst an der Ostfront, dann in Frankreich übernomen. Er war ein überzeugter Feind des Stalin-Regimes und des Nationalsozialismus; ein Mann von großer Willenskraft, gradlinig, kurz angebunden, manchmal grob, ein Mann, der sein Handwerk verstand.

Sein Stabschef war Oberstleutnant Nikolajew, Generalstabsoffizier der Roten Armee, ein fähiger, intelligenter und geschmeidiger Mann, der diplomatisch vermittelte, wo Bunjatschenko aufbrauste.

Die meisten Offiziere kamen aus Dabendorf, wo seit langem geheime Listen mit den Namen geeigneter Offiziere in allen russischen Einheiten geführt wurden.

Regimentskommandeure wurden die Oberstleutnante Archipow, Artjemjew, Alexandrow und Shukowski. Um den Kommandeur der Aufklärungsabteilung, Major Kostjenko, einen früheren Kaminski-Offizier, kam es zu Differenzen zwischen Herre, der ihn nicht für geeignet hielt, und Bunjatschenko, der auf der Ernennung bestand. Herre hatte sich noch nicht daran gewöhnt, daß nun die Russen allein für die ROA verantwortlich waren und er keinerlei Befehlsgewalt mehr besaß. Es war eine Genugtuung für die Russen, die jahrelang den deutschen Anweisungen hatten folgen müssen, daß sein Einspruch unbeachtet blieb.

In den nächsten Wochen zeigte Bunjatschenko, was er konnte. Er unterwarf den zusammengewürfelten Haufen seiner eisernen Zucht, wobei ihm der gute Wille der Truppe entgegenkam.

Bunjatschenko überhäufte Herre mit Vorwürfen, wenn dieses oder jenes nicht klappte, weil Waffen und Ausrüstung nicht eintrafen. Immer beherrschte ihn das Mißtrauen, die Verzögerungen und Mißstände seien beabsichtigt, man traue ihm nicht und wolle im Grunde die Aufstellung verhindern.

Herre arbeitete bis zur Erschöpfung, um alle Widerstände zu überwinden. Als die Division Anfang Februar stand und die zweite Division im benachbarten Heuberg ebenfalls in Aufstellung begriffen war, erschien es ihm fast wie ein Wunder. Zum Kommandeur der zweiten Division war Oberst Swerew bestimmt worden, ebenfalls unter Beförderung zum Generalmajor.

Swerew, Sohn eines Arbeiters, war ein fähiger Offizier, der schon während des Finnlandkrieges zum Divisionskommandeur avanciert war. Bei Beginn des Ostfeldzuges wurde seine Division zerschlagen, er selbst verwundet. Es gelang ihm jedoch, sich in Zivil wieder zur Roten Armee durchzuschlagen. Dort wurde er sofort verhaftet, der Spionage verdächtigt und nach monatelangen Verhören unter Degradierung zum Major nach Mittelasien kommandiert. Erst 1942 wurde er wieder als Divisionskommandeur an der Front eingesetzt. Im März 1943 geriet er in der Kesselschlacht bei Charkow in deutsche Gefangenschaft.

Zusammen mit rund tausend Offizieren wurde er zunächst in Dnjepropetrowsk interniert. Sofort begannen politische Diskussionen über die Befreiungsbewegung Wlassows, die durch die deutsche Flugblattaktion zu Beginn des Jahres bekannt geworden war. Auch dort konnten die sowjetischen Offiziere erst in der Gefangenschaft frei und offen reden. Es erwies sich, daß die Mehrheit einen Sturz des Stalin-Regimes begrüßt hätte. 780 Offiziere unterschrieben eine Petition, in der sie darum baten, in die Befreiungsarmee aufgenommen zu werden. An der Spitze der Unterschriften stand der Name Swerew.

Daraufhin wurde die Gruppe nach Limburg geschickt. Acht Offiziere kamen nach Dabendorf, der Rest blieb im Lager.

Auf Wunsch Himmlers, der am 24. Januar 1945 den Oberbefehl über die Heeresgruppe Weichsel übernommen hatte, sollte in den ersten Tagen des Februar ein russisches Panzerjagdkommando beweisen, daß die Russen bereit waren zu kämpfen.

Weder Wlassow noch Bunjatschenko waren über diesen Auftrag erfreut. Ihnen lag daran, möglichst schnell eine starke Armee aufzustellen und auszubilden. Sie vorzeitig zersplittern zu lassen, war nicht in ihrem Sinn. Schließlich wurde jedoch aus Freiwilligen der ersten Division und der Propagandakompanie ein 150 Mann starkes Kommando unter Führung von Sacharow und Graf Lamsdorff aufgestellt und von Wlassow verabschiedet.

Das Kommando wurde gegen einen sowjetischen Brückenkopf bei Neulowin und dann in Pommern eingesetzt, kämpfte mit großer Tapferkeit und brachte Gefangene ein.

Der Einsatz dieser Einheit wurde im Wehrmachtsbericht er-

Kaminski in Lokotj 1943

Fedor I. Truchin

Staatsakt in Prag, v.l.n.r.: General Toussaint, SS-Obergruppenführer Lorenz, Wlassow, SS-Oberführer Kroeger

Bei der I. Division in Münsingen: Sacharow, Bunjatschenko, Wlassow

wähnt. Himmler war beeindruckt und überreichte Sacharow eine goldene Uhr.

Sacharow und Lamsdorff übernahmen nun mit einem aus Dänemark herangeführten russischen Regiment einen Frontabschnitt. Das Panzerjagdkommando ging nach Münsingen zurück[46].

Indessen hatten Wlassow und das KONR trotz aller Schwierigkeiten einiges erreicht. Die Lage der russischen Arbeiter in Deutschland hatte sich gebessert, in manchen Lagern gab es Vertrauensleute des KONR, die Mißstände abstellen konnten. Anfang Januar hatte Himmler lakonisch befohlen: Wer in Zukunft Russen prügelt, kommt ins KZ! Die Gleichstellung mit den deutschen Arbeitern wurde jedoch erst am 1. März 1945 erreicht.

Um die genaue Zahl der Kriegsgefangenen und Ostarbeiter festzustellen, setzte sich das KONR mit dem Leiter der statistischen Abteilung des OKH, Oberst Passow, in Verbindung. Er nannte 6 – 7 Millionen Ostarbeiter, aber nur 1,2 Millionen Kriegsgefangene, obwohl als Gesamtzahl der Gefangenen und Überläufer fast 6 Millionen angegeben worden waren. Die Differenz erklärte er damit, die angegebenen Zahlen seien überhöht gewesen, fast 1 Million seien als Hiwis und Freiwillige von der deutschen Armee aufgenommen worden, mehrere hunderttausend Ukrainer seien entlassen worden, Hunderttausende seien aus Lagern und Transporten geflohen und der Rest sei in den Lagern umgekommen, davon der größte Teil im ersten Winter[47].

Am 17. Januar 1945 wurde zwischen dem Auswärtigen Amt und dem KONR ein Finanzabkommen unterzeichnet, nach dem das Deutsche Reich dem KONR einen nicht limitierten, an keine Bedingungen gebundenen zinslosen Kredit gewährte, der nach der Befreiung Rußlands zurückgezahlt werden sollte.

Damit war das KONR von deutscher Seite völkerrechtlich als Repräsentant der Befreiungsbewegung anerkannt. Es war das erste schriftliche Abkommen zwischen dem Reich und dem KONR.

Von deutscher Seite nahmen Staatssekretär v. Steengracht vom Auswärtigen Amt, Staatssekretär Reinhard vom Finanzministe-

46 G. Graf Lamsdorff, I Nr. 15; F. Buchardt, a.a.O., S. 315.
47 Vgl. Borba: Der Kampf um die Rechte der Ostarbeiter (russisch), Nr. 14, 1945, S. 25.

rium sowie v. Tippelskirch, Dörnberg und Hanke teil, von russischer Seite Wlassow, Malyschkin, Professor Andrejew, der Leiter der Finanzabteilung des KONR, sein Stellvertreter von Schlippe und Sherebkow, der Verbindungsmann des KONR zum Auswärtigen Amt[48]. Während des anschließenden Essens im Hotel Adlon wurde Steengracht die Nachricht vom Beginn der neuen Offensive der Roten Armee an der Weichsel überbracht.

Der russische Angriff kam noch einmal an der Oder zum Stehen, aber nun war es klar, daß der deutsche Zusammenbruch nicht erst im Herbst bevorstand. Um so intensiver betrieben Wlassow und seine Offiziere die Aufstellung der wenigen Divisionen, die jetzt noch bewaffnet werden konnten.

Am 28. Januar wurde dem KONR mit Wlassow als Oberbefehlshaber die Befehlsgewalt über die ROA übertragen. Damit unterstand die ROA nicht mehr dem deutschen OKW.

Einige Tage darauf wurde der Hauptstab unter Führung von Truchin und Bojarski nach Heuberg verlegt, wo die zweite Division zwar ihre Sollstärke von rund 15 000 Mann erreicht hatte, jedoch noch nicht voll bewaffnet war. Zum Chef des Generalstabes wurde Oberst Nerjanin ernannt.

Am 2. Februar 1945 wurde Wlassow zusammen mit Malzew und Kroeger auf Empfehlung des Luftwaffengenerals Aschenbrenner, dem die russische Luftwaffeneinheit unter Malzew unterstand, von Göring in Karinhall empfangen.

Aschenbrenner, der früher Luftwaffenattaché in Moskau gewesen war, hatte alles getan, um die Einheit schlagkräftig auszubauen. Nun sollte Göring ihre Unterstellung unter Wlassow genehmigen.

Göring gab zu, von russischen Problemen nicht viel zu wissen, und genehmigte die Unterstellung. Er gab auch zu, daß in bezug auf die Ostarbeiter Fehler gemacht worden seien, er habe geglaubt, die Russen seien an Prügel gewöhnt, sehe aber nun ein, daß er sich geirrt habe, und unterhielt sich im übrigen über Nichtigkeiten. So schlug er vor, das ROA-Abzeichen solle doch besser an der Brust als auf dem Ärmel getragen werden. Außerdem interessierte er sich für Orden und Rangabzeichen der Roten Armee und wollte wissen,

48 J. Sherebkow, UB.

wie Stalin dazu komme, sich Generalissimus zu nennen. Wlassows Erwiderung, er wolle sich aus übersteigertem Geltungsbedürfnis von allen anderen Generälen unterscheiden, akzeptierte der Reichsmarschall, anscheinend ohne die Anspielung zu begreifen[49].

In diesen Tagen traf Kroeger in Berlin mit Pannwitz zusammen. Das Kosakenkorps hatte sich nicht nur gegen Titos Partisanen bravourös geschlagen, es war am 26. Dezember 1944 bei Pitomaka auch gegen die Rote Armee eingesetzt worden, hatte einen sowjetischen Brückenkopf zerschlagen und eine große Zahl von Gefangenen gemacht. Kroeger sprach sich für einen Anschluß des Kosakenkorps an die Befreiungsbewegung und für eine Unterstellung unter den Oberbefehl Wlassows aus. Pannwitz sollte zunächst Kommandeur bleiben. Pannwitz bestätigte, daß die Kosaken einen Anschluß an die Wlassow-Bewegung wünschten. Er hatte im Prinzip nichts gegen die Unterstellung.

Dazu kam es jedoch nicht, weil Rosenberg und Krassnow protestierten und Himmler noch zögerte[50].

Trotz aller Verpflichtungen und Belastungen fand Wlassow Zeit für persönliche Kontakte zu denen, die er schätzte und deren Aufrichtigkeit und Ehrlichkeit er erkannt hatte. Seine Kameradschaftlichkeit und Treue erfuhr damals v. Dellingshausen.

Nach einem schweren Bombenangriff auf Berlin erschien Wlassow um 5 Uhr morgens bei ihm. Er habe nur sehen wollen, ob nichts passiert sei und ob er irgendwie helfen könne. Nun sei er beruhigt und wolle noch bei einigen anderen Freunden nachfragen. Er war die weite Strecke von Dahlem bis nach Charlottenburg zu Fuß gegangen[51].

Am 6. Februar wurde der Sitz des KONR wegen der immer bedrohlicher werdenden Lage nach Karlsbad verlegt. Hier war der Empfang nicht gerade freundlich. Konrad Henlein, Gauleiter des Sudetengaues, erhob schärfsten Einspruch, er wünsche weder den Herrn Wlassow noch überhaupt Russen in seinem Gau.

49 E. Kroeger, Brief an den Autor.
50 E. Kroeger, Brief an den Autor.
51 E. v. Dellingshausen, I Nr. 18.

Er erklärte Buchardt, wenn Wlassow nicht binnen weniger Stunden das Hotel Richmond, das „für Russen viel zu schade sei", räume, werde er ihn mit Hilfe des Volkssturms aus dem Hotel und dem Sudetengau vertreiben lassen[52].

Zwar wurden diese Drohungen nicht ernst genommen und das KONR blieb in Karlsbad, ohne Henleins Einwände zu beachten, aber diese Einstellung war typisch für fast alle Parteistellen. Der alte Antagonismus zwischen Partei und SS wurde deutlich.

Bormanns Befürchtungen, auf dem Gebiet der Ostpolitik von Himmler und der SS überspielt zu werden, führte im Januar 1945 zu dem Plan, einen Beauftragten für Ostfragen bei der Parteikanzlei einzusetzen. An die Richtlinien dieses Beauftragten hätten sich alle Staats- und Parteistellen zu halten. Für diesen Posten schlug er den engsten Mitarbeiter Kochs, Dargel, vor, der ein rabiater Vertreter der Versklavungspolitik und Gegner der Wlassow-Aktion war. Auf Einspruch Himmlers, Ribbentrops und in diesem Falle auch Rosenbergs, der um den Bestand seines Ministeriums fürchtete, wurde der Plan jedoch nicht ausgeführt[53].

Mitte Februar hatten Herre und Bunjatschenko das unmöglich Scheinende möglich gemacht: Die erste Division war voll bewaffnet und ausgebildet.

Am 16. Februar 1945 wurde sie in feierlicher Parade von General Köstring Wlassow übergeben. Als Bunjatschenko die zur Parade angetretene Division meldete, war Wlassow sichtlich bewegt. Im Verhältnis zu dem, was hätte sein können, war es nicht viel, aber es war doch endlich eine eigene, gut bewaffnete Einheit, die nur seinem Kommando unterstand, über die nicht mehr willkürlich im deutschen Interesse verfügt werden konnte.

Nach der Parade versammelten sich alle russischen Offiziere mit ihren deutschen Gästen in der Kasinobaracke. Wlassow hielt eine Ansprache, in der er auf die Schwierigkeiten hinwies, die bisher die Formierung einer Befreiungsarmee verhindert hätten. Er berichtete auch über sein Gespräch mit Himmler, dem er gesagt habe, was bisher gewesen sei, würden er und seine Anhänger zu vergessen su-

---

52 F. Buchardt, a.a.O., S. 304.
53 F. Buchardt, a.a.O., S. 303.

chen, doch nach diesem Gespräch würde keine Beleidigung und keine Erniedrigung mehr vergessen werden.

Wlassow schloß mit den Worten: „Die Fahne der Befreiung wird eines Tages in der Heimat aufgepflanzt werden, wenn nicht von uns, dann von unseren Mitbrüdern. Viele von uns werden den Tag nicht mehr erleben, aber er wird kommen."

Aus diesen Worten klang zum erstenmal ein Pessimismus, der die Russen in viel stärkerem Maße beherrschte als die Deutschen, die sich nicht vorstellen konnten, daß die Westmächte Hunderttausende von Gegnern Stalins ausliefern würden, daß Rumänien, Bulgarien, Ungarn, die Tschechoslowakei, daß Jugoslawien und Polen, um dessen Freiheit willen die Westmächte Hitler den Krieg erklärt hatten, dem Kommunismus überlassen werden könnten. Die Russen aber kannten Stalin.

Nachdem Wlassow in Heuberg auch die zweite noch in Aufstellung befindliche Division besichtigt hatte, kehrte er nach Karlsbad zurück, wo am 27. Februar eine Sitzung des KONR stattfand. Wlassow berichtete vom Erfolg des Panzerjagdkommandos und von der Übernahme der ersten Division.

Dann aber stand Forostiwkij, der während der Besatzungszeit Bürgermeister von Kiew gewesen war, auf und wandte sich in sehr scharfem Ton an Kroeger und die anderen Deutschen.

„Ich habe nichts zu verlieren", sagte er, „ich bin ein Todeskandidat. Mein Name steht auf der Liste derer, die von den Sowjets wegen der Zusammenarbeit mit den Deutschen zum Tode verurteilt sind. Deshalb kann ich hier ruhig die Wahrheit sagen. Ich persönlich habe 45 000 unserer besten Jungen und Mädchen zur Arbeit nach Deutschland geschickt, von denen 60 Prozent freiwillig gingen, weil ich glaubte, daß sie mit ihrer Arbeit unserer Sache, dem Kampf gegen den Bolschewismus, dienen könnten. Aber was habt ihr mit ihnen getan? Ihr habt sie in rechtlose Sklaven verwandelt und wollt ihnen nicht einmal jetzt Gerechtigkeit widerfahren lassen. Wir haben euch als Befreier empfangen. Ihr habt uns betrogen. Drei Jahre lang haben wir gewartet, haben gehofft, daß die Stimme der Vernunft siegen wird. Jetzt ist es zu spät — für euch und vielleicht auch für uns[54]."

54 M. Kitajew, a.a.O., S. 11; E. Kroeger, I Nr. 41.

Kroeger schwieg. Er mußte mit verantworten, was er persönlich nicht gewollt hatte. Die Katastrophe, die ihre Schatten schon vorauswarf, war nicht mehr abzuwenden.

Kurz darauf besuchte Wlassow die Luftwaffengruppe Malzew in Neuern, die ihm nun auch unterstellt war.

Sie war auf 4000 Mann angewachsen und bestand aus einer Jagdstaffel, einer leichten Bomberstaffel, zwei weiteren Staffeln, einem Flakregiment, einem Fallschirmbataillon und einer Ausbildungsabteilung mit Fliegerschule in Eger.

Der Initiator der russischen Fliegerabteilung sowie einer lettischen und estnischen Einheit war Oberleutnant Gert Buschmann, ein Balte aus Estland, der nun Adjutant des Generals Aschenbrenner geworden war[55].

Einsatz an der Ostfront

Als Wlassow nach Karlsbad zurückkehrte, fand er einen Einsatzbefehl Himmlers für die erste Division vor und begab sich sofort nach Münsingen.

Dort war die Stimmung zuversichtlich gewesen. Die Division war voll ausgerüstet und mit allem Notwendigen versehen. Die Soldaten glaubten, daß sie nun nicht mehr ein Spielball deutscher Dienststellen waren und daß nur Wlassow ihnen Befehle geben konnte.

Um so konsternierter war Bunjatschenko, als ihm Herre am 2. März 1945 den Einsatzbefehl bei der Heeresgruppe Weichsel überbrachte, die seit dem 24. Januar von Himmler geführt wurde. Das war ein Bruch der Vereinbarung, die bestimmte, daß die Division nur im größeren Verbande und nur mit Einwilligung Wlassows eingesetzt werden sollte. Ihr Einsatz an der Front konnte nur zur sinnlosen Vernichtung führen.

Bunjatschenko weigerte sich, dem Befehl nachzukommen. Er befahl die höheren Offiziere zu sich. Erregt wurden verschiedene

55 Gert Buchmann, I Nr. 47.

Pläne diskutiert. Selbst die Möglichkeit, sich gewaltsam Waffen zu beschaffen, die zweite Division zu bewaffnen und an die Schweizer Grenze zu marschieren, um sich mit den Westmächten in Verbindung zu setzen.

Ein Stabsbataillon wurde aufgestellt und mit automatischen und panzerbrechenden Waffen ausgerüstet, um das Stabsquartier zu sichern.

Zwar hielt man Herre für einen aufrichtigen Freund, aber was konnte er gegen einen Befehl Himmlers tun.

Die Russen wußten nicht, daß ausgerechnet Herre, der sein möglichstes für die Aufstellung der Division getan hatte, der Initiator dieses Einsatzbefehls war. Ohne vorher mit Wlassow oder Bunjatschenko beraten zu haben, hatte er immer wieder bei Köstring auf Einsatz gedrängt, weil er glaubte, daß bei einer Bewährung der Ausbau weiterer Divisionen beschleunigt werden könnte. Köstring hatte ihm geraten, sich direkt bei Himmler zu melden.

Herre hatte Himmler dargelegt, daß er einen erfolgreichen begrenzten Einsatz anstrebe, der den Bestand der Division nicht in Gefahr bringe, vielleicht die Beseitigung eines sowjetischen Brückenkopfes.

Himmler hatte zwar erklärt, daß die Zuverlässigkeit der Russen schon durch den erfolgreichen Einsatz des Panzerjagdkommandos erwiesen sei, dann aber zugesagt.

So kam es durch die gutgemeinte Initiative Herres zu einer Kette dramatischer Ereignisse.

Wlassow beruhigte schließlich die Gemüter seiner Offiziere und gab zu bedenken, daß eine Weigerung Repressalien gegenüber den Ostarbeitern zur Folge haben könne. Er erreichte, daß die Division nicht im Raume Stettin, sondern im Raume Cottbus eingesetzt werden sollte. Auch wurde beschlossen, die Division bis Nürnberg marschieren zu lassen, da die Bahnlinie über Ulm ständig bombardiert wurde.

Während des Marsches waren Kontakte mit Ostarbeitern und Kriegsgefangenen nicht zu vermeiden, die sich vielfach der Division als Freiwillige anschlossen, so daß sich der Mannschaftsbestand um mehr als 3000 Mann erhöhte. Sie wurden notdürftig eingekleidet und in Reserveeinheiten zusammengefaßt. Zum Schluß mußten jedoch viele abgewiesen werden, um die Disziplin nicht zu gefährden.

Am 19. März 1945 war die Division im Verladeraum bei Nürnberg versammelt, und am 26. März trafen die letzten Einheiten auf dem Truppenübungsplatz Lieberose ein.

Als sich der deutsche Verbindungsoffizier bei Bunjatschenko, Major i.G. Schwenninger, mit dem Stabe der Heeresgruppe in Verbindung setzte, stellte er fest, daß Himmler wenige Tage zuvor als OB der Heeresgruppe zurückgetreten war. Sein Nachfolger, Generaloberst Heinrici, wußte nichts von Himmlers Zusage und wollte ein solches Experiment nicht zulassen. Er glaubte nicht daran, daß Russen zu diesem Zeitpunkt und in dieser Situation noch kämpfen würden. Die politischen Aspekte der russischen Befreiungsbewegung waren ihm unbekannt. Auf ihm lastete die Sorge des bevorstehenden sowjetischen Angriffes, der jeden Tag beginnen konnte. Nur wenn Himmler ausdrücklich die Verantwortung übernahm, wollte er zustimmen.

Daraufhin fuhr Schwenninger nach Berlin, traf jedoch nur Berger an, der bereits informiert war und ihn an den OB der 9. Armee, General Busse, verwies.

Busse schlug als einzige Möglichkeit die Liquidierung des sowjetischen Brückenkopfes „Erlenhof" südlich Frankfurts vor, den schon ein Fahnenjunker-Regiment vergeblich zu nehmen versucht hatte.

Das Gelände konnte vom gegenüberliegenden hohen Ufer aus eingesehen und beschossen werden, so daß ein Einsatz nur bei starker Artillerieunterstützung Erfolg haben konnte.

Bunjatschenko argwöhnte, der Division solle absichtlich eine unlösbare Aufgabe übertragen werden. Er interessierte sich vor allem für die Stärke der gegenüberliegenden Verbände und fragte immer wieder an, wann mit dem Angriff der Sowjets zu rechnen sei. Wie ein Alpdruck belastete ihn die Sorge, daß die Division dabei sinnlos untergehen könne.

Wlassow wollte erst kurz vor dem Einsatz zur Division stoßen und dann ihren Marsch nach Süden durchsetzen.

Am 25. März empfing er in Karlsbad Sherebkow, der ihm über seine Kontaktversuche mit den Westmächten berichtete.

Sherebkow hatte sich nach seiner Rückkehr aus Paris Wlassow

und dem KONR zur Verfügung gestellt und war zum Leiter der „Abteilung für Verbindung zu Regierungsstellen" bestimmt worden, die der von Malyschkin geführten Organisationsabteilung unterstand. Tasächlich übernahm jedoch der sprachenkundige und diplomatisch gewandte Mann auch die Vertretung des KONR beim „Rußlandgremium" des Auswärtigen Amtes und die Kontaktversuche zu den Westmächten, um nach Möglichkeit die Frage des „Nachher" zu klären.

Seine Bemühungen waren bisher nicht sehr erfolgreich gewesen. Schreiben, die er im Dezember 1944 über den schwedischen Militärattaché in Berlin, Oberst von Danenfeld, an Gustav Nobel und über den Gesandten Marzahn an die Frau des amerikanischen Botschafters in Madrid, Norman Armor, eine geborene russische Prinzessin Kudaschef, gesandt hatte, blieben ohne Ergebnis.

Diese Kontakte sollten dazu dienen, den Westalliierten die russische Befreiungsbewegung als politische Gruppierung zu erklären und ihre spätere Auslieferung an die UdSSR zu verhindern.

In diesem Sinne schrieb Sherebkow durch Vermittlung des Auswärtigen Amtes auch an den Präsidenten des Internationalen Roten Kreuzes, Professor Dr. Burckhardt[56], den er bat, ihm ein schweizerisches Visum zu beschaffen, damit er persönlich verhandeln könne. Bei dieser Gelegenheit wollte er sich auch direkt mit den diplomatischen Vertretungen der Westmächte in Bern in Verbindung setzen.

Als keine Antwort eintraf, suchte Sherebkow den Schweizer Geschäftsträger in Berlin auf, der ihm jedoch erklärte, daß er nicht mit einem Visum rechnen dürfe, da die Erteilung von Visa an Antikommunisten sich ungünstig auf die künftigen diplomatischen Beziehungen zur Sowjetunion auswirken könnte. Aus demselben Grunde sei auch dem Großfürsten Wladimir kein Visum erteilt worden. Er empfahl jedoch, an der Schweizer Grenze den Übergang zu versuchen. Zu diesem Zweck gab er ihm ein befürwortendes Schreiben mit, in dem darauf hingewiesen wurde, daß ein Antrag auf ein Visum gestellt, aber noch unentschieden sei.

56 Der Text dieses Briefes vom 26. Februar 1945 befindet sich im Archiv des Autors.

Nachdem Sherebkow entsprechende Vollmachten von Wlassow erhalten hatte, kehrte er nach Berlin zurück. Vor der Abreise erklärte ihm Kroeger, daß auch das RSHA jetzt nichts mehr gegen Westkontakte einzuwenden habe.

Am 28. März 1945 fand die letzte Sitzung des KONR statt. Sie stand im Zeichen des bevorstehenden deutschen Zusammenbruchs. Es wurde beschlossen, alle Teile der ROA im Raume Innsbruck zusammenzuziehen, den Kontakt mit dem Kosakenkorps aufzunehmen und je nach Lage der Dinge sich entweder den Westalliierten zu ergeben oder den Kampf in Jugoslawien aufzunehmen.

Wlassow reiste am nächsten Tage mit Kroeger nach Berlin, um die schnelle Herauslösung der ersten Division aus der Oder-Front zu erreichen.

In Berlin befand sich nur noch ein Restkommando des KONR unter dem Befehl des Obersten Kromiadi und des neuernannten Chefs des Nachrichtendienstes, Oberstleutnant Tensorow. Sie waren damit beschäftigt, russische Familien nach Württemberg zu evakuieren.

Am 31. März empfing Wlassow eine Delegation des Kosakenkorps unter Führung von Kononow und Oberst Kulakow, die beauftragt waren, dem KONR und der deutschen Regierung eine Deklaration der Delegiertenversammlung der Kosakeneinheiten zu überbringen[57].

Auf diesem Kongreß, der am 29. März in Verovitiza stattgefunden hatte, war Generalleutnant von Pannwitz als erster Nichtkosak der Geschichte zum Feldataman der Kosakeneinheiten und Oberst Kononow zum Chef des Stabes gewählt worden.

Zugleich war einstimmig beschlossen worden, die Kosakeneinheiten Wlassow als Oberkommandierendem der KONR-Streitkräfte zu unterstellen und die bisherige Kosakenverwaltung unter General Krassnow, die eine Unterstellung ablehnte, zu beurlauben. Das wurde zwar beschlossen, hatte jedoch nur für das Kosakenkorps v. Pannwitz praktische Bedeutung. Mit deutlicher Spitze gegen Rosenbergs Absichten wurde betont, daß die Kosaken Teil des russischen Volkes seien.

---

57 Der Text dieser Deklaration ist im „Kasatschij Westnik" vom 24.4.1945 veröffentlicht worden.

Der Unterstellungsbeschluß richtete sich in keiner Weise gegen Pannwitz, der von allen Kosaken verehrt wurde und der zunächst das Kommando behalten sollte. Himmler genehmigte die Unterstellung allerdings erst am 28. April.

Wlassow vereinbarte mit Kononow, daß dieser bei Kapitulation der Deutschen den Oberbefehl über alle Kosakeneinheiten übernehmen sollte, und beförderte ihn unter Gegenzeichnung von Guderian zum Generalmajor.

Vor der Fahrt zur Oder-Front gelang es Wlassow, bei Kaltenbrunner die Entlassung der NTS-Leute durchzusetzen. Erst das Argument, man könne diese überzeugten Antikommunisten nicht den Sowjets in die Hände fallen lassen, entschied die Haltung Kaltenbrunners[58]. Für den Fall, daß die NTS-Leute nicht entlassen würden, hatte Wlassow dem Plan Tensorows zugestimmt, die NTS-Leute vor dem Einrücken der Roten Armee gewaltsam zu befreien.

Am 4. April wurde die Führungsgruppe des NTS von einem russischen Wachkommando nach Karlsbad begleitet, weil trotz der Entscheidung Kaltenbrunners befürchtet werden mußte, daß die Gestapo eine Entführung im Stile der Sykow-Affäre plane.

Am 8. April fuhr Wlassow mit Kroeger und Kononow an die Oder-Front, wo er zunächst von Generaloberst Heinrici zu einem längeren Gespräch empfangen wurde. Auf dessen Frage, warum er zu diesem Zeitpunkt noch kämpfen wolle, erklärte Wlassow, daß der Einsatz als Vorbedingung für die Aufstellung weiterer Verbände von Himmler gewünscht werde. Er sei im übrigen auf schändlichste Weise von der deutschen Führung getäuscht worden, die an dem bevorstehenden Zusammenbruch selbst die Schuld trage[59].

Anschließend erörterte Wlassow mit General Busse den Einsatzplan. Das Gelände war für einen Angriff denkbar ungünstig, zumal wegen einer Überschwemmung nur an den Seiten des Abschnitts in 100 Meter Breite angegriffen werden konnte. Die Aufgabe war nur zu lösen, wenn starke Artillerie eingesetzt werden konnte, um die sowjetischen Stellungen auf dem Ostufer auszu-

58 F. Buchardt, Brief an den Autor.
59 Gotthardt Heinrici, I Nr. 45.

schalten. Diese Artilleriekräfte standen jedoch ebensowenig zur Verfügung wie Sturzkampfflieger.

Unter diesen Umständen hielt Wlassow den Einsatz für sinnlos und wollte den Rückmarsch nach Süden befehlen. Es bedurfte der ganzen Überzeugungskraft Kroegers, der Himmlers Reaktion fürchtete, um schließlich doch Wlassows Zustimmung zum Einsatz der Division zu erhalten[60]. Wlassow bestand jedoch darauf, die Division noch vor dem Einsatz zu verlassen. Er wollte auf diese Weise seinen Protest ausdrücken, und er wollte nicht erreichbar sein, wenn es wegen des gescheiterten Angriffs und wegen der Herauslösung aus der Front zu einem Konflikt mit dem deutschen Oberbefehlshaber kommen sollte.

Lange beriet er unter vier Augen mit Bunjatschenko. Dann befahl er die Regimentskommandeure zu sich und erklärte, daß der Einsatz erforderlich sei, gleichgültig, ob er gelinge und ob er Sinn hätte. Eine Weigerung könne den Aufbau der ROA gefährden.

Was er mit Bunjatschenko besprach, ist nicht bekannt geworden, aber es ist anzunehmen, daß er ihm den Befehl gab, sich nach dem Scheitern des Angriffs von der Front zu lösen und den Marsch nach Süden anzutreten. Bunjatschenko konnte sich dann darauf berufen, daß die Division vereinbarungsgemäß nur auf Befehl Wlassows eingesetzt werden sollte[61].

Am 11., am Tage vor dem Angriff, fuhr Wlassow mit Berger, der Heinrici die Garantieerklärung Himmlers überbracht hatte, nach Berlin. Am 12. traf er wieder in Karlsbad ein.

Am nächsten Tage heiratete Wlassow Adele Bielenberg. Zwischen Weihnachten und Neujahr war er noch einmal bei ihr gewesen, verbittert und enttäuscht. „Wie gern", hatte er gesagt, „würde ich hier als Bauer ein ruhiges Leben führen. Mein Hut drückt mich schwer." Aber er war doch nicht gänzlich hoffnungslos gewesen. Er glaubte, den Kampf weiterführen zu können „an der Seite eines Verbündeten, dessen Politik klüger sein wird als die der Deutschen"[62].

---

60 E. Kroeger, Brief an den Autor.
61 Helmut Schwenninger ist überzeugt, daß Bunjatschenko in der Folge auf Befehl Wlassows handelte, vgl. Brief an den Autor.
62 E. v. Dellingshausen, I Nr. 18.

Kurz darauf hatte er Frau Bielenberg gefragt, ob sie ihn heiraten wolle. Kroeger, der zunächst aus politischen Gründen gegen diese Heirat gewesen war, hatte dann doch bei Berger die Genehmigung erwirkt. So wurde angesichts der nahenden Katastrophe die Trauung in aller Stille vollzogen[63].

Am 14. beriet Wlassow mit den aus der Haft entlassenen NTS-Führern. Es wurde beschlossen, auch einige NTS-Leute von der Westfront überrollen zu lassen, um Kontakte mit den Westmächten aufzunehmen.

Am 16. begab sich Wlassow nach Prag. In seiner Begleitung befand sich Fröhlich, der Verbindung zur Widerstandsgruppe der nationalen Tschechen aufnehmen sollte.

Neben anderen Möglichkeiten war der Plan diskutiert worden, den sogenannten Böhmischen Kessel gemeinsam mit den nichtkommunistisch gesinnten Tschechen so lange gegen die Sowjets zu verteidigen, bis die Amerikaner Böhmen besetzen würden. Auch dieser Plan ging von der Annahme aus, daß es bald zu einem Konflikt zwischen den Westmächten und der Sowjetunion kommen werde.

Über russische Emigranten gelang es Fröhlich, mit dem tschechischen General Klečanda in Verbindung zu treten, der während des russischen Bürgerkrieges in Sibirien unter Koltschak gekämpft hatte und kommunistische Methoden aus eigener Erfahrung kannte. Er erklärte, die Tschechen würden die Sowjets freudig begrüßen, weil mit ihnen Beneš wiederkehre. Die Augen würden ihnen erst später aufgehen, jetzt sei nichts zu machen. Er selbst könne seinen Posten nicht verlassen, weil er Kommandant der Untergrundarmee von Prag und Umgebung sei.

Für Wlassow sah Kleǎnda keine Chance. Er war in Rom gewesen, als die Deutschen die Tschechoslowakei besetzten, und hatte die Westmächte angefleht, wenigstens 20 000 tschechische Offiziere zu retten, die sie zu einem späteren Zeitpunkt brauchen würden, aber sie hatten kein Interesse. Auch für Wlassow würden sie keinen Finger rühren. Wie sie damals nicht an einen Krieg mit Hitler glaubten, würden sie jetzt nicht an eine Auseinandersetzung mit den Sowjets glauben. Sie hätten nichts dazugelernt[64].

63 A. Bielenberg, I Nr. 41.
64 S. Fröhlich, Brief an den Autor. − Klečanda hat sich im Jahr 1948 nach der Machtergreifung durch die Kommunisten das Leben genommen.

Am 17. empfing Wlassow im Hotel Alcron in Prag Kromiadi und Tensorow, die mit dem Restkommando aus Berlin eingetroffen waren, nachdem es ihnen gelungen war, alle gefährdeten russischen Familien aus Berlin zu evakuieren. Ihnen hatte sich Sherebkow angeschlossen, der ein Schreiben Professor Burckhardts mitbrachte, in dem dieser mitteilte, die Frage der Nichtauslieferung bereite Schwierigkeiten, weil die Befreiungsbewegung mit Hilfe des Dritten Reiches entstanden sei. Die Verhandlungsposition wäre jedoch besser, wenn Wlassow sich bei Himmler dafür verwenden könnte, daß beim endgültigen Zusammenbruch des Dritten Reiches die KZ-Insassen nicht getötet würden. Sherebkow hatte dem Vertreter des IRK sofort gesagt, er könne dafür garantieren, daß Wlassow alles in seiner Macht Stehende tun würde, um diesen Wunsch zu erfüllen.

Wlassow bat den anwesenden Kroeger, sofort in diesem Sinne bei Himmler vorstellig zu werden.

Mit Sherebkow wurde vereinbart, daß er am nächsten Tage alle Vollmachten für eine Reise in die Schweiz erhalten sollte. Am nächsten Tage war Wlassow jedoch abgereist.

Sherebkow verhandelte mit den Professoren Eibl und Raschhofer in Prag, die vorgeschlagen hatten, Wlassow solle über den Prager Sender am 25. April einen Aufruf an die anläßlich der Begründung der UNO in San Francisco versammelten Nationen richten. Es war anzunehmen, daß nicht nur die öffentliche Meinung, sondern auch die führenden Persönlichkeiten dank der sowjetischen Propaganda keinerlei Kenntnis von den wahren Zielen und der Bedeutung der Befreiungsbewegung hatten.

Wlassow sollte das politische Programm des KONR umreißen und den Grund der Zusammenarbeit mit den Deutschen erklären. Im Namen von Millionen Russen sollte er gegen die Aufnahme der Sowjetunion in die UNO protestieren und gegen den Fortbestand des Stalinschen Terrorregimes.

Sherebkow bat Frank um seine Genehmigung, aber Frank wollte über einen so wichtigen politischen Akt nicht allein entscheiden. Auch der Hinweis Sherebkows, daß Hitler in Berlin bereits eingeschlossen und nicht ereichbar sei, konnte Frank nicht umstimmen. Er stellte jedoch Sherebkow eine Bescheinigung aus, daß er in staatswichtiger Mission unterwegs sei, um ihm die Reise bis zur

Schweizer Grenze zu erleichtern. Außerdem übergab er ihm einen neuen Personenwagen als Geschenk für Wlassow[65].

Wlassow war indessen zum Hauptstab gefahren, der sich südlich Landsberg befand, weil die Verbände der zweiten Division, der Offiziersschule und der Ersatzbrigade auf Befehl des OKH in Richtung Linz in Marsch gesetzt worden waren, wo sie der Heeresgruppe Rendulic unterstellt werden sollten. Diese Marschrichtung war auch im Sinne Wlassows, der inzwischen erfahren hatte, daß sich die erste Division auf dem Marsch nach Süden befand.

Planmäßig, am 14. April um 5 Uhr früh, war die erste Division zum Angriff auf den sowjetischen Brückenkopf „Erlenhof" angetreten.

Die Bataillone blieben jedoch, wie Wlassow vorausgesehen hatte, vor den riesigen Drahthindernissen liegen, an denen schon die Deutschen vorher gescheitert waren. Vier Stunden lang versuchten sie trotz des Flankenfeuers vom gegenüberliegenden Ufer die Hindernisse zu überwinden, dann sah Bunjatschenko, daß die Aufgabe nicht zu lösen war. Er bat Busse um die Genehmigung zum Abbruch des Angriffs. Sie wurde verweigert. Die Stellungen seien zu halten, die Division hätte den Frontabschnitt von den Deutschen zu übernehmen.

Da brach bei Bunjatschenko das alte Mißtrauen auf: Die Division sollte verbluten. Jede Stunde konnte der Großangriff Shukows beginnen, der den Untergang bedeuten mußte. Die Übernahme eines Frontabschnittes widersprach den Vereinbarungen.

Bunjatschenko gab entgegen der Weisung Busses den Befehl zum Rückzug auf die Ausgangspositionen.

Busse forderte noch in der Nacht den Besuch Bunjatschenkos zur Berichterstattung und Aufklärung seines befehlswidrigen Verhaltens. Bunjatschenko lehnte unter Vorwänden ab und teilte am nächsten Morgen mit, daß der Befehl der 9. Armee den Anordnungen Wlassows entgegengesetzt sei und daß er in Zukunft nur den Befehlen Wlassows folgen werde, dem er unterstellt sei und mit dem er sich sofort in Verbindung setzen werde.

Von Schwenninger verlangte er, daß er bei Busse die Abmarschgenehmigung nach Süden erreiche. Dann befahl er die höheren Of-

65 J. Sherebkow, I Nr. 44 und UB.

fiziere zu sich. Es wurde beschlossen, nach Süden zu marschieren und, wenn nötig, sich mit Gewalt zu verpflegen.

Schwenninger erreichte schließlich beim Stabe der 9. Armee die Genehmigung zum Abmarsch in Richtung Cottbus. Mit einem russischen Angriff war stündlich zu rechnen. Der Stab war wohl im Grunde froh, die unbequeme Einheit loszuwerden.

Als Schwenninger mit diesem Befehl zu Bunjatschenko kam, erklärte der mit hintergründigem Lächeln, er habe an der Einsicht der Armee nicht gezweifelt, die Division befände sich schon auf dem Marsch[66].

Der Marsch der ersten Division

Und nun bewies Bunjatschenko, was in ihm steckte. Mit Mut und List und taktischem Geschick führte er die Division gegen den Willen der deutschen Befehlsstellen nach Süden. Schließlich scheiterte er doch an der politischen Kurzsichtigkeit der Alliierten.

Die Division marschierte in voller Kampfbereitschaft. In den ersten beiden Tagen wurden mehr als 100 km zurückgelegt. Als sie im Raume Klettwitz Quartier bezog, befand sie sich im Bereich der Heeresgruppe Schörner.

Dort teilte die 275. ID mit, daß die 600. ID (russisch) auf Befehl der Heeresgruppe ihr unterstellt sei und Auffangstellungen hinter der Division zu beziehen habe.

Bunjatschenko verlor die Beherrschung und schrie Schwenninger an, er werde diesem Befehl nicht Folge leisten, es sei eine Unverschämtheit, ihn einer Division zu unterstellen.

Schwenninger fuhr zum Stabe der 275. Division, erfuhr jedoch, daß der Befehl vom Generalfeldmarschall Schörner gegeben worden sei und nur von ihm geändert werden könne. Schörner wurde im Divisionsstab erwartet.

---

66 Über den Marsch der ersten Division nach Süden liegen zwei verläßliche Quellen vor: das erhaltene Tagebuch Schwenningers und ein im Jahre 1946 geschriebener unveröffentlichter Bericht des Kommandeurs des zweiten Regiments, Oberst W. Artjemjew. Sie stimmen in allen wesentlichen Punkten überein. Vgl. auch Ferdinand Schörner, I Nr. 46; E. Kroeger, Brief an den Autor.

Tatsächlich gelang es Schwenninger, Schörner zu sprechen. Er hatte viel gehört von der Grobheit, der Taktlosigkeit und der „Führertreue" des jüngsten Generalfeldmarschalls.

Schörner interessierten nur Stärke und Bewaffnung der Division und ob sie kämpfen wolle oder nicht.

Als Schwenninger den Versuch machte, die politische Problematik der ganzen Angelegenheit zu erklären, ließ er ihn gar nicht zu Ende reden. „Er will also nicht, der Russki", schnauzte er. „Wie wäre es, wenn ich ihn an die Wand stellen ließe, wenn er meine Befehle nicht befolgt."

Dann aber beendete er plötzlich die Unterredung. Er müsse ins Führerhauptquartier und könne sich jetzt mit diesen Russen nicht aufhalten. Nach seiner Rückkehr werde er ihnen schon beibringen, wie man Befehle zu befolgen habe. Die Unterstellung unter die 275. ID hob er auf[67].

Als Schwenninger zur Division zurückkehrte, befand sie sich bereits auf dem Marsch in Richtung Peitz. Bunjatschenko hörte sich den Bericht Schwenningers an. Dann erklärte er, vor dem Erschießen habe er keine Angst. Auch Stalin habe ihn schon erschießen lassen wollen. Er bäte ihn, zum V. Korps zu fahren, dem er angeblich nun unterstellt sei, und dort mitzuteilen, daß er nur noch Befehle Wlassows entgegennehmen und im übrigen weiter nach Süden marschieren werde.

Als Schwenninger beim Korps eintraf, waren dort andere Sorgen vorherrschend: Im Morgengrauen des 16. April hatte die Großoffensive der Sowjets begonnen. Schwenninger erhielt ohne weiteres die Genehmigung zum Weitermarsch in den Raum Hoyerswerda, den die Division am 17. erreichte.

Hier traf der erste persönliche Befehl Schörners ein, die Division solle zum Einsatz in den Raum Kosel marschieren. Bunjatschenko aber marschierte in den Raum westlich Kamenz.

Darauf traf ein neuer Befehl ein: „Division erreicht Raum Radeberg bei Dresden zur Verladung Einsatz Tschechei."

---

67 F. Schörner gibt an, das OKW hätte ihm den Einsatz der Division befohlen. Es sei ihm unbekannt gewesen, daß sie Wlassow unterstand. In der Turbulenz jener Tage habe er keine Zeit gehabt, sich mit politischen Problemen zu befassen. Vgl. Schörner, I Nr. 46, Brief an den Autor.

Diesen Befehl befolgte Bunjatschenko, da er ohnedies in dieser Richtung marschieren wollte. Die Division erreichte am 19. den Raum um Radeberg. Allerdings lehnte Bunjatschenko die Verladung mit der Begründung ab, daß bei Bautzen schon gekämpft werde und die Division aufgerieben werden könne.

Kurz vorher war das Regiment Sacharow zur Division gestoßen. Wie Sacharow es fertiggebracht hatte, sich aus dem Fronteinsatz zu lösen, ist nie klargeworden. Durch Freiwillige, die er unterwegs aufgenommen hatte, war sein Regiment auf mehr als 3000 Mann angewachsen, so daß die Division nun eine Stärke von rund 20000 Mann erreichte.

Zweifellos hätte Schörner unter normalen Umständen nicht gezögert, gegen die unbotmäßige Division mit Waffengewalt vorzugehen. Unter den gegebenen Umständen wollte er einen Konflikt vermeiden. Da er kein Mittel sah, Bunjatschenko zur Räson zu bringen, sandte er am 21. einen Ordonnanzoffizier zu General Aschenbrenner mit der Bitte, über Wlassow auf ihn einzuwirken.

Wlassow hatte jedoch am 20. April den Sitz des KONR nach Füssen verlegt. So ließ Aschenbrenner durch ein Flugzeug ein Schreiben an Bunjatschenko abwerfen, in dem er ihn beschwor, dem Einsatzbefehl zu folgen. Bunjatschenko beachtete auch diesen Appell nicht.

Am selben Tage fuhr Aschenbrenner nach Füssen, wo inzwischen auch Truchin mit dem Hauptstab eingetroffen war.

Wlassow, Malyschkin, Shilenkow, Bojarski, Kroeger und Aschenbrenner begaben sich zu Strikfeldt, der auf einem Bauernhof im Allgäu Unterkunft gefunden hatte. Nun, da die Katastrophe unabwendbar war, wollte Wlassow noch einmal mit dem Freunde beraten.

Malyschkin und Bojarski hielten eine Vereinigung mit dem Kosakenkorps und Michailowitsch für den besten Ausweg. Aschenbrenner und Strikfeldt glaubten nicht daran, daß irgendeine Lösung ohne Billigung der Westalliierten möglich sei, und empfahlen sofortige Kapitulationsverhandlungen mit der einzigen Bedingung der Nichtauslieferung an die Sowjets.

Schließlich wurde beschlossen, alle Verbände im Raume Innsbruck zusammenzuziehen, um sie notfalls über den Brenner zur Vereinigung mit dem Kosakenkorps marschieren zu lassen. Gleichzeitig sollten Parlamentäre zu den Amerikanern und Engländern entsandt werden.

Aschenbrenner hatte aus Prag Professor Oberländer holen lassen, der Englisch sprach und den er zu den Amerikanern schicken wollte. Er schlug vor, daß auch Strikfeldt gemeinsam mit einem russischen Offizier versuchen sollte, bis zu einem maßgebenden Amerikaner vorzudringen.

Strikfeldt war sich des Risikos bewußt, aber er war bereit, dem Freunde diesen letzten Dienst nicht zu verweigern.

Wlassow bestimmte Malyschkin zum Delegationsführer. Kroeger schrieb eine Bescheinigung aus, die sie vor dem „Werwolf" und anderen Fanatikern schützen sollte[68].

Am nächsten Tage fuhren Wlassow, Kroeger und Buchardt nach Innsbruck, um die Übersiedlung des Stabes vorzubereiten. Hier trafen sie zufällig den SS-Obergruppenführer Wolf, der seine Familie im „Igler Hof" in Igls besuchte. Er hatte seinen Standort in Bozen. Über ihn sollte nun versucht werden, eine Verbindung zu Feldmarschall Alexander, dem Oberkommandierenden der Alliierten Streitkräfte, herzustellen.

Zu diesem Zweck wurden einige Tage später der Vertreter Kroegers, SS-Sturmbannführer von Sivers, und der russische Hauptmann Baron Lüdinghausen-Wolf mit einer von Wlassow unterzeichneten Denkschrift nach Bozen geschickt. Sivers hatte im Jahre 1919/20 in der Baltischen Landeswehr unter dem Kommando Alexanders gekämpft. Ein Anhaltspunkt für ein Verständnis für die russischen Probleme schien gegeben. Alexander empfing sie nicht. Sie verhandelten nur mit dem Nachrichtenoffizier seines Stabes, einem kanadischen Oberst Lehmann. Anschließend wurden Sivers und Lüdinghausen interniert[69].

Mit Wolf wurde vereinbart, die Truppen über den Brenner nach Südtirol zu verlegen. Damit blieb die Möglichkeit offen, mit dem Kosakenkorps zusammenzuwirken, das sich kämpfend zur österreichischen Grenze zurückzog[70].

68 W. Strik-Strikfeldt, I Nr. 35.
69 Erich v. Sivers, Brief an den Autor.
70 F. Buchardt, a.a.O., S. 341.

Am 24. April war Wlassow wieder in Füssen. Truchin diktierte den letzten Befehl an die Einheiten der ROA für die Verlegung in den Raum Innsbruck.

Malyschkin wählte einige Offiziere aus, darunter General Sakutnij und Kromiadi, die als Parlamentäre Verbindung zu den Westalliierten aufnehmen und mitteilen sollten, daß General Malyschkin im Auftrage Wlassows bereit sei, über die Kapitulation der ROA zu verhandeln, jedoch nur mit dem Oberbefehlshaber der Armee.

Am Abend desselben Tages kam Strikfeldt noch einmal nach Füssen, um sich von Wlassow zu verabschieden. Er fand ihn apathisch und ohne Hoffnung. Er glaubte nicht an die Amerikaner, und er glaubte auch nicht mehr an irgendeine andere Möglichkeit der Rettung. Er dankte Strikfeldt für alles, was er für ihn getan hatte, und sagte, er werde seinen Weg nun zu Ende gehen. „Wenn Sie am Leben bleiben", schloß er, „verkünden Sie die Wahrheit über das, was ich wollte."

Es waren die letzten Worte, die Strikfeldt von ihm hörte, und es war das letzte Mal, daß er Wlassow sah[71].

Im Stabe der ersten Division war indessen am 22. April Major Neuner als persönlicher Verbindungsoffizier Schörners erschienen. Er sollte mit Bunjatschenko persönlich verhandeln.

Neuner überbrachte den Befehl zur Übernahme einer Auffangstellung im Raume Haida. Schörner wolle Bunjatschenko persönlich einweisen und bitte um seinen Besuch um 17 Uhr. Die vorhergegangenen Mißverständnisse betrachte er damit als erledigt. Bunjatschenko sagte seinen Besuch zu.

Um 17 Uhr erschien jedoch bei Schörner nur der Kommandeur seiner Aufklärungsabteilung, Major Kostjenko, und erklärte, General Bunjatschenko bedauere außerordentlich, nicht persönlich kommen zu können, er habe einen Autounfall erlitten.

Schwenninger, der zugegen war, sah, daß Schörner sich nur mühsam beherrschte. Als Kostjenko gegangen war, brach er unbeherrscht los: „Schweinerei! Wenn ich nur ein Geschwader hätte, würde ich sie zusammenschmeißen lassen, bis sie zu Kreuze kriechen!"

Indessen waren nur 12 km von der Division entfernt sowjetische Panzer aufgetaucht. Am späten Abend übermittelte Bunjat-

71 W. Strik-Strikfeldt, I Nr. 35.

212

schenko dem Generalfeldmarschall, infolge der Frontlage erwarte er Befehl zum Weitermarsch nach Süden bis 2 Uhr nachts.

Obgleich kein Befehl eintraf, ließ Bunjatschenko die Division in Kampfbereitschaft abrücken. In jedem Fall wollte er sie über die Elbe bringen, denn die Front rückte schnell näher.

Der Elbeübergang wurde zur Lebensfrage. Er mußte gelingen, koste es, was es wolle. Wenn Schörner die Division aufhalten wollte, dann würde er es hier tun.

Eine Brücke bei Bad Schandau wurde als Übergang gewählt. Sie war jedoch von einer deutschen Pionierabteilung besetzt, die den Vorausabteilungen den Übergang mit der Begründung verweigerte, die Brücke sei vermint, es läge kein Befehl vor, die Division durchzulassen. Bunjatschenko fuhr selbst nach vorn und versuchte, den deutschen Einheitsführer umzustimmen. Der lehnte jedoch höflich ab und berief sich auf seine Befehle.

Darauf ließ Bunjatschenko 30 Sanitätskraftwagen vorfahren und erbat Durchlaß für die Verwundeten. Das wurde genehmigt und ein schmaler Streifen der Brücke entmint.

Als der letzte Wagen auf die Brücke fuhr, ließ Bunjatschenko sofort die Panzer und das Reiterbataillon folgen.

Die Deutschen merkten, daß sie überlistet waren, und setzten sich telefonisch mit der Heeresgruppe in Verbindung, während die Panzer in Stellung gingen und den Übergang der Division sicherten. Bunjatschenko stand am Westufer und ließ die Kolonnen vorbeidefilieren, während Nikolajew vollauf damit zu tun hatte, einen Oberst der Heeresgruppe hinzuhalten, der inzwischen eingetroffen war und auf dem sofortigen Rückmarsch der übergesetzten Teile der Division bestand.

Bunjatschenko weigerte sich, mit dem Oberst zu verhandeln. Für ihn war jetzt nur eines wichtig: die Division heil über die Elbe zu bringen.

Bis in die Nacht hinein marschierten die Kolonnen, dann war es geschafft.

Dieser Übergang war von größter Bedeutung und entschied zunächst das Schicksal der Division.

Die Stellung war gut. Von Norden und Osten bot die Elbe Deckung. Die Brücke blieb unter Kontrolle.

In der Nacht rückte eine angeschlagene SS-Panzerdivision in die umliegenden Dörfer ein. Am nächsten Tage erschienen weitere SS-Einheiten in der Umgebung. Es ging das Gerücht, diese Einheiten sollten die Division entwaffnen.

Bunjatschenko befahl den Weitermarsch in den Raum um den Schneeberg.

Kurz darauf kündigte Schörner über Funk sein persönliches Eintreffen für den nächsten Tag, den 27. April, an.

An seiner Stelle erschien aber sein Chef des Stabes, Generalleutnant von Natzmer.

Bunjatschenko − der Kopf und Arm verbunden hatte − ließ eine Ehrenkompanie und ein Musikkorps aufmarschieren und empfing Natzmer mit größter Höflichkeit.

Natzmer forderte den Einsatz der Division im Raum Brünn. Er gab eindeutig zu verstehen, daß eine abermalige Verweigerung nunmehr ernste Folgen haben werde.

Da die Division ohne Benzin und Verpflegung bewegungsunfähig gewesen wäre, stimmte Bunjatschenko zu, weigerte sich jedoch, die Division verladen zu lassen, worauf Natzmer schließlich einging.

Die Division sollte unmittelbar hinter der Front nach Süden marschieren. Nun wurde es ernst. Nun mußte sich entscheiden, ob das große Spiel gelang. Versuche, mit Wlassow Verbindung aufzunehmen, waren gescheitert.

Da es um das Schicksal der Division ging, glaubte Bunjatschenko nicht mehr allein entscheiden zu dürfen und befahl die Regimentskommandeure zu sich.

Er schilderte die Lage, erklärte, daß er unter den gegebenen Umständen bereit sei, sein Wort zu brechen, wenn damit die Division gerettet werden könne, daß er sich aber nicht berechtigt fühle, diese Entscheidung allein zu treffen.

Anwesend waren die Regimentskommandeure Archipow, Artjemjew, Alexandrow, Sacharow und Shukowski, Major Kostjenko, der Kommandeur der Aufklärungsabteilung, und Oberstleutnant Maksakow, der Kommandeur des Reserveregiments.

Mit Ausnahme des Oberstleutnants Archipow waren alle der Ansicht, daß ein Einsatz an der Front zur sinnlosen Vernichtung der Division führen mußte. Es blieb nichts weiter als der Versuch, wenn nötig mit Gewalt in Eilmärschen nach Süden zu marschieren, um notfalls zu den Amerikanern zu gehen.

Am 27. April frühmorgens setzte sich die Division in Marsch. Strengste Befehle gegen Plünderungen, Diebstähle und feindselige Akte gegenüber der deutschen Bevölkerung wurden erteilt. Die Lage war allen klar. In einem beispiellosen körperlichen und seelischen Gewaltakt wurden 120 km mit einer nur 5stündigen Erholungspause in zwei Tagen bewältigt.

Die Soldaten erregte die Frage: Wo bleibt Wlassow? Bunjatschenko wußte das. Um die Stimmung zu heben, ließ er während des Marsches bekanntgeben, Wlassow sei eingetroffen. Ein Hurra durchbrauste die Reihen. Die Stimmung hob sich. Die tschechische Grenze wurde ohne Zwischenfälle passiert. Am Abend des 28. April bezog die Division im Raum südlich des Städtchens Lobositz Quartier.

Am selben Abend traf unerwartet ein Funkspruch Schörners ein, er werde am nächsten Tag persönlich die Division aufsuchen.

Als er erschien, tat er, als sei nichts vorgefallen.

Bunjatschenko genoß offensichtlich die Situation. Der arrogante Generalfeldmarschall mußte zu ihm kommen und gestand damit ein, daß er nichts gegen ihn unternehmen konnte. Er sagte, er freue sich über den Besuch, zumal noch vor kurzem eine andere Behandlung seiner Person ins Auge gefaßt worden sei.

Als Schörner irritiert fragte, was er meine, erwiderte Bunjatschenko: „Der Herr Generalfeldmarschall wollte mich doch erschießen lassen!"

Schörner fragte barsch die anwesenden Deutschen, wer das übermittelt hätte. Als Schwenninger sich meldete, knurrte er nur: „Das war ja äußerst geschickt", und wandte sich wieder Bunjatschenko zu: Das sei natürlich Unsinn, ein Mißverständnis, sonst wäre er nicht hier.

Dann fragte er, ob die Division nun kämpfen wolle oder nicht.

„Gewiß", erwiderte Bunjatschenko, ließ jedoch offen, wo und unter welchen Umständen er kämpfen wolle.

Schörner genügte das, er schien froh, das Gespräch beenden zu können, und sagte, das sei schließlich das Entscheidende. Er sei damit einverstanden, daß Bunjatschenko den Marschweg nach Brünn selbst wähle.

Dem Untergang entgegen

Die letzten Tage

Am selben Tage hatte Bunjatschenko eine längere Unterredung mit zwei Delegierten der tschechischen Partisanen.

Seit dem Überschreiten der Grenze hatte die Bevölkerung außerordentliches Interesse an der Division gezeigt. Die Konflikte mit den Deutschen waren nicht unbekannt und weckten die Hoffnung, die Division werde den Aufständischen helfen. Die Ereignisse an den Fronten ermutigten die Tschechen zum offenen Widerstand. Dieser Widerstand war jedoch schlecht organisiert. Außerdem gab es nationale und kommunistische Partisanengruppen, von denen die letzteren zwar an Zahl gering, aber besser organisiert waren.

Die tschechischen Partisanen teilten mit, daß für die nächsten Tage der Aufstand in Prag geplant sei, und baten Bunjatschenko um Unterstützung, da die eigenen Kräfte unzureichend seien. Mit einer Besetzung Prags durch die Amerikaner wurde gerechnet. Wenn Prag dann schon in Händen einer nationalen tschechischen Regierung sei, so argumentierten die tschechischen Unterhändler, dann würden die Amerikaner nicht zulassen, daß die Sowjets sie wieder beseitigten.

Die Tschechen erklärten sich bereit, der Division in einer demokratischen Tschechoslowakei Asyl zu gewähren.

Bunjatschenko kannte die Stimmung in der Division und wußte, daß seinem Befehl, den Tschechen zu helfen, begeisterte Zustimmung sicher war. Die seelischen Belastungen der letzten Jahre, die Demütigungen und Vertrauensbrüche durch die Deutschen, die fast ausweglose Lage, in die man durch ihre Schuld geraten war, wirkten sich aus.

Dennoch gab er den Tschechen keinerlei Zusagen. Er wartete auf Wlassow, zu dem er endlich eine Verbindung hatte herstellen können. Und er marschierte noch weiter nach Süden. Im Raume Beraun, 30 km südwestlich Prags, bezog er Quartier. Der Divisionsstab lag in Suchomast.

Indessen war Wlassow zu den Einheiten der zweiten Division gefahren, die sich mit der Offiziersschule und dem Ersatzregiment auf dem Marsch in Richtung Linz befand.

Am 27. traf er am Fernpaß mit Sherebkow zusammen und gab ihm alle Vollmachten für seine Verhandlungen in der Schweiz. An einen Erfolg konnte er nicht mehr glauben.

Sherebkow beschwor Wlassow, vor dem Zusammenbruch nach Spanien zu fliegen. Wlassow lehnte jedoch ab. Er werde seine Mitkämpfer nicht verlassen und ihr Schicksal teilen.

Dann empfing er noch eine Kosakendelegation aus Norditalien unter Führung des Obersten Botscharow, den er zum Verbindungsoffizier bei Krassnow ernannt hatte. Dieser überbrachte ihm die Bitte des Atamans Naumenko, auch die Kosaken in Norditalien dem KONR zu unterstellen. Es erwies sich, daß auch die Masse der Kosaken in Norditalien die Haltung Krassnows mißbilligte. Aber es war zu spät. Die Entwicklung ging über alle diese Bemühungen hinweg.

Was zu tun war, hatte Wlassow getan. Die Befehle zur Vereinigung der KONR-Kräfte im Raume Innsbruck waren gegeben. Auch die erste Division war auf dem Marsch nach Süden. Nun wollte er noch Abschied nehmen von der Frau, die er liebte, ehe sich sein Schicksal entschied.

Zwei Tage verbrachte er bei seiner Frau, die in Reit im Winkl, nahe bei Reichenhall, eine Unterkunft gefunden hatte. Ihr gegenüber zeigte er sich optimistisch, aber sie spürte die Hoffnungslosigkeit im Grunde seines Wesens[1].

Am 30. April traf Wlassow in Bad Reichenhall wieder mit Kroeger zusammen, der mit Köstring über die bei diesem eingegangenen Beschwerden Schörners beraten hatte. Es wurde beschlossen, persönlich mit Schörner zu verhandeln.

Wlassow und Kroeger fuhren, ohne es zu wissen, durch ein von Partisanen besetztes Gebiet nach Königgrätz, dem Stabsquartier

1 A. Bielenberg, I Nr. 41.

Schörners. Am Vormittag des 1. Mai sprachen sie zunächst mit dem Stabschef, Generalleutnant von Natzmer.

Von Natzmer erfuhren sie, daß Schörner bereits Befehl gegeben hatte, die Division am nächsten Morgen zu entwaffnen. Das bedeutete Kampf. Die Durchführung war Generaloberst Hoth befohlen worden, der die Kampfgruppe „Erzgebirge" befehligte und dessen Stab sich in Kriegern befand[2].

Hoth, der von der Anwesenheit Wlassows im Stabe Schörners nichts wußte, hatte währenddessen den Abwehroffizier der Propagandaabteilung Dabendorf, von Kleist, zu sich gebeten und schlug ihm vor, zu Bunjatschenko zu fahren. Vielleicht könne er einen Zusammenstoß verhüten.

Kleist war sofort bereit, und nach einem erregten Telefongespräch zwischen Hoth und Schörner, in das schließlich auch Kleist eingeschaltet wurde, erklärte Schörner sich bereit, die Aktion um einige Stunden auf 10 Uhr zu verschieben, obgleich er, wie er sagte, Verhandlungen für zwecklos hielt; die Russen seien immer Verräter gewesen, und er werde nun mit ihnen aufräumen[3].

Gegen Abend empfing Schörner Kroeger und erklärte auch ihm, er werde nun durchgreifen und halte eine Verhandlung mit Wlassow für sinnlos.

Erst als Kroeger ihm die politischen Aspekte der ROA auseinandergesetzt hatte und dringend von Gewaltanwendung abriet, war er bereit, mit Wlassow zu sprechen.

Wlassow garantierte die Loyalität der Division, solange sie nicht angegriffen werde. Er wies auch noch einmal auf die Möglichkeiten hin, die durch deutsche Schuld verpaßt worden waren, und deutete an, er hoffe auf eine Fortsetzung seines Kampfes mit Hilfe der Westalliierten.

Das war für den impulsiven Schörner ausschlaggebend. Es beeindruckte ihn, daß dieser Mann in einer solchen Situation noch Pläne und Ziele hatte, die die Deutschen nicht mehr haben konnten. Er begriff zum ersten Male die politische Tragweite der russischen Befreiungsbewegung und erklärte sich bereit, den Angriffs-

2 Oldwig v. Natzmer, Brief an den Autor.
3 H. v. Kleist, Brief an den Autor.

befehl zurückzuziehen und die Division aus seiner Befehlsgewalt zu entlassen[4].

Daraufhin fuhren Wlassow und Kroeger noch in der Nacht nach Kozojedy, wohin der Divisionsstab verlegt worden war.

Am frühen Morgen des nächsten Tages erschien auch Kleist, eine weiße Fahne schwenkend, in Kozojedy. Er wußte nichts von der Rücknahme des Angriffsbefehls und war sehr erstaunt, Wlassow und dessen Begleitung anzutreffen. Er berichtete von seinem Gespräch mit Hoth, worauf Wlassow und Kroeger mit ihm nach Kriegern fuhren, um auch hier die Lage zu klären. Hoth war jedoch schon informiert, und so kehrten sie nach Kozojedy zurück.

Währenddessen war es zu zahlreichen Zwischenfällen gekommen. Die Russen fühlten sich im Bereich der Division als Herren, entwaffneten kleinere deutsche Einheiten und schickten sie nach Hause. Dabei war es auch zu Schießereien gekommen. Der so lange angestaute Groll der Russen entlud sich.

Auch Kroeger wäre beinahe ein Opfer dieser feindlichen Stimmung geworden. Eine Handgranate wurde nachts in sein Zimmer geworfen. Er entging dem Attentat nur, weil er zufällig das Zimmer gewechselt hatte. Kroeger war für die Russen Repräsentant des verhaßten NS-Regimes. In Verkennung seiner Möglichkeiten und seiner tatsächlichen Einstellung galt er als mitschuldig an der Verschleppungstaktik der deutschen Führung.

Am nächsten Morgen fuhr Kroeger nach Prag, um sich bei Frank über die Lage zu informieren. Dort wurde er wenige Tage später vom Aufstand überrascht und sah Wlassow nicht wieder[5].

Am selben Vormittag empfingen Wlassow und Bunjatschenko eine Delegation tschechischer Offiziere, die mitteilten, der Aufstand sei vorbereitet und müsse am 5. Mai beginnen. Sie baten dringend um Unterstützung. Das tschechische Volk werde die Hilfe in solcher Stunde nie vergessen.

Wlassow sagte jedoch noch nicht zu. Anschließend hatte er eine Auseinandersetzung mit Bunjatschenko, der darauf drang, in Prag einzugreifen. Es sei die einzige und vielleicht die letzte Möglichkeit, die Division zu retten. Den Amerikanern könne man nicht trauen.

4 F. Schörner, I Nr. 46.
5 E. Kroeger, Brief an den Autor.

Wlassow teilte diese Ansicht nicht. Er glaubte nicht daran, daß die Tschechen, selbst wenn die Amerikaner Prag besetzen würden, ohne deren Zustimmung handeln könnten. Es würde also in jedem Falle auf die Amerikaner ankommen, und darum wäre es sinnvoller, sich gleich mit ihnen in Verbindung zu setzen.

Als sich jedoch auch Nikolajew und die höheren Offiziere der Division für den Kampf aussprachen, gab er schließlich Bunjatschenko gegen seine eigene Überzeugung freie Hand. Er wollte ihn in dieser verzweifelten Situation nicht daran hindern, die vermeintliche Chance wahrzunehmen.

Am nächsten Morgen, es war der 4. Mai, landeten Buschmann und General Schapowalow im Flugzeug bei Kozojedy. Truchin hatte Schapowalow, der die geplante dritte Division übernehmen sollte, entsandt, um Instruktionen einzuholen.

Wlassow riet, da eine Überführung der ROA in den Raum Innsbruck illusorisch geworden war, alle Einheiten in Böhmen zu versammeln.

Buschmann übernachtete bei Wlassow und hatte eine lange Aussprache mit ihm. Wlassow war von der bevorstehenden Aktion in Prag bedrückt. Er versprach sich nichts Positives. Er wollte auch keinen Kampf gegen die deutsche Wehrmacht, die nicht für die Fehler Hitlers verantwortlich zu machen sei. Wenn es überhaupt eine geringe Chance gab, dann sah er sie nur noch bei den Westmächten. Er berichtete über die Kontaktversuche, die klären sollten, ob die Westmächte bereit wären, die Kapitulation der ROA unter der Bedingung der Nichtauslieferung anzunehmen. „Aber", schloß er, „ich muß ja in jedem Fall kapitulieren, mich in ihre Hand geben, auch wenn sie die Garantie nicht geben. Vielleicht kann die Masse gerettet werden, wenn sie mich ausliefern. Ich weiß es nicht. Ich kann nichts mehr tun als warten, und das ist das Schlimmste, was es für einen Mann gibt."

Buschmann war erschüttert, Wlassow so ausgebrannt und verzweifelt zu sehen.

Aufstand in Prag

Am nächsten Morgen übermittelte er ihm die Bitte Malzews und der anderen Offiziere, er solle sich in Sicherheit bringen. Für die Zukunft sei es wichtiger, daß er lebe, als sein Opfer. Ein Flugzeug, das Kapitän Antelewski, „Held der Sowjetunion", führen sollte, stand zum Flug nach Spanien bereit.

Aber Wlassow lehnte ab. „Ein Führer, der seine Leute im entscheidenden Augenblick allein läßt, taugt auch für später nichts", sagte er. „Ich hatte alle Chancen für den Sieg. Die Deutschen oder – wenn man will – das Schicksal ließen ihn nicht zu. Nun muß ich den Weg zu Ende gehen[6]."

Kurz darauf flog Buschmann mit Schapowalow zu Truchin.

Im Morgengrauen des 5. Mai schloß Bunjatschenko mit Vertretern der Aufständischen einen Vertrag, wonach beide Teile sich verpflichteten, gegen Faschismus und Bolschewismus zu kämpfen. Kurz darauf marschierte die Division in Richtung Prag.

Zur gleichen Zeit bat Nikolajew Major Schwenninger um seine Waffe. Er sprach ihm sein Bedauern aus; die Maßnahme sei nicht gegen ihn gerichtet und diene seiner Sicherheit. Er bat auch um Verständnis für den Entschluß Bunjatschenkos. Es sei die einzige Chance, vielleicht doch noch etwas zu retten[7].

Am Abend des 6. Mai traf die Division von Westen und Südwesten her am Stadtrand von Prag ein und entwickelte sich aus dem Marsch zum Kampf.

Unterwegs war sie von der tschechischen Bevölkerung enthusiastisch begrüßt und mit Blumen und Geschenken überschüttet worden.

In einigen Teilen der Stadt hatte der Aufstand bereits am Abend begonnen. Anlaß war die Nachricht, daß von Bari in Italien aus Flugzeuge mit dringend benötigten Waffen starten würden. Als die Flugzeuge ausblieben – Churchill hatte den Start auf Wunsch Stalins untersagt –, wurden die Kämpfe zunächst wieder eingestellt; die Übermacht der Deutschen war noch zu groß.

6 G. Buschmann, I Nr. 47.
7 H. Schwenninger, Brief an den Autor.

Zugleich begannen Verhandlungen mit dem „Volksrat" (Nßa-rodny Rada), der sich schon vorher als provisorische Vertretung der Londoner tschechischen Exilregierung konstituiert hatte. Präsident der Rada war Prof. Albert Pražák, sein Stellvertreter und Repräsentant des kommunistischen Flügels der Rada, die jedoch nicht die Mehrheit hatte, Josef Smrkovský. Die militärische Leitung hatte Captain Nechanský[8], der im Auftrag der Exilregierung mit dem Fallschirm abgesprungen war. Weitere Mitglieder waren unter anderem Fürst František Schwarzenberg und Dr. Otokar Machotka.

Die Rada mußte entscheiden, ob sie das Vorgehen der Aufständischen ignorieren oder deren Führung übernehmen sollte. Man entschied sich für die zweite Alternative. Nach schwierigen Verhandlungen – die Militärs mißtrauten der Rada, weil ein Teil ihrer Mitglieder Kommunisten waren – wurde sie als politische Führung anerkannt. Die Rada ihrerseits akzeptierte General Kutlvašr als militärischen Führer des Aufstandes, wenn auch formell Captain Nechanský die Leitung behielt.

Das Eingreifen der Division brachte die Entscheidung. Am Nachmittag des 7. Mai war der größte Teil der Stadt nach erbitterten Kämpfen in der Hand der Aufständischen.

Bunjatschenko, dessen Gefechtsstand sich im Vorort Jinonice befand, arbeitete eng mit dem militärischen Stab der Aufständischen zusammen.

Wlassow beteiligte sich nicht an der Kampfführung und ließ sich nur über den Verlauf der Aktion berichten.

Als Bunjatschenko erfuhr, daß die Rada die politische Führung übernommen hatte, beauftragte er Hauptmann Antonow, den Adjutanten Wlassows, die Verbindung herzustellen.

Am Morgen des 7. Mai traf Antonow im Vorraum des Gebäudes der Rada zufällig Smrkovský, der brüsk erklärte, die Rada verzichte auf die Hilfe von Verrätern und Söldlingen der Deutschen und wolle nichts mit ihnen zu tun haben. In Kürze werde Marschall Konjew die Stadt erreichen und die Aufständischen entsetzen. Als

---

8 Nechanský wurde 1950 von den Kommunisten verhaftet, zum Tode verurteilt und hingerichtet. Die anderen militärischen Führer des Prager Aufstande, Gen. Kultvašr, wurden zu 20 Jahren Gefängnis verurteilt.

Antonow konsterniert darauf hinwies, daß ja die Aufständischen selbst Wlassow um Hilfe gebeten hätten, erwiderte Smrkovskỳ: „Aber nicht die Rada. Sie allein hat die politische Führung. Sie bestätigen selbst, daß Sie den Kommunismus bekämpfen. Viele Mitglieder der Rada sind Kommunisten. Ihr seid also unsere Feinde."

Während des Disputs kam das Mitglied der Rada, Dr. Machotka, hinzu und erreichte, daß die Frage durch eine Versammlung der Rada entschieden wurde. Gegen die Stimmen der Kommunisten entschied die Rada, daß die Hilfe der Wlassow-Division akzeptiert werden sollte. Ein schriftlicher Vertrag wurde jedoch unter dem Einfluß der Kommunisten abgelehnt.

Für Bunjatschenko war dieser Vorfall ein schwerer Schlag. Er forderte schriftlich eine Entschuldigung und eine vertragliche Regelung. Das wurde jedoch von der Rada mit der Begründung abgelehnt, daß die Rada als solche keinerlei beleidigende Äußerungen getan habe.

Als er außerdem erfuhr, daß die Amerikaner den Vormarsch auf Prag bei Pilsen gestoppt hatten und der Roten Armee die Eroberung Prags überlassen würden, befahl er, den Kampf einzustellen. Noch in der Nacht begann der Rückmarsch in die Ausgangsstellungen.

Die Falle Przibram

Während des Marsches zogen Teile der Division durch die Stadt Przibram, 60 km südwestlich Prag. Dabei geriet der Hauptmann Buderatzki vom 3. Regiment auf der Suche nach Benzin in den Hof eines Gefängnisses am Rande der Stadt. Aus einem vergitterten Fenster wurde er von Romaschkin, dem Adjutanten Truchins, angerufen und um Hilfe gebeten.

Buderatzki holte Verstärkung und befreite unter Androhung von Waffengewalt Romaschkin und die Adjutanten und Fahrer Bojarskis, Truchins, Schapowalows und Blagoweschtschenskis[8].

8 Zuschrift Buderatzkis an: Golos naroda, 1949, Nr. 33.

Durch sie erfuhr Bunjatschenko vom Schicksal der Generäle: Truchin hatte schon am 5. Mai Verbindung zu den Amerikanern hergestellt und ein Ultimatium erhalten, er solle innerhalb von 36 Stunden mit allen Einheiten der zweiten Division kapitulieren. Als ihm Schapowalow den Befehl überbrachte, in die Tschechei zu marschieren, sandte er Bojarski nach Kozojedy, um Wlassow zu veranlassen, auch die erste Division zu den Amerikanern zu führen. Als Bojarski nicht zurückkehrte, fuhr er selbst in Begleitung von Schapowalow los. Im Städtchen Przibram wurden sie von tschechischen Partisanen angehalten. Gewohnt, von den Tschechen freundlich empfangen zu werden, betraten sie arglos ein Gebäude. Dort sahen sie sich einem Hauptmann der Roten Armee gegenüber und wurden überwältigt. Sie erfuhren, daß Bojarski erhängt worden sei. Kurz darauf wurde Schapowalow erschossen und Truchin zur Roten Armee gebracht. Die Adjutanten und Fahrer wurden festgesetzt. Da auch Truchin nicht zurückkehrte, entsandte sein Stellvertreter, Meandrow, General Blagoweschtschenski. Auch ihn ereilte das Schicksal in Przibram; er wurde von den Tschechen den Sowjets ausgeliefert.

Während die Division in Gewaltmärschen nach Süden marschierte, fuhr Wlassow mit Tensorow, Antonow, einer Dolmetscherin, einem Sanitäter und der Leibwache nach Pilsen voraus, um mit den Amerikanern zu verhandeln. In seiner Begleitung befand sich auch General Kononow, der ihn nach vielen Irrfahrten gefunden hatte und das Zusammenwirken mit dem Kosakenkorps beraten wollte, das sich kämpfend aus Jugoslawien nach Österreich zurückzog.

Inzwischen waren jedoch alle Pläne illusorisch geworden, weil die Kapitulation Deutschlands schneller als erwartet vollzogen worden war. Kononow wollte sich nun zu seinen Kosaken durchschlagen, um in der entscheidenden Stunde bei ihnen zu sein. Kurz vor den amerikanischen Linien trennte er sich von Wlassow. Sie umarmten sich. Wlassow bat auch ihn, er solle, wenn er am Leben bleibe, die Wahrheit verkünden[9].

9 I. Kononow, Brief an den Autor.

Erste Begegnung mit Amerikanern

Am späten Abend erreichte Wlassow die ersten amerikanischen Posten. Ein Major eskortierte die Kolonne nach Pilsen, wo Wlassow von einem Oberst empfangen wurde, der ihn zunächst für einen Sowjetgeneral hielt und keine Ahnung von der Existenz einer russischen Befreiungsarmee hatte. Als das Mißverständnis geklärt war, wurde ein Empfang beim Kommandierenden General für den nächsten Tag vereinbart.

Als Wlassow das Haus betrat, in dem man inzwischen seine Begleiter untergebracht hatte – es war die Villa eines früheren Parteifunktionärs –, fand er sie in Zivilkleidern vor.

Tensorow erklärte, es sei keinem genützt, wenn sie ausgeliefert würden. Er traue den Amerikanern nicht. Die deutsche Grenze sei nahe, es gäbe keine Bewachung, Zivilkleidung sei in der Villa für alle vorhanden, er habe einen Anzug für Wlassow bereitgelegt. Es sei eine einmalige Gelegenheit.

Wlassow winkte ab. Er werde bleiben, bis das Schicksal der Armee entschieden sei. Er wolle in dieser Situation niemanden halten, er stelle jedem frei zu gehen.

Darauf richtete Antonow ein Lager für den General. Die anderen begannen schweigend, die Zivilanzüge wieder auszuziehen.

Am nächsten Morgen um 10 Uhr wurde Wlassow von einem amerikanischen General empfangen, der ihm erklärte, er könne keinerlei Garantien für eine Nichtauslieferung an die Sowjets geben, das überschreite seine Kompetenzen. Er könne nur bedingungslose Kapitulation empfehlen. In einem solchen Fall werde er sich bemühen, die Division in amerikanische Gefangenschaft zu nehmen.

Wlassow begab sich in sein Quartier zurück.

Gegen 2 Uhr mittags erschien ein amerikanischer Offizier und teilte Wlassow mit, die Division sei bei Schlüsselburg eingetroffen. Der General stelle Wlassow anheim, dorthin zu fahren. Er könne sich jedoch auch an einen beliebigen anderen Ort begeben. Benzin werde er, falls benötigt, erhalten.

Das bedeutete die stillschweigende Sanktionierung einer Flucht Wlassows. Zwar handelte es sich offensichtlich um die persönliche

Einstellung eines Offiziers, aber seine Äußerung war doch das erste Zeichen menschlichen Verständnisses.

Wlassow ließ ausrichten, er werde sich zu seiner Division begeben und sei dort zu erreichen.

Als Wlassow den Wagen bestieg, wurde er von Passanten erkannt. Für die Tschechen war er noch der Held, der Prag befreit hatte. Eine schnell wachsende Menschenmenge umringte den Wagen. Hochrufe wurden laut, zum kommunistischen Gruß erhobene Fäuste waren zu sehen. Eine Frau warf Blumen in den Wagen.

Wlassow sah bewegungslos in die Menge. Er war sich der Tragikomödie dieser Ovation durchaus bewußt.

Die Amerikaner sahen zunächst ratlos und ohne jedes Verständnis zu, drängten dann aber die Menge zurück und beeilten sich, die Kolonne auf den Weg zu bringen.

Am späten Abend trafen sie in Schlüsselburg ein. Die Amerikaner begaben sich in ein schloßartiges Gebäude am Rande der Stadt, während die Kolonne am Straßenrand mit gelöschten Scheinwerfern wartete.

Durch den warmen Abend tönte schrilles Kreischen von Mädchen, die sich mit Soldaten amüsierten, in der Ferne erklangen russische Lieder. Hin und wieder trat ein zufällig des Weges Kommender an den Wagen heran, wandte sich jedoch wieder ab, sobald er die stummen Gestalten sah.

Vier Stunden warteten sie so. Keiner sprach. Es gab nichts mehr zu sagen. Jeder hing seinen Gedanken nach. Es war wie ein Atemholen vor der letzten, schwersten Etappe ihres Weges. Keiner wußte, ob er sie überleben würde. Schließlich, gegen Mitternacht, wurde ihnen mitgeteilt, daß sie im Schloß übernachten könnten. Dort empfing sie der Kommandant der Stadt, Captain Donajue.

Während die Mannschaften die Quartiere vorbereiteten, warteten die Offiziere im Dienstzimmer des Amerikaners, der sie eine Weile stumm und interessiert musterte.

Schließlich wandte er sich an Wlassow und fragte, warum er gegen sein Vaterland gekämpft habe.

Wlassow war völlig apathisch. Er bedeutete der Dolmetscherin, daß er eine Antwort für sinnlos halte.

Der Amerikaner beugte sich vor. Sein Gesicht war ruhig, teilnahmsvoll und ohne jede Überheblichkeit. Seine Frage enthalte keine Kritik, sagte er. Er habe verstanden, daß Wlassow ein Gegner Stalins sei. Deshalb interessierten ihn seine Motive.

Wlassow begriff, daß der Captain ehrlich interessiert war. Er begann langsam und leidenschaftslos zu reden. Dann aber riß ihn sein Temperament mit. Noch einmal sprach er von all den Möglichkeiten, den Hoffnungen und den Enttäuschungen seiner Landsleute. Noch einmal faßte er alles zusammen, wofür unzählige Russen gekämpft und gelitten hatten. Längst sprach er nicht mehr zu diesem Amerikaner. Es war eine Lebensbeichte, ein letztes Aufbäumen gegen das Schicksal, das ihm alle Trümpfe aus der Hand geschlagen hatte.

Der Amerikaner hatte mit steigender Spannung zugehört. Etwas wie Bewunderung schien ihn zu bewegen. Er erhob sich und drückte Wlassow die Hand.

„Ich danke Ihnen, General. Was ich für Sie tun kann, werde ich tun."

Am nächsten Tage — es war der 11. Mai — erfuhr Wlassow, daß die Division sich 6 km nördlich Schlüsselburg versammelt hatte. Auf Befehl der Amerikaner hatte sie die Waffen niedergelegt. Man betrachtete sich als von den Amerikanern interniert.

Donajue teilte mit, daß das Gebiet am Abend des nächsten Tages den Sowjets übergeben werde, er habe noch keine Genehmigung, sie vorher in die amerikanische Besatzungszone durchzulassen. Er bot Wlassow an, mit einem Transport aus der Gefangenschaft befreiter Engländer in die englische Zone zu fahren, um sich dort mit einem höheren englischen Stabe in Verbindung zu setzen.

Wlassow lehnte ab und fuhr zur Division, zumal die Situation im Schloß heikel war: Tschechische Partisanen und Sowjetoffiziere gingen ein und aus.

Dort erfuhr er vom Schicksal Truchins und der anderen Generäle. Mit Bunjatschenko vereinbarte er, daß die Division versuchen sollte, sich in kleinen Gruppen in die amerikanische Besatzungszone durchzuschlagen, falls die Amerikaner den Durchlaß verweigerten.

Nachmittags kehrte er ins Schloß zurück. Captain Donajue empfing ihn mit der Nachricht, der Armeestab habe angefragt, ob Wlassow sich in Schlüsselburg befinde. „Befinden Sie sich hier?" fragte er. Wlassow begriff, daß dieser mutige Offizier ihm noch jetzt die Flucht ermöglichen wollte. Doch lehnte er wiederum ab. „Ich bin hier", sagte er und drückte ihm die Hand.

Gegen Abend mußte Wlassow mit Vertretern des neben der Division biwakierenden XXIX. deutschen Armeekorps, General Reimann und Hauptmann von Pastor, verhandeln. Auf Befehl Donajues sollten beide Einheiten gemeinsam Verpflegung empfangen, wozu eine Stärkemeldung erforderlich war. Die Unterredung verlief jedoch ergebnislos. Weder die Deutschen noch Wlassow legten Wert auf eine gemeinsame Stärkemeldung[10].

Das Ende der ersten Division

Gegen 19 Uhr desselben Tages meldeten Spähtrupps Bunjatschenkos das Nahen sowjetischer Panzer. Daraufhin wurde der Stab aus dem Dorf Chwoshdian in den nahen Wald verlegt, und Bunjatschenko befahl die Regimentskommandeure zu sich, die ihn jedoch nicht fanden.

Die 162. sowjetische Panzerbrigade bezog nur 3 km von den amerikanischen Linien Nachtquartiere. Die Lage wurde kritisch.

Die Verbindung zu Wlassow konnte nicht hergestellt werden. Bunjatschenko fuhr zu den amerikanischen Panzersperren und verlangte kategorisch, sofort zum amerikanischen Kommandierenden General geführt zu werden. Nach längeren Verhandlungen wurde ihm mitgeteilt, daß eine Begegnung erst am nächsten Vormittag um 10 Uhr stattfinden könne. Dann werde auch entschieden, ob die Division passieren könne.

Bunjatschenko mußte unter allen Umständen Zeit gewinnen. Die Gefahr bestand, daß die Sowjets im Morgengrauen bis zu den amerikanischen Linien vorrücken und die Division überrollen würden.

Der Zufall kam ihm zu Hilfe: Oberstleutnant Artjemjew, der Kommandeur des 2. Regiments, sah sich auf der Suche nach dem

---

10 Herbert v. Pastor, Briefe an den Autor. Das Kriegstagebuch v. Pastors ist erhalten. Dadurch konnte der Name Donajues einwandfrei festgestellt werden.

Divisionsstab unerwartet sowjetischen Offizieren gegenüber. Um nicht gefangengenommen zu werden, gab er sich geistegegenwärtig als Parlamentär aus und wurde sofort zum Kommandeur der sowjetischen Panzerbrigade, Oberst Mischtschenko, geführt.

Der gab sich kollegial und gönnerhaft, sicherte allen Leben und Freiheit zu, die freiwillig übergehen würden, und drängte auf eine schnelle Entscheidung. Es war offensichtlich, daß er weder etwas von der Entwaffnung der Division wußte noch von der Weigerung der Amerikaner, sie zu übernehmen.

Artjemjew gab vor, er müsse alles eingehend mit Bunjatschenko besprechen, und wurde anstandslos freigelassen.

Bunjatschenko gab Artjemjew den Auftrag, noch einmal zu Mischtschenko zu fahren und um jeden Preis einen Aufschub bis 11 Uhr vormittags zu erreichen. Artjemjew sollte, um das plausibler zu machen, eine schriftliche Garantieerklärung verlangen und als Zeitpunkt des Übertritts 11 Uhr festlegen.

Um 1 Uhr nachts traf Artjemjew wieder in Chwoshdian ein und wurde mit einem Abendessen bewirtet. Danach schrieb Mischtschenko auf einen Fetzen Papier die Garantieerklärung und erklärte sich mit dem vorgeschlagenen Termin des Übertritts einverstanden unter der Voraussetzung, daß die Division mit allen Waffen kommen würde.

Nach dem offiziellen Teil schwärmte Mischtschenko von dem wunderbaren Leben in der Sowjetunion, wo inzwischen alles anders geworden sei. Schließlich, schon betrunken, schlug er Artjemjew vor, gar nicht erst auf die Entscheidung Bunjatschenkos zu warten, sondern sein Regiment sofort herüberzuführen. Das werde ihm hoch angerechnet werden, er könne mit seinem alten Dienstgrad wieder in die Rote Armee eintreten. Endlich, im Morgengrauen, entließ Mitschtschenko Artjemjew. Es war Zeit gewonnen. Bis 11 Uhr würden die Sowjets nichts unternehmen.

In der Nacht hatte Wlassow ein Memorandum verfaßt, in dem er darlegte, daß die Führer der ROA bereit wären, vor einem internationalen Gericht zu erscheinen, daß es jedoch gegen jedes Recht sei, sie den Sowjets und damit dem sicheren Tod auszuliefern. Es handele sich nicht um Freiwillige der Deutschen, sondern um eine politische Organisation, um eine breite Oppositionsbewegung, die keinesfalls nach Kriegsrecht behandelt werden dürfe.

229

Donajue gab den Text sofort über Funk weiter. Wenig später teilte er jedoch Wlassow mit, der Oberkommandierende habe den Durchlaß der Division und damit die Übernahme in amerikanische Gefangenschaft abgelehnt. Er könne nur raten, sich in kleinen Gruppen ins amerikanische Gebiet durchzuschlagen. Wlassow selbst solle um 14 Uhr zu Verhandlungen zum Armeeoberkommando gebracht werden.

Um 10 Uhr wurde Bunjatschenko zum Schloß durchgelassen, wo ihn Wlassow von der Entscheidung der Amerikaner in Kenntnis setzte. Es gab keinen Ausweg, es blieb nur die Auflösung. Bunjatschenko begab sich sofort zur Division zurück, um den letzten Befehl zu überbringen.

Mit dem Kommando: Abtreten! hörte mit einem Schlage eine Gemeinschaft auf zu existieren, die sich durch Monate hindurch bewährt hatte. Eine völlig intakte und disziplinierte Kampfeinheit brach in Minuten auseinander.

Erst jetzt wurden Männer von Angst und Entsetzen gepackt. Jedem Befehl wären sie gefolgt, aber nun, auf sich allein gestellt, waren sie ratlos. Nach Süden! Aber was dann?

Offiziere und Mannschaften trennten die Abzeichen von den Uniformen, versuchten Zivilkleidung zu beschaffen, verbrannten Papiere. Schüsse hallten durch den Wald. Mancher zog den Selbstmord aller Angst und aller Ungewißheit vor. Bittere Worte fielen: Lieber im Kampfe fallen, als so auseinandergehen! Aber kein Wort des Vorwurfs an die Führung, an die Offiziere. Sie wußten, daß die Schuld an diesem Zusammenbruch nicht bei ihnen lag.

In kleinen Gruppen kamen die Männer zu ihren Vorgesetzten, zu den Regimentskommandeuren, fragten, was sie tun sollten, verabschiedeten sich und dankten! Dankten in diesem Augenblick, da sie der wahrscheinlichen Vernichtung entgegensahen.

Einige gingen den Weg zu den Sowjets. Sie meinten, alle würden nicht erschossen, und aus dem KZ käme man vielleicht doch eines Tages heraus. Sie ertrugen die Ungewißheit nicht mehr. Lieber ein Ende mit Schrecken.

Auch Schwenninger verließ die Division.

Und schon in der Nacht begann die große Jagd auf die von allen Verlassenen. Besondere Kommandos der Roten Armee jagten sie,

230

die Tschechen, die sie noch vor wenigen Tagen als Befreier gefeiert hatten, schlugen sie tot oder übergaben sie den Sowjets, rund 10 000 Mann wurden erschossen oder fielen in die Hände der Sowjets. Den anderen gelang es zunächst, sich in die amerikanische Zone zu retten. Aber auch von ihnen wurde mehr als die Hälfte später an die Sowjets ausgeliefert.

So endete die erste Division der Russischen Befreiungsbewegung.

„Genosse Stalin wird Sie richten"

Um 14 Uhr setzte sich eine Kolonne von 8 Wagen vom Schloß aus in Bewegung, an der Spitze und zum Abschluß von einem amerikanischen Panzerspähwagen eskortiert. Im ersten Wagen saßen Bunjatschenko und Nikolajew, die mit einigen Offizieren zum Schloß durchgelassen worden waren, im letzten Wagen Wlassow, Antonow, der Fahrer und Oberleutnant Ressler als Dolmetscher.

Wlassow hatte Tensorow mit einigen Leuten im Schloß unter dem Schutz Donajues zurückgelassen, um Angehörigen der Division vielleicht noch helfen zu können.

Donajue hatte sich von Wlassow mit Worten des Bedauerns verabschiedet, daß er seinem Rat nicht gefolgt sei, solange es noch Zeit war. Jetzt könne er nichts mehr für ihn tun.

Zwei Kilometer vom Schloß entfernt wurde die Kolonne von einem Wagen gestoppt, in dem sich der Kommandeur des motorisierten Schützenbataillons der 162. Panzerbrigade, Jakuschew, und der ROA-Hauptmann Kutschinski befanden. Um seinen Kopf zu retten, hatte Kutschinski Jakuschew auf die Ausfahrt der Kolonne aufmerksam gemacht.

Jakuschew forderte Bunjatschenko auf, ihm zu folgen. Ihm werde nichts geschehen, er sei ja der Befreier Prags.

Bunjatschenko weigerte sich kategorisch. Er sei Gefangener der Amerikaner und auf dem Wege zum amerikanischen Armeeoberkommando.

Auf einen Wink Kutschinskis wandte sich Jakuschew nun dem Wagen Wlassows zu und riß die Tür auf. Wlassow stieg aus und ging, von Ressler begleitet, zum amerikanischen Offizier an der Spitze der Kolonne. Widerstand war sinnlos, da alle russischen Offiziere vor der Abfahrt ihre Waffen hatten abliefern müssen.

Ressler beschwor den amerikanischen Offizier einzugreifen. Wlassow sei ihr Gefangener und auf dem Wege zum Armeebefehlshaber.

Der Amerikaner verstand Resslers schlechtes Englisch nicht oder wollte es nicht verstehen. Stumm und unbewegt betrachtete er die Szene.

Als Jakuschew sah, daß der Amerikaner nicht einschritt, richtete er seine Maschinenpistole auf Wlassow.

Wlassow öffnete ruhig seinen Mantel und sagte: „Schießen Sie!"

In diesem Moment warf sich eine junge Krankenschwester vor ihn. „Nein!" schrie sie. „Nicht schießen!"

Wlassow hob sie behutsam zur Seite.

Jakuschew aber sagte böse: „Nicht ich, Genosse Stalin wird Sie richten!"

Ressler sah indessen, daß einige Wagen gewendet hatten und nach Schlüsselburg zurückgefahren waren, andere standen verlassen da. Er hoffte, daß Captain Donajue alarmiert würde, und versuchte mit allen Mitteln Zeit zu gewinnen. Er redete verzweifelt auf die Amerikaner ein, um sie endlich zum Eingreifen zu bewegen. Aber sie rührten sich nicht, als gehe sie nichts an, was da geschah.

Inzwischen waren alle anderen verschwunden. Nur Wlassow stand allein neben Jakuschew. Er wandte sich Ressler zu und sah ihn fragend an.

Ressler, der gerade überlegt hatte, ob nicht auch er fliehen sollte, da er Wlassow nicht helfen konnte, traten die Tränen in die Augen. Da stand dieser Mann, der Millionen Russen so viel bedeutet hatte, in der entscheidenden Stunde allein und einsam. Wie unter einem Zwang trat er zu ihm, und gemeinsam bestiegen sie den Wagen Jakuschews.

Sie überholten die Krankenschwester, die schluchzend neben der Straße einherlief, fuhren am Schloß vorbei, in dem sich nichts regte, und durch Dörfer, in denen sowjetische und amerikanische Soldaten Verbrüderung feierten.

Ressler war ein einfacher Mann. Als Volksdeutscher war er vor dem Kriege aus der Sowjetunion nach Deutschland gekommen.

Nun wuchs er über sich hinaus. Er folgte einem Gefühl des Mitleids und des Anstands. Das kostete ihn 10 Jahre Gefangenschaft. Erst 1955 wurde er nach Deutschland entlassen.

Als sie beim Korpsstab eintrafen, fand eine Siegesfeier mit amerikanischen Offizieren ihr Ende. Auf langen Tischen standen noch Flaschen, Sektgläser und Speisereste. Einige hohe Sowjetoffiziere, offensichtlich bester Stimmung, erhoben sich, als Wlassow herantrat.

„Sind Sie Wlassow?" fragte ein Oberst.

Wlassow bejahte.

Darauf verlangte er, Wlassow solle die Kapitulation seiner Truppe unterschreiben.

Wlassow erklärte, die Armee existiere nicht mehr, sie sei aufgelöst und entwaffnet.

Die Sowjets bestanden jedoch auf der Unterschrift. Und Wlassow gab nach. Es schien ihm wohl nicht mehr wichtig.

Antonow war zum Schloß zurückgefahren und hatte dort von der Festnahme Wlassows berichtet. Donajue fuhr sofort los, aber es war zu spät. Er fand nur noch die Begleitwagen.

In derselben Nacht brachte er persönlich die noch im Schloß zurückgebliebenen Russen 60 Kilometer ins amerikanisch besetzte Gebiet, versorgte sie mit Lebensmitteln und entließ sie.

Es waren: Tensorow, Antonow und der Fahrer Wlassows, die Dolmetscherin Rostowzewa mit ihrem Mann, Major Saweljew und der Sanitäter Donarow mit seiner Frau.

Auf welche Weise Bunjatschenko und Nikolajew in sowjetische Gefangenschaft gerieten, ist nie geklärt worden. Ausgeliefert wurden sie nicht[11].

---

11 Alle Schilderungen über die Gefangennahme Wlassows stimmen in den wesentlichen Punkten überein. Vgl. V. Ressler, Briefe an den Autor; N. Tensorow, I Nr. 43; R. Antonow, I Nr. 3. Die Schilderung des Generalleutnants J. Fominych, a.a.O., bestätigt die Angaben der Wlassow-Offiziere in den Hauptpunkten. Lediglich die Behauptung, Wlassow habe sich unter einem Teppich im Fond des Wagens hinter zwei Frauen versteckt und dann einen Fluchtversuch unternommen, wurde von Fominych erfunden. Aus dem Bericht Fominychs geht hervor, daß die Auslieferung Wlassows in dieser Form von amerikanischer Seite nicht geplant war.

Kurz bevor Wlassow in die Hände der Sowjets fiel, standen Strikfeldt und Malyschkin dem Oberbefehlshaber der 7. US-Armee, General Patch, gegenüber.

Malyschkin schilderte die Beweggründe der Millionen, die sich der Befreiungsbewegung angeschlossen hatten. Er bat nicht für sich, er bat um Schutz für diejenigen, die keine andere Schuld traf als die Liebe zur Heimat und zur Freiheit. Sie alle seien politische Gegner des Sowjetsystems und bäten um politisches Asyl. Er appellierte an das amerikanische Volk, das immer den Gedanken der Freiheit hochgehalten habe.

Patch schien beeindruckt, aber entscheiden konnte nur Washington. Er war jedoch bereit, die russischen Einheiten unter den für Deutsche geltenden Bedingungen zu übernehmen. Diesen Bescheid sollten Malyschkin und Strikfeldt Wlassow überbringen.

Ihre Entlassung wurde jedoch von Tag zu Tag unter verschiedenen Vorwänden hinausgeschoben. Am Tage der deutschen Kapitulation wurde ihnen erklärt, sie seien nicht mehr Parlamentäre, sondern Kriegsgefangene[12].

Mehr Glück hatte Professor Oberländer, der sich auf dem Besitz des Prinzen Leopold von Coburg von den Amerikanern überrollen ließ und schon am 23. mit dem Kommandeur des II. Panzerkorps, einem General Kennedy, verhandeln konnte. Kennedy erklärte sich bereit, die Gruppe Malzew zu übernehmen und nicht auszuliefern. Er wollte das auf seine Kappe nehmen und nicht nach oben melden. Er verlangte jedoch, daß General Aschenbrenner persönlich zu ihm käme.

Am 24. war Oberländer wieder bei Aschenbrenner, am 25. verhandelten beide mit Kennedy, der seine Zusage bestätigte, und am 27. April marschierte die Fliegergruppe geschlossen mit weißen Fahnen nach Münsingen, wo sie die Waffen niederlegte[13].

Die Zusicherung General Kennedys wurde nicht gehalten. Die meisten Offiziere und Mannschaften, auch Malzew, wurden später an die Sowjetunion ausgeliefert.

Der Stab des KONR unter Führung Shilenkows war von Inns-

12 W. Strik-Strikfeldt, I Nr. 35.
13 Th. Oberländer, I nr. 25. Oberländers Kriegstagebuch ist erhalten.

bruck ins Zillertal ausgewichen und wurde hier von den Amerikanern interniert.

Auch die restlichen Einheiten der ROA, die zweite Division, die Ersatzbrigade, die Offiziersschule und der Stab, marschierten in das von den Amerikanern besetzte Gebiet. Da eine Verbindung mit Wlassow nicht herzustellen war, hatte Meandrow schließlich am 8. Mai diesen Befehl gegeben.

Der Kommandeur der zweiten Division, Swerew, setzte zwar seine Division in Marsch, blieb jedoch selbst über Nacht noch in seinem Quartier. Seine Frau hatte Gift genommen und lag im Sterben. In der Nacht wurde der Divisionsstab von einer sowjetischen Einheit überfallen und nach kurzem Feuergefecht gefangengenommen. Nur ein Offizier, Kapitän Twardijewitsch, entkam.

Den übrigen Teilen der Division, mit Ausnahme einiger Trosse, gelang es, die amerikanischen Linien zu überschreiten. Bei Krumau legten sie die Waffen nieder.

Die Ersatzbrigade unter dem Befehl des Oberstleutnants Sadownikow gelangte in den Raum Friedberg. Der amerikanische Kommandant von Friedberg nahm es auf sich, entgegen den Weisungen, kleineren Gruppen der Russen Durchlaßscheine nach München zu geben. So wurden in zehn Tagen 800 Mann und 15 Offiziere entlassen.

Schließlich sammelten sich alle Einheiten im Raume Landau. Dort bat Meandrow Herre, der sich nicht entschließen konnte, die Russen ihrem Schicksal zu überlassen, Köstring um Fürsprache bei den Amerikanern zu bitten, die vielleicht nützlich sein könnte.

Herre war sich im klaren darüber, welches Risiko er einging, aber er wollte den Russen helfen, soweit dies möglich war. Er besorgte sich Zivilkleidung und schlug sich in einem elftätigen, abenteuerlichen Marsch zu Köstring durch, der in seinem Haus bei Marquartstein seine Gefangennahme durch die Amerikaner erwartete.

Köstring versprach sich für die Russen keinerlei Nutzen von seiner Fürsprache. Wenige Tage später, als er in das Kriegsgefangenenlager der 101. Luftlandedivision gebracht wurde, bestätigte sich sein Pessimismus.

Er wurde nur flüchtig vernommen. Seine Erfahrungen, sein

Wissen um die Probleme des russischen Raumes interessierten offensichtlich nicht. Die amerikanischen Vernehmer wollten nur wissen, mit welchen Zwangsmitteln er es fertiggebracht hätte, die Russen auf seiten der Deutschen zum Kämpfen zu veranlassen.

Köstring schien es sinnlos, die tiefere Problematik dieses Komplexes zu erläutern. Aber er wies doch darauf hin, daß die deutsche Führung durch Unersättlichkeit und Unverstand das größte Kapital verspielt hätte, das es im Kampf gegen den Bolschewismus gab, und daß die Amerikaner im Begriff seien, dieses Kapital ein zweites Mal zu verspielen, nicht nur im materiellen Sinne, sondern auch, indem sie das Vertrauen derer enttäuschten, die auf ihre Hilfe und ihr Verständnis gehofft hatten, nachdem sie von den Deutschen im Stich gelassen worden waren. Es könne sein, daß die Amerikaner diesen Schritt bald bereuen würden.

„Vielleicht", entgegnete der Oberst, der ihn vernahm. Es war nicht mehr als eine Floskel[14].

Ähnliche Mißerfolge hatten alle Parlamentäre.

Sherebkow wurde an der Schweizer Grenze nach Rückfrage in Bern zurückgewiesen, und als er illegal über die Grenze ging, verhaftet und zurückgebracht.

Dr. Poremski und Oberst Milischkewitsch, die in Hamburg versuchten, mit englischen Militärbehörden Kontakt aufzunehmen, wurden ebenso verhaftet wie Bykodorow und Kapitän Lapin. Milischkewitsch und Lapin wurden kurz darauf den Sowjets übergeben.

Oberst von Renteln, den General von Pannwitz zu Feldmarschall Alexander geschickt hatte, den Renteln von der baltischen Landeswehr kannte, gelangte nie bis zu ihm und wurde ebenfalls den Sowjets ausgeliefert[15]. Er starb in der Gefangenschaft.

14 E. Köstring, UB, IfZ; W. Posdnjakow: Poslednije dni, in: Golos naroda, 1951, Nr. 25 ff.
15 Oberleutnant Gerhard Petri, Offizier im Stabe Pannwitz, Brief an den Autor; Feldmarschall Alexander, Brief an den Autor. Alexander gibt an, daß keiner der Parlamentäre zu ihm gelangt sei.

Die Tragödie an der Drau

Als die Einheiten der ROA sich den Amerikanern ergaben, hatte sich das Kosakenkorps zur österreichischen Grenze durchgekämpft. Im Gegensatz zu den ungeordnet flüchtenden Deutschen herrschte Disziplin und Ordnung. Am 9. Mai wurde im Raume Lavamünd die erste Verbindung zur 11. britischen Panzerdivision hergestellt, und am 10. Mai schloß die 1. Division auf.

Pannwitz war zur britischen Division vorausgefahren. Er hielt eine Auslieferung des Kosakenkorps, das nie gegen die Westalliierten gekämpft hatte, für undenkbar.

Gemeinsam mit einigen englischen Offizieren beobachtete er den Anmarsch der 1. Division.

Es war ein unwirkliches Bild in all dem Chaos. Das Trompeterkorps auf Schimmeln schwenkte vorschriftsmäßig gegenüber dem Kommandeur ein. Ihm folgte Eskadron auf Eskadron im Paradegalopp.

Die Engländer blickten staunend auf dieses Schauspiel. Im übrigen benahmen sie sich zunächst äußerst korrekt. Das Korps konnte sich im Raum Klagenfurt frei bewegen. Von Auslieferung wurde nicht gesprochen.

Am 27. Mai erhielt jedoch der Kommandeur der 1. Division, Oberst Wagner, den Befehl, die Division in ein Lager bei Weitonsfeld zu verlegen. Ein englischer Offizier gab Wagner zu verstehen, daß das die Auslieferung bedeute. Daraufhin stellte Wagner allen frei zu tun, was sie für richtig hielten. Er selbst und einige deutsche Offiziere schlugen sich über die Alpen nach Deutschland durch. Oberst Sukalo übernahm das Kommando, überließ es jedoch jedem einzelnen, nach eigenem Ermessen zu handeln. Beim Appell am nächsten Morgen war die Division jedoch fast vollzählig versammelt. So blieb auch er und führte sie ins Lager.

Auf dem Marsch wurde ein Teil der Division durch einen englischen Major gerettet, der jeden fragte, wo er geboren sei und ob er alter Emigrant sei. Wer das bejahte, wurde entlassen. Der Rest wurde einige Tage später an die Sowjets ausgeliefert.

Pannwitz verzichtete darauf, sich in Sicherheit zu bringen, obgleich er nicht bewacht wurde. Er erklärte: „Ich habe die glücklichen Zeiten mit meinen Kosaken geteilt, ich werde auch im Unglück bei ihnen bleiben[16]." Kurz darauf wurde er verhaftet und in Judenburg den Sowjets übergeben.

Die deutschen Offiziere des Korps wurden unter dem Vorwand einer Verlegung nach Deutschland bei Neumarkt versammelt und unter stärkster Bewachung ebenfalls in Judenburg ausgeliefert.

Zur gleichen Zeit, als das Kosakenkorps Pannwitz die österreichische Grenze überschritt, war auch die Gruppe Damanow aus Norditalien in einem strapazenreichen Marsch nach Österreich gekommen und hatte im weiten Tal bei Lienz Lager bezogen. Mit Frauen und Kindern waren es 35 000 Menschen.

Auch sie konnten sich zunächst frei bewegen. Sie vertrauten dem Ehrenwort des englischen Majors Davis, daß keiner ausgeliefert werden würde.

Am 28. Mai wurden alle Offiziere zu einer Besprechung bei Marschall Alexander beordert. In wenigen Stunden würden sie wieder zurück sein.

Einige Skeptiker wurden von den alten Emigranten ausgelacht: Ein Offizier der Krone breche sein Wort nicht, das sei undenkbar.

So kam es, daß kurz darauf 2 200 Offiziere, darunter die Generäle P. N. Krassnow, S. N. Krassnow, Domanow, Tichatzkij, Golowko, Silkin, Tarassenko, Wassiljew, Solomachin und Sultan Keletsch Girej die bereitgestellten Lastkraftwagen bestiegen. Nur der 76jährige Krassnow scheint eine Vorahnung kommenden Unheils gehabt zu haben. Beim Abschied bat er seine Frau: „Lächle noch einmal, ich habe dein Lächeln immer so geliebt."

Auf der Fahrt wurde die Kolonne von Panzern umstellt und den Sowjets übergeben. Nur wenige konnten sich retten.

Am Tage darauf ließ Major Davis den Zurückgebliebenen mitteilen, ihre Offiziere seien verhaftet und würden nicht mehr zurückkehren. Jetzt könne jeder frei seine Meinung äußern. Jedem stehe das Recht zur Rückkehr in die Heimat zu.

Die Kosaken erstarrten. Dann wurden Delegierte zu Davis geschickt, die erklärten, man solle die Offiziere freilassen, es sei alles Verleumdung. Ihren Offizieren würden sie folgen. Freiwillig werde keiner in die Sowjetunion gehen.

16 G. Petri, Brief an den Autor.

Darauf befahl Davis den Abtransport zur Auslieferung für den 31. Mai. Dieser Termin wurde auf Bitten der katholischen Geistlichen von Lienz auf den 1. Juni verschoben, weil der 31. der Fronleichnamstag war.

Dann tauchten scharze Fahnen auf und Transparente mit der Aufschrift: Lieber tot als Rückkehr in die Sowjetunion. Als Davis im Lager Peggetz bei Lienz erschien, scholl es ihm tausendstimmig entgegen: „Freiwillig gehen wir nicht!"

Davis erklärte, er sei Soldat und müsse den Befehl ausführen. Die Kosaken traten in den Hungerstreik. In der als Kirche hergerichteten Baracke wurden ununterbrochen Bittgottesdienste abgehalten. Botschaften an den Papst, an Churchill, an das Internationale Rote Kreuz wurden verfaßt und endeten in den Papierkörben der britischen Stäbe.

In der Nacht vor dem 1. Juni herrschte Totenstille im Lager. Hin und wieder verschwand eine Gestalt im nächtlichen Dunkel. Hundert, vielleicht tausend konnten in die Berge entkommen, aber 35000 Menschen, darunter viele Frauen und Kinder, konnten den Fluchtweg über die schneebedeckten Berge nicht einschlagen.

Am 1. Juni, dem Tag der Auslieferung, wurde der Gottesdienst auf dem Platz vor den Baracken zelebriert. Zu diesem Zweck war für die Priester ein Podest errichtet worden. Schon im Morgengrauen begann die Liturgie.

Um 8 Uhr erschien Major Davis in Begleitung einer Lastwagenkolonne. Kurz daruf rückten Panzerspähwagen an und Soldaten des 8. schottischen Artilleriebataillons.

Durch Lautsprecher wurden die Kosaken aufgefordert, die Lastwagen zu besteigen. Jeder Widerstand sei sinnlos.

Aber niemand rührte sich. Die Menge begann die Totenliturgie, ihre eigene Totenklage zu singen. Die Priester hoben die Kreuze, die jüngeren Männer bildeten eine Kette um die Alten, die Frauen und Kinder.

Nun rückten die Engländer vor, schlugen mit Kolben und Gumminüppeln zu, zerrten einzelne Menschen aus der Menge und warfen sie auf die Lastwagen. Kinder wurden den Frauen aus den Armen gerissen, selbst Frauen und Priester wurden rücksichtslos geschlagen.

Die Menge wich entsetzt zurück. Durch den Druck der Zurück-weichenden brach das für die Priester errichtete Podest zusammen und begrub viele unter sich. Schließlich gab auch der Zaun nach, der das Lager umgab, und die Menge rannte in wilder Panik zur Brücke über die schäumende Drau, um dahinter den Wald und die Berge zu erreichen.

Aber auch dort rückten Panzerspähwagen an. Der Weg war ab-geschnitten. Dennoch gelang es manchen, die Brücke zu passieren. Frauen stürzten sich mit ihren Kindern in die Drau und ertranken, einige Kosaken erschossen ihre Familien und sich selbst. Im Walde jagten britische Kommandos die Flüchtlinge. Der Wald hallte wi-der von Schüssen.

Im Lager wurden die Unglücklichen auf die Lastwagen getrie-ben. Viele brachen ohnmächtig zusammen, weil sie seit Tagen nichts gegessen hatten.

Schließlich, gegen 15 Uhr, verkündeten Lautsprecher, daß die Aktion für diesen Tag abgebrochen werde, „die Soldaten seien er-müdet"!

134 Tote blieben zurück. Für sie wurde später am Ufer der Drau ein kleiner Friedhof eingerichtet, der auch heute noch von einigen Kosaken, die in Lienz blieben, gepflegt wird.

Auch am nächsten Tag wurde die Auslieferung fortgesetzt. Dann wurde die Aktion beendet.

So erfüllte sich in wenigen Tagen das Schicksal der Kosaken, die ausgezogen waren, für ihre Freiheit zu kämpfen.

37 Generäle, die meisten von ihnen alte Emigranten, die nie So-wjetbürger gewesen waren, 2 200 Offiziere und rund 30 000 Kosa-ken wurden ausgeliefert.

General Schkuro riß sich seinen englischen Orden von der Brust und warf ihn dem englischen Offizier vor die Füße. Er for-derte eine Waffe, er wolle nicht lebend in die Hände der Sowjets fallen.

Oberst Kulakow, eine legendäre Gestalt des Bürgerkrieges, an beiden Unterschenkeln amputiert, wurde in einem Erholungsheim in Osttirol von den Sowjets überrascht. Mit einer Handvoll Kosa-ken wehrte er sich bis zur letzten Patrone. Alle fielen.

Wenige Tage später wurden Pannwitz und die Kosakengeneräle von Baden bei Wien nach Moskau geflogen. Mit ihnen flog auch

Generalfeldmarschall Schörner. Er wurde, im Gegensatz zu den Kosakengenerälen, gut behandelt[17].

Am 17. Januar 1947 erschien in der „Prawda" eine Bekanntmachung des Kriegskollegiums des Obersten Gerichts der SSSR, daß Ataman P. N. Krassnow, Generalleutnant der weißen Armee,

    A. G. Schkuro, Generalmajor der weißen Armee,

    Sultan Keletsch Girej, Generalmajor der weißen Armee,

    S. N. Krassnow und Generalmajor Domanow sowie der General der deutschen Armee und SS-Angehöriger Helmut von Pannwitz schuldig befunden wurden, „im Auftrage des deutschen Nachrichtendienstes mit Hilfe der von ihnen formierten Verbände gegen die SSSR gekämpft und aktive Spionage sowie terroristische Akte begangen zu haben". Das Urteil — Tod durch Erhängen — wurde vollstreckt.

Epilog

Kurz nach der Auslieferung der Kosaken wurde auch die 162. Turkdivision von den Engländern in einem Sammellager bei Tarent den Sowjets übergeben. Auch dort kam es zu zahlreichen Selbstmorden und verzweifelten Fluchtversuchen.

Mit dem Russichen Korps und der 2. Ukrainischen Division des Generals Schandruk verfuhr das Schicksal gnädiger. Sie wurden

---

17 F. Schörner, I Nr. 46. Über die Auslieferung der Kosaken berichten: Iwan Gordienko, I Nr. 48; N. N. Krassnow: Nesobywajemoje 1945–1956, Russian Life, San Francisco 1967. Krassnow, ein Neffe des Generals P. Krassnow, wurde als Schweizer Staatsbürger 1956 aus der Gefangenschaft entlassen. M. Rotow: Wie sich die Übergabe des Kosakenstans an die Engländer vollzog (russisch), in: Donskoi atamanskij westnik, 1954, Nr. 22; S. Ungermann, UB, IfZ; Oberst C. Wagner, UB, IfZ; E. Kern, a.a.S.; N. Petrowski: Unvergessener Verrat, Schutzverband der Kosaken, München 1965; W. Naumenko: Welikoje Predatjelstwo, New York, Allslawischer Verlag, 1962; B. Kusnetzow: W ugodu Stalinu, Verlag Wojenny Westnik, New York 1958, Teil II mit Quellenangaben über Auslieferungen; Masjanow: Gibelj uralskogo kasatschego woiska, Slavonic Bazar, Bridgeport, USA. Der Allslawische Verlag verfügt über ein reichhaltiges „Archiv über die Tragödie der Zwangsrepatriierung".

als Einheiten aus überwiegend alten russischen Emigranten nicht ausgeliefert.

Nach dem Jalta-Abkommen zwischen Roosevelt, Churchill und Stalin vom 11. Februar 1945 hatten sich die Vereinigten Staaten und England verpflichtet − später schloß sich auch Frankreich in einem Sonderabkommen an −, diejenigen Personen zu repatriieren, die am 1. September 1939 Bürger der Sowjetunion gewesen waren und zugleich entweder:

in deutscher Uniform gefangengenommen worden waren,

am 22. Juni 1941 Angehörige der Roten Armee gewesen waren oder erwiesenermaßen freiwillig mit dem Feind zusammengearbeitet hatten. Von einer Zwangsrepatriierung gegen den Willen der Betroffenen war im Abkommen nicht die Rede.

Im Falle der Kosakenauslieferung waren jedoch wahllos Frauen, Kinder und Greise sowie alte Emigranten, die nie Staatsbürger der Sowjetunion gewesen waren, ausgeliefert worden. Von den zum Tode verurteilten Generälen war nur einer − Domanow − Sowjetbürger gewesen. Ebenso widerrechtlich war die Auslieferung der deutschen Offiziere des Kosakenkorps.

Lassen sich die ersten Auslieferungen noch durch den Siegestaumel und die Erbitterung gegen den Gegner und diejenigen, die ihm vermeintlich geholfen hatten, erklärten, so entfällt dieses Argument für die späteren Auslieferungen, die sich bis in das Jahr 1947 hinzogen. Sie sind eindeutig ein Bruch des internationalen Rechts und der Genfer Kriegsgefangenenkonvention.

Die Westalliierten beugten sich den Forderungen Stalins, der nicht zulassen wollte, daß Hunderttausende politische Gegner, die die Methoden seines Regimes nur zu genau kannten, im Westen blieben.

Weder die Deutschen noch die Westmächte hatten Möglichkeiten und Bedeutung Wlassows und der Befreiungsarmee erfaßt, Stalin kannte sie. Mit allen Mitteln suchte er den Nachweis zu führen, daß es sich nicht um politische Gegner, sondern um erbärmliche und ehrlose Verräter handelte, für die − wie Wyschinski vor der UNO erklärte − das Zuchthaus zu schade sei, sie müßten hängen.

Nur wenige Stimmen erhoben sich gegen dieses Rechtsbruch.

Am 12. Juni 1947 wies der Jurist Galinjak im „Le Monde" darauf hin, daß es den Begriff „Zwangsrepatriierung" im internationalen Recht nicht gäbe, sondern nur eine freiwillige Repatriierung.

Am 11. Juni richtete der konservative Abgeordnete Nicholsen im englischen Unterhaus eine Anfrage an den Außenminister Bevin, ob er darüber informiert sei, daß Zwangsauslieferungen, gleich, in welches Land, den in England üblichen Ansichten widersprächen.

Bevin antwortete: „Auch unseren Ansichten widerspricht das, andererseits kann ich nicht zulassen, daß diese Leute daraus Nutzen ziehen ... ich bin bereit, Asylrecht zu gewähren, aber ich kann Leute nicht leiden, die dieses Recht ausnutzen, um uns dauernd auf dem Halse zu sitzen."

Darauf fragte Nicholsen, ob die Regierung nicht die Zusicherung geben könne, daß diejenigen nicht zwangsrepatriiert würden, die als Folge der Repatriierung der sichere Tod erwarte.

Bevin: „Ich glabue nicht, daß wir das tun werden. Es hat Fälle gegeben, daß Menschen Selbstmord begangen haben, weil sie den Tod der Rückführung in ihre Heimat vorzogen, aber im Hinblick auf die Vereinbarungen von Jalta ist meine Pflicht ganz klar[18]."

Die amerikanische Regierung ist sich der Rechtswidrigkeit der Zwangsauslieferungen durchaus bewußt geworden. Das geht aus einer Note des Departments of State hervor, die am 1. Februar 1945 der Sowjetbotschaft in Washington zugestellt wurde. In ihr wird unter ausdrücklicher Berufung auf die Genfer Konvention erklärt, warum russische Gefangene in deutscher Uniform nicht gegen ihren Willen repatriiert werden dürfen[19].

Auch die Haltung der amerikanischen Regierung in der Frage der von den Nordkoreanern und Rotchinesen geforderten Auslieferung der Gefangenen des Koreakrieges war eindeutig. Sie lehnte die Auslieferung ab. Der damalige Außenminister Dean Acheson

---

18 Zitiert bei B. Kusnetzow, a.a.O.

19 In den bisherigen Veröffentlichungen der Jalta-Dokumente fehlt der Wortlaut dieser Note, auf die sich lediglich der Hinweis bezieht: Note nicht veröffentlicht. Der Wortlaut dieser Note ist in deutscher Sprache erstmals von Julius Epstein in: Staatszeitung und Herold, 4. 12. 1955, New York, veröffentlicht worden. Der Text wurde J. Epstein von dem Secretary of States, John Foster Dulles, zugänglich gemacht.

erklärte am 24. Oktober 1952 vor der UNO: „Soviel ich weiß, gibt es kein Mitglied der UNO, außer den Staaten des kommunistischen Blocks, das irgendwann bestätigt hätte, daß die zwangsweise Repatriierung von Kriegsgefangenen rechtmäßig vom internationalen Recht zugelassen und notwendig sei."

Was die amerikanische Regierung 1952 als selbstverständlich bezeichnete, war 1945 keineswegs selbstverständlich gewesen.

Offensichtlich waren die Zwangsauslieferungen der Jahre 1945 bis 1947 Folge einer willkürlichen Interpretation des Jalta-Abkommens durch das amerikanische Oberkommando und den Chef des Stabes, General Eisenhower.

Am 25. August 1945 fragte der Oberbefehlshaber der 7. amerikanischen Armee, General Patch, bei den „Supreme Headquarters" an, ob er amerikanische Truppen zur Repatriierung nicht repatriierungswilliger Sowjettruppen einsetzen solle. „Supreme Headquarters" fragte daraufhin in Washington an. Vier Monate brauchten die „Joint Chiefs of Staff" für ihre Antwort. Sie lautete: „Alle Sowjetbürger, die sich am 1. September 1939 im Bereich der Sowjetunion befanden, müssen repatriiert werden, und zwar ohne Rücksicht auf ihre persönlichen Wünsche und, falls notwendig, mit Gewalt."

Doch nicht nur die amerikanischen Militärbehörden, auch die UNNRA beging das Verbrechen der gewaltsamen Repatriierung, wie der streng geheime Befehl Nr. 199 beweist[20].

„Einen unauslöschlichen Fleck auf der Ehre des Westens", hat der amerikanische Historiker George Fischer die Zwangsauslieferungen genannt.

Bis heute ist jedoch die Feststellung der tatsächlich Verantwortlichen und eine Anerkennung des Rechtsbruches nicht erfolgt. Allerdings wurde auf Initiative des Journalisten J. Epstein im Jahre 1956 vom Senat ein Amendment zum McCarren-Walter-Akt angenommen, wonach die 400 00 Ostflüchtlinge, die mit gefälschten Dokumenten in die USA gekommen waren, um der Zwangsrepatriierung zu entgehen, nicht mehr deportierbar sein sollten. Dieses Amendment wurde am 11. September 1957 von Präsident Eisenhower unterzeichnet, womit es Rechtskraft erhielt. Zehntausende von

20 Vg. J. Epstein, a.a.O.

Russen aber, die sich hätten retten können, wurden ausgeliefert, weil sie der Menschlichkeit und politischen Einsicht der Weltmächte vertrauten.

Meandrow, der am Schluß rangälteste Offizier der ROA, appellierte im Vertrauen auf die freiheitlichen Prinzipien der Westmächte und die moralische Unanfechtbarkeit des eigenen Standpunktes an seine Untergebenen, nicht zu fliehen:

„... Immer wieder wird die Frage an mich gerichtet, warum ich nicht geflohen sei, obgleich ich die Möglichkeit dazu hatte. Ich will sie beantworten:

Noch vor Beendigung des Krieges sind unsere Einheiten auf die amerikanische Seite gegangen. Sie glaubten, die demokratischen Nationen würden uns politische Freistatt gewähren. Man kann mir entgegenhalten, daß nun schon mehr als acht Monate vergangen sind, ohne daß unser Schicksal entschieden wäre. Mehr noch, es hat Fälle gewaltsamer Repatriierung gegeben. Das ist richtig, doch eine allgemeine, endgültige Entscheidung fehlt. Auf sie müssen wir warten, denn ich bin überzeugt, daß wir mit Ruhe, Haltung und Disziplin mehr erreichen werden als durch Fluchtversuche und illegales Leben in der Freiheit.

Wir sind keine Landesverräter, keine Verbrecher, sondern Glieder einer politischen Bewegung für eine bessere Zukunft unseres Volkes. Diese Bewegung ist mit elementarer Wucht entstanden. Zehntausende, Hunderttausende von Menschen ohne jede Führung, bewegt nur von dem Bewußtsein der Unwahrhaftigkeit ihres Lebens, erhoben sich zum Kampf gegen eine Gewalt, die sie als nicht vom Volke stammend und als ungerecht erkannten. Wir sind keine Verbrecher, weil es Hunderttausende unserer Gesinnungsgenossen gibt und weil wir nicht unseren eigenen Vorteil, sondern das Wohl unseres Volkes, unseres Vaterlandes wollten.

Aus der Haft fliehen Menschen, die die Gerechtigkeit fürchten. Wir aber tragen keine Schuld, und wir sind bereit, vor die Tribunale wahrhaft demokratischer Länder zu treten.

Muß man also in dieser Situation fliehen und sich wie ein Verbrecher verbergen? Nein!

Stellt euch vor, was geschehen würde, wenn wir alle flüchten würden. Man würde die meisten über kurz oder lang wieder einfangen und alle Russen als Verbrecher betrachten. Und wenn sogar wir fliehen würden, die in unserer Bewegung eine führende Stellung eingenommen haben, würden die anderen sagen: Man hat uns unserem Schicksal überlassen.

Den Kampf können wir nicht fortsetzen, doch wir sind verpflichtet, aus ihm in Ehren hervorzugehen. Der Ausgang muß ehrlich und wahrhaftig sein, wie es unsere Ideen gewesen sind.

Es ist schwer, hinter Stacheldraht zu sitzen. Wir alle schweben zwischen Leben und Tod, und manchmal scheint es, als könnten die Kräfte nicht standhalten. Aber man kann die seelische Schwäche überwinden, man kann bereit sein zu sterben, wenn es sein muß. Es gilt, würdig zu sterben und im sicheren Glauben, daß unsere Wahrheit am Ende doch siegen muß, daß unser russisches Volk doch frei sein wird ...“[21].

Im November war Meandrow noch hoffnungsvoll gewesen und hatte geglaubt, die Entscheidung sei positiv ausgefallen[22]. Im Januar 1946, als die Auslieferungsaktion in Dachau bekannt wurde und von 300 Auszuliefernden 40 Selbstmord verübten und 100 sich Verletzungen beibrachten oder von den Amerikanern zusammengeschlagen wurden, befürchtete er das Schlimmste[23].

Seine „Aufzeichnungen eines zu Tode betrübten Menschen“ stammen aus dieser Zeit.

„... Wir werden nun des Verrats beschuldigt. Man nennt uns deutsche Söldlinge. Das kann nur bei oberflächlicher Betrachtung so aussehen, weil wir uns im Lager der Feinde bewaffnen mußten. Aber niemand, der den wahren Geist des Bolschewismus kennt, kann diese Anklage ehrlich aufrechterhalten ...

Sollte aber der formelle, oberflächliche Standpunkt siegen, sind wir verloren. Unsere Ideen werden jedoch nicht zugrunde gehen. Sie gehören dem Volke. Sie spiegeln den jahrhundertealten Zug des russischen Volkes zur sozialen Gerechtigkeit und Freiheit wider. Der Tag wird kommen, an dem auch diejenigen, die uns für Verräter und Verbrecher halten, uns würdigere Namen geben müssen. Es wäre traurig, wenn wir selbst diesen Tag nicht mehr erleben können ...

21 Text in: Possew, Nr. 46, 15. 11. 1959.
22 Brief Meandrows an Oberst Aldan vom 25. 11. 1945, MiD. S. 41.
23 Eine ausführliche Dokumentation über die Auslieferung in Dachau gibt B. Kusnetzow, a.a.O., S. 30 ff.

246

Viele werden den Tod der Auslieferung vorziehen. Wie ungerecht wird das sein! Es sind ja nicht nur wir, die sich weigern, in die Sowjetunion zurückzugehen, es sind Zehntausende von ‚Volksverrätern‘. In der Geschichte aller Völker ist ähnliches nie geschehen. Sieht man nicht den Grund für diesen Massenverrat? Oder will man ihn nicht sehen? Wo sind die Grundsätze der Freiheit der politischen Überzeugung?

Mit Billigung der Demokratien und mit ihrer Unterstützung werden Ströme von Blut fließen. Die Sowjetunion wird es zu verheimlichen suchen, aber das Blut wird durchsickern und die demokratischen Parolen der freiheitsliebenden Völker beschmutzen. Wir aber werden mit Würde zu sterben wissen."

Meandrow und auch andere russische Offiziere richteten Briefe an die Regierungen der Westmächte, an den Papst, an das Internationale Rote Kreuz. Sie erhielten nie eine Antwort.

Die Auslieferungen dauerten an. Im August 1945 war in Kempten eine Gruppe von Russen während eines Gottesdienstes gewaltsam aus der Kirche abtransportiert worden. Es hatte Verletzte gegeben. Die Kircheneinrichtung wurde demoliert[24].

Am 23. Februar 1946 wurden 2000 Russen aus dem Lager Natternberg bei Plattling zur Auslieferung verladen.

Drei Bataillone und sechs Panzer wurden eingesetzt, um 2000 unbewaffnete Russen ihren Henkern auszuliefern. Sie weigerten sich, dieses Schicksal teilnahmslos hinzunehmen. Viele durchschnitten sich die Pulsadern, erstachen oder erhängten sich.

Zunächst wurden die Verletzten ins Lazarett gebracht, um sie gesundzupflegen und dann auszuliefern, als es aber Dutzende, ja Hunderte wurden, wurden Lebende, Verwundete, Sterbende und Tote in die Wagen gezerrt.

In rasender Fahrt ging es zum Bahnhof, unmittelbar an die Rampen, wo vergitterte Güterwagen in langer Reihe warteten.

2000 russische Offiziere und Mannschaften rollten der Sowjetunion zu. Die Aktion hatte zwölf Stunden gedauert. Stalins Verbündete hatten ganze Arbeit geleistet[25].

24 B. Kusnetzow, a.a.O., S. 6 ff.
25 B. Kusnetzow, a.a.O., S. 57 ff.

Aber nicht nur aus Deutschland, auch aus Italien, aus Frankreich, aus Dänemark, aus Norwegen, selbst aus Schweden und den Vereinigten Staaten wurden Russen gegen ihren Willen an die Sowjetunion ausgeliefert[26].

Wie viele es insgesamt waren, wird sich nie feststellen lassen. Am Ende des Krieges meldete das OKW den Alliierten noch rund 700000 Freiwillige (600000 beim Heer, 50000 – 60000 bei der Luftwaffe und 15000 bei der Marine)[27]. Tatsächlich waren es mehr, denn viele Einheiten meldeten ihre Hiwis nicht.

Hinzu kamen Zehntausende von Flüchtlingen, Männer, Frauen und Kinder, die während des deutschen Rückzugs freiwillig mit nach Westen gezogen waren, weil sie das Regime Stalins fürchteten. Hinzu kamen die Kriegsgefangenen und die nach Deutschland verschleppten Ostarbeiter.

Insgesamt wurden 6 – 7 Millionen repatriiert. Keine Statistik gibt an, wie viele von ihnen freiwillig gingen, wie viele im Westen geblieben wären, wenn es ihnen gestattet worden wäre.

Einige tausend entgingen der Auslieferung, weil westalliierte Offiziere sie entgegen den offiziellen Befehlen deckten.

Im April 1946 Meandrow, Sewastjanow und Assberg. Im Mai Malzew. Im Juni Malyschkin und Shilenkow.

Alle versuchten ihrem Leben ein Ende zu machen. Ihre Wunden waren nicht tödlich. Sie wurden gesundgepflegt und dann erst ausgeliefert.

Am 2. August 1946 brachte die Moskauer „Iswestija" folgende Notiz:

> „Bekanntmachung des Militärkollegiums des Obersten Gerichts der SSSR.
> Das Militärkollegium des Obersten Gerichts der SSSR prüfte die Anklage gegen

26 Über die Auslieferungen in Dänemark berichten: N. Rebikow: Tagebücher eines Offiziers des Ostbataillons 28, 1942–1945, UM; Borba: Auslieferungen aus Dänemark (russisch), Nr. 1/2 1950. Über Auslieferungen aus Schweden vgl.:... überfiel uns das Grauen, in: Baltische Briefe, April 1964.
27 OKW/WFSt/Org.-Abt. (H) Nr. 2085/45, 20 Mai 1945, vgl. A. Dallin, a.a.O., S. 674.

Wlassow, A. A. – Malyschkin, W. F. – Shilenkow, G. N. – Truchin, F. I. – Sakutny, W. I. – Bunjatschenko, S. K. – Swerew, G. A. – Korbukow, W. D. – und Schatow, N. S.[28]

wegen Landesverrats sowie aktiver Spionage und terroristischer Tätigkeit gegen die Sowjetunion im Dienste des deutschen Nachrichtendienstes, Verbrechen, die unter § 58 – 11 des IK RSFR bezeichnet sind.

In Übereinstimmung mit dem Punkt 1 der Verordnung des Präsidiums des Obersten Sowjets der SSSR vom 19. April 1943 verurteilte das Militärkollegium des Obersten Gerichts der SSSR die Angeklagten zum Tode durch den Strang. Das Urteil wurde vollstreckt."

---

28 Korbukow und Schatow waren Generalstabsoffiziere im Stabe Truchins.

Nachwort

So starb Wlassow. Das Stalin-Regime verzichtete aus verständlichen Gründen darauf, ihn und seine engsten Mitarbeiter in einem Schauprozeß abzuurteilen. Er hätte zwangsläufig die Erinnerung daran wachgerufen, daß Millionen in den von der deutschen Wehrmacht besetzten Gebieten Rußlands das Ende der Herrschaft Stalins zunächst freudig begrüßt hatten. Diese Tatsache und das phänomenale Ausmaß der „Kollaboration" mit den Deutschen sind keine Erfindung Goebbelsscher Propaganda gewesen, sondern ein aus vielen Gründen erklärliches und verständliches politisches Faktum. Es wurde jedoch nicht erkannt, in seiner Bedeutung nicht begriffen und nicht genutzt. Es läßt sich aber nicht aus der Geschichte löschen, aus der deutschen nicht und nicht aus der Geschichte Sowjetrußlands, aber auch nicht aus der Geschichte der westlichen Siegermächte des zweiten Weltkrieges. Auch Fehler und Versäumnisse sind Bestandteil der Geschichte, und es nützt keinem, den Mantel des Schweigens und Vergessens über sie zu decken.

Die Tatsache, daß Wlassow, seine russischen Mitarbeiter und die Angehörigen der russischen Freiwilligenverbände mit Vertretern und Dienststellen des „Dritten Reiches" zusammenarbeiteten und nach Lage der Dinge zusammenarbeiten mußten, berechtigt noch nicht zu einer Gleichsetzung mit Kollaborateuren wie Quisling, Mussert u.a., die Nationalsozialisten waren und den Nationalsozialismus für ihre Völker übernehmen wollten.

Daß Wlassow und seine Mitarbeiter in deutscher Kriegsgefangenschaft ein politisches Programm ausarbeiten konnten, welches nicht nur bewußt auf alle ideologischen Anleihen beim Nationalsozialismus verzichtete, sondern einer echten Demokratisierung Rußlands zustrebte, war nur möglich, weil sie sich in einem Reservat bewegten, das dem unmittelbaren Zugriff der NS-Partei und ihren Formationen entzogen war. Es war die gleiche Sphäre, in der sich der aktive Widerstand gegen Hitler und seine Politik regte und zu organisieren begann.

Dieses Zusammentreffen und Zusammenfinden von Russen und Deutschen, die sich gegen Diktatur und Willkürherrschaft wandten, war nicht erstaunlich, sondern natürlich. Daß es auf beiden Seiten Offiziere waren, die sich trafen, lag nicht nur am Krieg, an der unmittelbaren militärischen Konfrontation. Die Rote Armee und die Wehrmacht hatten ihre eigenen, recht ähnlichen, wenn auch in der Form unterschiedlichen Erfahrungen mit den jeweiligen politischen Führern machen müssen. Organisationen, deren Aufgabe es ist, die Sicherheit ihrer Nation, ihres Staates zu gewährleisten, reagieren gleichartig, wenn sie politisch in einen Zustand der Unsicherheit versetzt werden. Das galt für die Rote Armee, die die Tuchatschewski-Affäre noch nicht überwunden hatte, und das galt für die Wehrmacht, die von der Blomberg- und Fritsch-Krise tiefer getroffen war, als der Anschein vermuten ließ. So war es verständlich, daß sich Gedankengänge und Überlegungen von Deutschen und Russen in einer regimefeindlichen Opposition begegneten und fanden.

Bei beiden mag auch die Erinnerung an eine historische Parallele eine Rolle gespielt haben, die ihren Bemühungen Erfolg verhieß: 1917 hatte die kaiserliche Reichsregierung den russischen Revolutionär Lenin nach Rußland reisen lassen, um diesen Kriegsgegner durch innere Wirren auszuschalten. Der Plan gelang über Erwarten gut. Die damals nicht beabsichtigte weitere Folgeerscheinung, der Zusammenbruch und das Ende der deutschen Monarchie, die Flucht des Kaisers, konnten in der veränderten Situation des zweiten Weltkrieges durchaus erwünscht sein.

Im Vergleich zum ersten Weltkrieg war die Lage zu Beginn des deutsch-sowjetischen Krieges noch günstiger. Ein gewaltiger Teil des Territoriums der Sowjetunion mit einer Millionenbevölkerung war der Herrschaft Stalins entzogen. Die Bereitschaft dieser Bevölkerung, eine neue freiheitliche Ordnung im Rahmen eines nationalen russischen Staates zu errichten, war echt, spontan und überwältigend. Es bedurfte keines revolutionären Führers, um die Abkehr vom bisherigen Regime zu bewirken, sondern lediglich einer repräsentativen, handlungsfähigen Spitze und einer entsprechenden Organisation. Das allein hätte auch in den nichtbesetzten Gebieten des Sowjetreiches eine Wirkung von ungeheurer Brisanz gehabt.

Diese Aufgabe wollte Wlassow übernehmen. Dazu wollten ihm seine deutschen Freunde und Mitarbeiter verhelfen.

Wlassow hat sein Ziel und seine Absichten klar zum Ausdruck gebracht. Er strebte nicht nach Macht um der Macht willen. Er wollte nichts Gigantisches, nichts, was die Grenzen des Normalen gesprengt hätte. Er wollte Rußland in einem Normalzustand zurückführen, der ihm trotz aller Verheißungen der Oktoberrevolution und der Versicherungen seiner Führer versagt geblieben war. Wlassow hat stets betont, daß später andere, Berufenere regieren würden. Er sah seine Funktion darin, Wegbereiter zu sein. Aber das selbständige Handeln wurde ihm verwehrt. Diese erzwungene Passivität wurde sein Schicksal, an dem er und seine Mitkämpfer zugrunde gingen.

Dieses Schicksal war nicht das blinde Walten eines Zufalls, sondern eine unerbittliche Konsequenz. Sie ergab sich aus dem Wesen des Nationalsozialismus, den Wlassow und seine russischen Mitarbeiter nicht begreifen und erkennen konnten. Sie und die deutschen Freunde Wlassows irrten in der Erwartung, Hitlers Ostpolitik hätte zu irgendeinem Zeitpunkt von politischen oder militärischen Realitäten oder rationalen Erwägungen beeinflußt oder gar grundlegend geändert werden können. Der Weg der Vernichtung war vorgezeichnet. An seinem Ende stand die totale Selbstzerstörung. Verbrechen und Verblendung waren die Wegzeichen. Die Lebensgeschichte Wlassows, die der Ausgangspunkt dieses Buches war, ist in den Jahren 1942 bis 1945 mit der Geschichte und dem Geschick der russischen Befreiungsbewegung verbunden gewesen. Sie stand im Schatten eines gewaltigen, zerstörerischen Krieges. Wlassow hat nicht Geschichte gemacht, und die Geschichte hat aus ihm nicht gemacht, was er hätte werden können. Aber nicht darin liegt die Tragik dieses Mannes, sondern im langsamen, qualvollen Prozeß der Auszehrung seines ideellen Strebens, seiner moralischen Potenz, seiner sittlichen Legitimation, dem er ausgesetzt wurde und dem er sich aus vielerlei Gründen nicht glaubte entziehen zu dürfen.

Der Mann, der am 12. Mai 1945 in sowjetische Gefangenschaft fiel, war in seinem Lebenswillen, in seiner Tatbereitschaft nur noch ein Schemen. Er war erloschen, längst ehe die Hand des Henkers sein physisches Leben beendete. Aber sein kurzes Leben war mit einem jener seltenen Augenblicke verbunden, in denen der Herzschlag der Geschichte für einen Moment zu stocken scheint, einen Augenblick, der einen neuen Impuls, einen neuen Rhythmus bringen und beginnen lassen kann, wenn er begriffen und erfaßt wird.

Die Stalin-Ära gehört der Geschichte an. Die junge Generation in Rußland verurteilt Stalin und seine Herrschaftsmethoden, wie die Jugend Deutschlands Hitler und seine Verbrechen verurteilt. Wlassow, die russische Befreiungsbewegung und die russische Befreiungsarmee waren eine Folgeerscheinung des Stalin-Regimes. Sie sind ein Teil der unbewältigten Vergangenheit, die es auch für die Sowjetunion gibt.

Zeittafel

1. 9.1900	Geburtstag Wlassows
März 1919	Eintritt in die Rote Armee
Nov. 1938	bis Nov. 1939 – Kommando in China
4. 6.1940	Generalmajor
24. 1.1942	Generalleutnant
6. 3.1942	Stellvertretender Oberbefehlshaber der NW-Front
12. 7.1942	Gefangennahme nach der Schlacht am Wolchow
12. 1.1943	Rosenberg genehmigt die Smolensker Proklamation
25. 2.1943	Erste Reise Wlassows ins besetzte Gebiet
1. 3.1943	Die Propagandaabteilung z.b.V. in Dabendorf beginnt ihre Tätigkeit
19. 4.1943	Zweite Reise Wlassows ins besetzte Gebiet
25. 5.1943	Konferenz in Mauerwald
8. 6.1943	Hitlers Verbot jeder nationalen Betätigung Wlassows und der Befreiungsbewegung
24. 7.1943	Malyschkin spricht vor der russischen Emigration in Paris
19. 9.1943	Hitler befiehlt Verlegung aller Freiwilligenverbände an die Westfront
16. 9.1944	Wlassow bei Himmler
14.11.1944	Die Prager Proklamation
17. 1.1945	Finanzabkommen zwischen dem Deutschen Reich und dem KONR
28. 1.1945	Dem KONR mit Wlassow als Oberbefehlshaber wird die Befehlsgewalt über die ROA übertragen
6. 2.1945	Verlegung des KONR nach Karlsbad
16. 2.1945	Übergabe der ersten Division an Wlassow
28. 3.1945	Letzte Sitzung des KONR
29. 3.1945	Kosakenkongreß in Verovitiza
14. 4.1945	Einsatz der ersten Division an der Oder-Front

6. 5.1945	Die erste Division unterstützt in Prag den Aufstand der Tschechen gegen die Deutschen
12. 5.1945	Wlassows Gefangennahme durch die Sowjets. Auflösung der ersten Division
1. 6.1945	Auslieferung der Kosaken in Lienz
2. 8.1946	Hinrichtung Wlassows und seiner Mitarbeiter
17. 1.1947	Hinrichtung der Kosakengeneräle in Kiew

Abkürzungen

AOK	Armeeoberkommando
Ic	Nachrichtenoffizier einer militärischen Einheit
Fn.	Fußnote
Gestapo	Geheime Staatspolizei
Hiwi	Hilfswilliger (Russischer Freiwilliger auf deutscher Seite)
IfZ	Institut für Zeitgeschichte, München
I	Interview
i.G.	im Generalstab
KONR	Komitet Oswoboshdjenija Narodow Rossii (Komitee zur Befreiung der Völker Rußlands)
MiD	Materialy i dokumenty ODNR w gody wtoroi mirowoi woiny (Materialien und Dokumente der ODNR im zweiten Weltkrieg), Wseslawjanskoje isdateljstwo, New York, 1966
NKWD	sowjetische Geheimpolizei
NTS	Nationaljno Trudowoi Sojus (Organisation der russischen Solidaristen)
OB	Oberbefehlshaber
OKH	Oberkommando des Heeres
OKW	Oberkommando der Wehrmacht
OD	Ordnungsdienst (Russische bewaffnete Milizen in den besetzten Gebieten)
RSHA	Reichssicherheitshauptamt
ODNR	Oswoboditeljnoje Dwishenije Narodow Rossii (Befreiungsbewegung der Völker Rußlands)
ROA	Russkaja Oswoboditeljnaja Armija (Russische Befreiungsarmee)
ROD	Russkoje Oswoboditeljnoje Dwishenije (Russische Befreiungsbewegung)
SD	Sicherheitsdienst der SS

| UM | Unveröffentlichtes Manuskript |
| UB | Unveröffentlichter Bericht |

Literaturverzeichnis

der Werke und Aufsätze, die vom Autor zitiert worden sind:

I. Bücher

American Federation of Labor: Sklavenarbeit in Rußland

Carell, P.: Unternehmen Barbarossa, Verlag Ullstein, Berlin 1963

Carr, E. H.: The Bolshevik Revolution 1917 – 1923, Mcmillan, London, 1950 – 1953, 3 Bände

Churchill, W.: Memoiren, Alfred Scherz Verlag, Bern, 1966

Dallin, A.: Deutsche Herrschaft in Rußland 1941 – 1945, Droste Verlag, Düsseldorf, 1958

Dallin, A.: The Kaminski Brigade, Harvard University, Russian Research Center, 1952

Deutscher, I.: Stalin, Kohlhammer-Verlag, Stuttgart, 1962

Ehrenburg, I.: Menschen – Jahre – Leben, Kindler-Verlag, München, 1962

Fischer, G.: Soviet Opposition to Stalin, Harvard University Press, 1952

Görlitz, W.: Generalfeldmarschall Keitel – Verbrecher oder Offizier? Musterschmidt-Verlag, Göttingen, 1961

Haupt, W.: Kiew, Podzun-Verlag, Bad Nauheim, 1963

Heiber, H.: Die Moskauer Schauprozesse 1936 – 1938, dtv-Dokumente, Stuttgart, 1963

Höhne, H.: Der Orden unter dem Totenkopf, Sigbert Mohn Verlag, Gütersloh, 1967

Kalben, H.-D. v.: Zur Geschichte des XV. Kosaken-Kavallerie-Korps, Deutsches Soldatenjahrbuch, 1963/64/65

Kasanzew, A.: Tretja sila, Possev Verlag, Frankfurt, 1952

Kern, E.: General Pannwitz und seine Kosaken, Plesse-Verlag, Göttingen, 1963

Kersten, F.: Totenkopf und Treue, Mölich-Verlag, Hamburg, 1953

Krannhals, H. H.: Der Warschauer Aufstand, Verlag für Wehrwesen, Frankfurt a.M., 1962

Krassnow, N. N.: Nesabywajemoje 1945 – 1956, Russian Life, San Francisco, 1957

Kusnetzow, B.: W ugodu Stalinu, Verlag Wojenny Westnik, New York, 1958

Laqueur, W.: Deutschland und Rußland, Propyläen Verlag, Berlin, 1965

Lewitzky, B.: Vom Roten Terror zur sozialistischen Gesetzlichkeit, Nymphenburger Verlagshandlung, München, 1961

Lewitzky, B.: Die rote Inquisition, Frankfurter Societäts-Buchhandlung, Frankfurt a.M., 1967

Machotka, O.: Pražké povstani 1945, Czechoslovak National Council, Washington D.C., 1965

Mackewicz, J.: Tragödie an der Drau, Bergstadt-Verlag, W. G. Korn, München, 1957

Masjanow, N.: Gibelj uralskogo kasatschjego woiska, Slavonic Bazar, Bridgeport, USA, 1966

Moran, Lord: Die Wahrheit über Churchill, Droemersche Verlagsanstalt, München, 1966

Naumenko, W.: Welikoje predatjelstwo, Allslawischer Verlag, New York, 1962

NTS, Possev-Verlag, Frankfurt a.M., 1960

Petrowski, N.: Unvergessener Verrat, Schutzverband der Kosaken, München, 1965

Reile, O.: Geheime Ostfront, Verlag Welsermühl, München, 1963

Rimscha, H. v.: Geschichte Rußlands, Rheinische Verlagsanstalt, Wiesbaden, 1966

Schatow, M.: Materialy i dokumenty ODNR, Wseslawjanskoje isdatjeljstwo, New York, 1966

Sherwood, R.: Roosevelt und Hopkins, W. Krüger-Verlag, Hamburg, 1950

Smeth, M. de: Roter Kaviar – Hauptmann Maria, Verlag Welsermühl, München, 1965

Stein, G.: Geschichte der Waffen-SS, Droste Verlag, Düsseldorf, 1967

Thayer, Ch.: Guerillas und Partisanen, Rütten & Loening Verlag, München, 1965

Thorwald, J.: Wen sie verderben wollen ..., Steingrüben-Verlag, Stuttgart, 1952

Tscherkassow, K.: General Kononow, 2 Bd., Selbstverlag des Autors, Melbourne, 1963

Vegesack, S. v.: Als Dolmetscher im Osten, Verlag H. v. Hirschheydt, Hannover, 1965

Werth, A.: Rußland im Krieg 1941 – 1945, Droemersche Verlagsanstalt, München, 1966

Wlassow, A. A.: Nowoje w podgotowke woisk, Kiew, 1940

Wlassow, A. A.: Nowyje methody boewoi utschoby, 1940

Wojenisdat: Istorija welikoi otetschestwennoi woiny SSSR, Moskau

Wosnessenski, N.: Wojennaja ekonomika SSSR, Moskau, 1948

II. Veröffentlichte und unveröffentlichte Artikel und Berichte

d'Alquen, G.: Die Begegnung Wlassow-Himmler, UM, Archiv Autor, 1947

Antonow, G.: Wuhlheide-Dabendorf, S narodom – sa narod, Nr. 5, 1965

Archipow, A.: Wospominanija o slushbe w ROA, UM, Archiv Autor

Arsenjew, W.: Kratkaja biografija generala Wlassowa, Borba, Nr. 11 u. 12, 1948

Artjemjew, W.: Perwaja divisija, UM, 1946

Baltische Briefe, April 1964: ... überfiel uns das Grauen (Auslieferung aus Schweden)

Boehm, M. H.: Alfred Rosenberg – Person und Problem, Baltische Briefe, Nr. 12, 1966

Boehm, M. H.: Baltische Einflüsse auf die Anfänge des Nationalsozialismus, Jahrbuch für das baltische Deutschtum, 1967

Buchardt, F.: Die Behandlung des russischen Problems durch das nationalsozialistische Regime, UM, 1946

Buderatzki, N.: Die Gefangennahme Truchins und Bojarskis in Przibram, Zuschrift an Golos Naroda, Nr. 33

Deklaration des Kosakenkongresses in Verovitica vom 29.3.1945. Kasatschij Westnik vom 24.4.1945

Delianitsch, A.: O shutkich dnjach, Russian Life, 8.6.1954

Dellingshausen, E. Baron v.: Reise Wlassows ins besetzte Gebiet, UM, Archiv Autor

Dellingshausen, E. Baron v.: Dwa goda s Wlassowym i Wlassowzami, S narodom-sa narod, Nr. 3, 1963

Doschkewitsch, A.: Wlassow beim Bataillon „Wolga", UB, Archiv Autor

Epstein, J.: Die Auslieferung der Wlassowtruppen, Staatszeitung und Herold, New York, 4.12.1955

Fischer, G.: Der Fall Wlassow, Der Monat, Nr. 33, 34, 35, 1951

Fominych, I.: Kak byl poiman Wlassow, Iswestija, 7.10.1962

Fröhlich, S.: Als Begleiter Wlassows von 1943 bis zum Ende, UB, IfZ.

Gehlen, R.: Fremde Heere Ost, Dringende Fragen des Bandenkrieges und der Hilfwilligen-Erfassung, 25.12.1942

Hansen, W.: Als Ia beim Kommandeur der Osttruppen z.b. V., IfZ.

Karow, D.: Der baltische Sonderführer, Baltische Briefe, Nr. 5, 1957

Kitajew (Samygin), M.: Russkoje oswoboditeljnoje dwishenije, 1949, UB, Archiv Autor

Klimenko, N.: Prawda o drushine, Suworowez, Buenos Aires, Nr. 17, 20, 21, 22, 23, 1950

Köstring, E.: Nach meiner Gefangennahme Juni 1945, UB, IfZ.

Köstring, E.: Das OKW und die Freiwilligen, UB, IfZ.

Köstring, E.: Erfahrungen mit den Freiwilligen aus dem russischen Raum im Kampf gegen den Bolschewismus 1941 – 1945, UB, IfZ.

Krause, Th.: Einzelheiten zum Lebensbild Wlassows, UM, IfZ.

Kromiadi, K.: Wlassowzy i narod, S narodom – sa narod, Nr. 5, 1965

Kromiadi, K.: Proschtschaljny prikas, 26.8.1952, Archiv Autor

Lukin, M.: My ne sdajomsja, towarischtsch general! MiD, S. 97 ff.

Malinowski, R.: Tuchatschewski, Krasnaja Swesda, 23.2.1963

Malyschkin, W.: Rede im Salle Wagram, Parishskij Westnik, Nr. 59 v. 31.7.1943

Malyschkin, W.: Sadatschi russkogo oswoboditeljnogo dwishenija. Rede auf der 1. antibolschewistischen Konferenz kriegesgefangener Offiziere, die sich der Russischen Befreiungsbewegung angeschlossen hatten. Sarja, 13.4.1943

Meandrow, M.: Pisjmo generala Meandrowa is amerikanskogo lagerja wojennoplennych, Possev, 15.11.1959

Meandrow, M.: Brief an Oberst Aldan vom 25.11.1945, MiD, S. 41

Merezkow, K.: Bitwa sa Leningrada, Wojenno-istoritscheskij shurnal, Nr. 1, 1965

Osipow, N.: Primer blagorodstwa i mushestwa, Snaiper, Nr. 2, 1949

Pawlow, S.: Denkschrift vom 11.2.1943, Archiv Autor

Posdnjakow, W.: Poslednije dni, Golos Naroda, Nr. 25 ff.

Posdnjakow, W.: Gen. Major F. I. Truchin, Borba, Nr. 9/49

Rebikow, N.: Tagebücher eines Offiziers des Ostbataillons 28 1942 – 1945 (russisch) UM, Archiv Autor

Rimscha, H. v.: An allem sind die Balten schuld! Baltische Hefte 1966

Rodsewitsch, A.: O snake ROA, MiD, S. 174

Rocques, K. v.: Bfh. Heeresgebiet A an OKH/Gen. Qu. (Bericht über die Lage im besetzten Gebiet), 14.9.1942

Rotow, M.: Kak proishodila peredatscha Kasatschjego stana angliskomu wojennomu komandowaniju, Donskoi atamanskij westnik, Nr. 22 – 23, 1954

Samarin, W.: Das zivile Leben unter der deutschen Okkupation 1942 bis 1944 (englisch), Research program on the USSR, New York, Serial Nr. 58

Sherebkow, J.: Brief an Prof. Dr. Burckhardt, Präsident des IRK, vom 26.2.1945, Archiv Autor

Sherebkow, J.: Russkije dni w Parishe, Parishskij Westnik, Nr. 59 vom 31.7.1943

Spalke, K.: Der Fall Tuchatschewski, Die Gegenwart, 25.1.1958

Schkola polititscheskich boizow, Sarja, Nr. 89, 5.11.1944

Staritzkij, N.: Perwaja wstretscha s Wlassowym, Borba, Nr. 2, 1952

Stökl, G.: Die Entstehung des Kosakentums, Historische Zeitschrift, 1953

Truchin, F.: Woorushonnyje ssily oswoboditeljnogo dwiscenija, Wolja Naroda, Nr. 2 vom 18.11.1944

Ungermann, S.: Das 1. Kosaken-Kavalleriekorps, UB, IfZ.

Verwaltungsanordnung Nr. 23 des PzAOK 2 vom 1.12.1942/30.4.1943, Einrichtung des Ordnungsdienstes (Landeseigene Polizei), Archiv Autor

Wagner, C.: Allgemeine Wertung der Kosaken, UB, IfZ.

Wagner, C.: Moskau 1941, Podzun Verlag, Bad Nauheim, 1966

Walin, W.: Obsor russkoi petschati, Russkaja ideja, 1953, S. 59 – 66

Warschawskaja, S.: Otnositjeljno drushiny, S narodom – sa narod, H. 5, 1965

Werbin, W.: Der Besuch Wlassows in der Redaktion der Zeitung Sa Rodinu, UB, Archiv Autor

Wiedemann, M.: Die SS soll bekehrt werden, UB, Archiv Autor

Witow: Die Achillesferse der Sowjetarmee, Schweizer Rundschau, Februar/März 1958

Woin ROA – etika, oblik, powedenije, 1944, Verlag der Propagandaschule Dabendorf, Archiv Autor

Wojenno-istoritscheskij shurnal, Nr. 10, 1962: Utschastije sowjetskich woinow w parisanskom dwishenije belorussii

Interessenten seien auch auf die von M. W. Schatow in New York herausgegebene „Bibliographija oswobotiteljnogo dwishenija narodow Rossii w gody wtoroi mirowoi woiny (1941 – 1945)" (Bibliographie der Befreiungsbewegung der Völker Rußlands während des Zweiten Weltkrieges), All-Slavic Publishing House, 1961, hingewiesen, die das gesammelte Material im Archiv der Columbia-Universität anzeigt.

*Bildnachweis*Archiv Kromadi – Krushin (5), Günther Heysing (1), Sun Kuei-chi (1), Privatbesitz (3).

Personenregister

MOEWIG

Brian Ford

Geheime alliierte Waffen

Von der Atombombe bis zur chemischen Keule

Deutsche Erstausgabe

Brian Ford
Geheime alliierte Waffen

Fast immer waren mit den deutschen „Wunderwaffen" die V-1- und V-2-Flugkörper gemeint. Unter strikter Geheimhaltung entwickelten auch die Alliierten eine Vielzahl von Waffen. Für die Suche nach U-Booten wurden magnetische Detektoren verwendet, dann übernahmen Hochfrequenz-Peilgeräte die Ortung, mit Radar wurde ein Abwehrnetz gegen Bomber in den Himmel gespannt. Neuartige Raketen und Flugzeuge mit Düsentriebwerken wurden zum Schrecken der deutschen Piloten. Das „Highball"-Projekt sollte zur mächtigen Waffe gegen Schiffsziele werden. Doch all das wurde in seiner schrecklichen Wirkung noch weit von den Atombomben übertroffen, die über Hiroshima und Nagasaki gezündet werden sollten . . .

4349-4 DM 7,80/öS 65,—
Deutsche Erstausgabe